आधुनिक भारत की समझ : एक वैकल्पिक दृष्टि

I0364513

प्रो. अरुणा सिन्हा

Books-India

Toronto, Canada

Author : प्रो. अरुणा सिन्हा

Book Title : आधुनिक भारत की समझ : एक वैकल्पिक दृष्टि

Published by :

Pustak Bharati (Books India)

Toronto, Ontario, Canada, M2R 3E4

email : pustak.bharati.canada@gmail.com

Web : www. pustak-bharati-canada.com

Copyright ©2020

ISBN : 9781989416006

ISBN 978-1-989416-00-6

90000

9 781989 416006

© All rights reserved. No part of this book may be copied, reproduced or utilised in any manner or by any means, computerised, e-mail, scanning, photocopying or by recording in any information storage and retrieval system, without the permission in writing from the author.

समर्पण

"Truth Never Bends to Society.
Society has to bend to Truth or Perish"
(Swami Vivekananda)

अनुक्रम

दो शब्द   i

अध्याय

1. कैसे लिखा गया भारतीय इतिहास   1

2. 18वीं शताब्दी की व्याख्या   6

3. इतिहास मे पारिस्थितिकी व पर्यावरण   19

4. सर्व धर्म समभाव : एक प्रश्न   34

5. स्वतन्त्रता व भारतीय प्रजातन्त्र का स्वरूप   64

6. अपेक्षित परिवर्तन का मार्ग : गांधी, विवेकानन्द, श्री अरविन्द की दृष्टि   104

7. भारतीय राष्ट्रवाद व समकालीन भारत   140

लेखक-परिचय   177

दो शब्द

अतीत से प्रेम अथवा पलायन - दोनों की एकांगिता से सावधान रहकर, इतिहासकार का कार्य "वर्तमान" को स्पष्ट करने वाली एक कुंजी के रूप में अतीत की गहराई में जाकर उसे खोलकर समझना है। शायद इसी अंत: दृष्टि से प्रेरणा लेते हुए प्रसिद्ध इतिहासकार ई एच कार ने यह लिखा है कि 'इतिहास' का प्रयोजन है अतीत और वर्तमान के बीच अंतः संबंध द्वारा इन दोनों के बारे में गहन जानकारी प्राप्त करते रहना। और इस दृष्टि से 'इतिहास' का विषय असाधारण महत्त्व का है।

यूं तो अपने सामान्य साधारण अर्थों में इसे हम अतीत में घटी घटनाओं का एक वृत्तांत मात्र ही मानते आए हैं, जिसके कारण अक्सर लोग इस भ्रम का शिकार हो जाते हैं कि यह विषय तो नीरस व बेजान तथ्यों से भरा पड़ा होगा - न भी जाना जाए, तो कोई विशेष फर्क नहीं पड़ना है जीवन में। आखिर उनकी प्रासंगिकता हो ही क्या सकती है 'आज', वर्तमान' को समझने में ? किंतु अगर हम इस विषय को सिर्फ इति + आ + ह्ास (इट दस हैपिंड) के रूप में परिभाषित न करके इसे 'अतीत व वर्तमान' के बीच एक संवाद के रूप में स्वीकार करें, तब यह हमारे समक्ष अनंत संभावनाओं के द्वार खोलता है - जिन को समझना व जिन से फायदा उठाना हमारे अपने विवेक पर निर्भर करेगा।

भारत के राष्ट्रपति माननीय श्री वी वी गिरि जी ने भारतीय इतिहास अनुसंधान परिषद, नई दिल्ली, की स्थापना के समय अपने उद्गार व्यक्त करते हुए कहा कि "A proper historical perspective is necessary to understand the real significance of the many political, social, and economic changes, that are taking place in the present day world".*[1] ऐतिहासिक दृष्टिकोण से स्वयं को, अपने राष्ट्र को, समाज को, विश्व को, देखने का अर्थ यह तो है ही - कि उसके द्वारा 'अर्जित ज्ञान का बोध' हमें अतीत में हुई गलतियों को

---

*(Ministry of Economic and Social Welfare, Indian Council of Historical Research: Aims and Objects, New Delhi, 1972, p.v)

दोहराने से रोक सकेगा । उसका अर्थ यह भी है कि 'अतीत' को समझने व महसूस करने के लिए अध्येता को अपने अंदर उस योग्यता को विकसित करना पड़ेगा जिसे 'अनुभवातीतता' (transcendence) शब्द से व्यक्त किया जा सकता है - यानी अपने समय, काल, परिस्थितियों, से ऊपर उठकर 'उस अतीत काल' को ईमानदारी, निरपेक्षता, व संवेदनशीलता से समझने की कोशिश करना|

प्रस्तुत पुस्तक कुछ लेखों का संग्रह है, जिन्हे अलग अलग अवसरो पर, अलग अलग उद्देश्य से, अलग अलग श्रोताओं के लिए प्रस्तुत विचारों के आधार पर विकसित किया गया था। यद्यपि इसमे से हरेक की विषय वस्तु, एक दूसरे से बहुत अलग प्रतीत हो सकती है, लेकिन मूल संदर्भ एक ही है - आधुनिक भारतीय इतिहास। स्वतंत्रता प्राप्ति के इतने दशकों बाद - यह तो स्पष्ट हो ही रहा है कि इतिहास में हमने जिस उपनिवेशवाद या भारतीय राष्ट्रीय आंदोलन को जहां तक और जैसे पढा है, वस्तुतः उन दोनों ही क्षेत्रों में हमारी जानकारी असंतुलित तो है ही, अधूरी भी है। इसलिए ही समकालीन संदर्भों को लेते हुए अपने विषय पर चर्चा करने की कोशिश की है। यदि समकालीन भारत की दशा व दिशा पर इन लेखों से कुछ प्रकाश पड़ता हो, तो मेहनत सफल होगी।

वाराणसी
25 मई, 2020

प्रोफेसर अरुणा सिन्हा

कैसे लिखा गया भारतीय इतिहास *

पिछले 200 सालों में इतिहास ने अपने मायने बदले हैं। पहले इसको एक विषय न मानकर, इसे अपनी सभ्यता, संस्कृति देश, समाज का अतीत समझा जाता था। यानी इतिहास शब्द का आशय था - अतीत या वह - जो अतीत का बोध कराए। ऐसी स्थिति में यह अपने अपने समाज या देश की धरोहर का प्रतीक था, जिस का आदर करना, जिस से सबक सीखना है अपने वर्तमान को समझने और भविष्य को संवारने के लिए। और यह प्रतिनिधित्व करता था - अपनी संस्कृति को जानने के उन सभी स्रोतों का- जिन पर देश, समाज या सभ्यता का ढांचा टिका था। उदाहरण के लिए पुराण, वेद, उपनिषद, शास्त्र, और इसी प्रकार से अनेकानेक पुरातात्विक स्रोत, और चारों तरफ बिखरा हुआ देशी भाषाओं में लिखा साहित्य। ऐसी स्थिति में यदि किसी से पूछते, कि आप का इतिहास क्या है, तो शायद जवाब मिलता - हमारा इतिहास है - हमारे वे ग्रंथ, वे अमर चित्र कथाएं, वे कहानियां, वे उपदेश - जिन्हें हम बचपन से सुनते आए, और जिन्हें खेल, नाटकों के रूप में या तो खेला या देखा। अगर उस अतीत, इतिहास का कोई प्रयोजन है ही, तो मात्र इतना कि वर्तमान और भविष्य को संवारने के लिए; उसमें जो लेने लायक हो ले लिया जाए। हां खास बात नोट करने की यह है कि इस जानकारी का आधार केवल पुस्तकीय ज्ञान नहीं, बल्कि संस्कार जन्य, संस्कृति जन्य व सभ्यता जन्य भी था, पर जिसे शायद आज के बुद्धिजीवियों की तरह विश्लेषणात्मक और तार्किक तरीके से लोग व्यक्त नहीं करते हो (क्या पता कर भी सकते हो, मगर उस विवेक और विश्लेषण से - जो आज का आधुनिक मानव ना समझता हो)।

आज यह बात नहीं रह गई है। आज इतिहास का समूचा दर्शन, ज्ञान, व्याख्या, और निष्कर्ष - मात्र पुस्तकीय स्त्रोतों पर आधारित है, यानी लिखित शब्द; और लिखित शब्द कौन सा सही है, कौन सा नहीं, किसे इतिहास माना जाए, किसे नहीं, कौन ऐतिहासिक है, कौन नहीं, यह सभी बातें एक मायने में पहले से निश्चित है।

मगर यह लिखित शब्द या पुस्तक विज्ञान आया कहां से, किसके द्वारा, और क्यों, यह प्रश्न तो मन में कौंधता ही नहीं क्योंकि हम यह मान कर चलते हैं, कि, यही तो सच है, सबसे

---

*जनसत्ता, न्यू दिल्ली, 4 अक्टूबर 1995 को प्रकाशित लेख

स्वाभाविक है; जहां सामान्य लोगों (जो इतिहास के छात्र नहीं है) की जानकारी का स्तर इस विषय पर वह है, जो उन्होंने अपने बचपन में स्कूल, कॉलेज में पढ़ा है - और अगर पढ़ा है, तो उसे गलत मानने का उनके पास क्या कारण हो सकता है? लिहाजा सही है। जहां तक पढ़े-लिखे यानी इतिहास की विधा में दीक्षित लोगों का ताल्लुक है, डिग्री हासिल करने के बाद वे एक मायने में खतरनाक हो जाते हैं, क्योंकि अपनी विशिष्ट जानकारी के दावे पर वे जो चाहें कह-सुन लेते हैं, इतिहास के नाम पर - क्योंकि उन्होंने तो ऐसा ही पढ़ा है। तथ्यों का आकलन और समीक्षा करने में कल्पना शक्ति, तार्किक क्षमता और दिमाग के खुलेपन की जरूरत होती है -यह तो बताया जाता है, पर वह लिखित शब्द जिसके हम उत्तराधिकारी है - वह अवैज्ञानिक है, ऐतिहासिक नहीं है, यह स्पष्ट नहीं किया जाता। इतिहास के विषय में इसके चलते 'दृष्टिकोण' और 'समझने की शक्ति', दोनों ही काफी क्षीण हो चले हैं।

मगर इन दो पीढ़ियों के इतिहास बोध का अंतर क्यों और कैसे हैं - यह अपने आप में एक महत्वपूर्ण प्रश्न बनता है। इन दोनों बातों के बीच एक महत्वपूर्ण तथ्य है जो सर्व साधारण की जानकारी के लिए जरूरी दिखता है - वह है एक “सिलसिलेवार इतिहास लेखन की परंपरा की शुरुआत”, जो करीब 200 वर्ष से देखने को मिलती है। यहां हम ध्यान दें - इतिहास लेखन की परंपरा की बात नहीं हो रही, बल्कि, 'सिलसिलेवार' इतिहास लेखन की बात हो रही है, जिस से तात्पर्य है इतिहास लेखन के सिलसिले का चल पड़ना। दूसरे शब्दों में, उद्देश्य बद्ध इतिहास लेखन या अमुक लेखन कार्य को “इतिहास” का नाम दिया जाना, या फिर कुछ ज़र ख़रीद लेखकों से कुछ लिखवा लिया जाना है, जिसे इतिहास के कह कर प्रचलित किया जाए।

इस सिलसिलेवार इतिहास लेखन के कारण - पिछली कुछ शताब्दियों की घटनाओं में ढूंढे जा सकते हैं। मतलब यह कि जब भारत की भूमि पर पाश्चात्य जगत की ओर से महान (!) शख्सियतों, ब्रिटिश साम्राज्यवाद के तथाकथित नायकों, या फिर, साम्राज्य निर्माता (जैसे कि उन्हें संबोधित किया जाता है) का पदार्पण हुआ, तब, आवश्यकता महसूस हुई इन साम्राज्य-निर्माण कर्ताओं को, न केवल भारत के बारे में जानकारी हासिल करने की - ताकि वे अपनी प्रशासनिक नीतियों का निर्धारण कर सकें, अपने स्वार्थ पूर्ण उद्देश्यों की प्राप्ति के लिए; बल्कि समय के साथ एक ऐसे संदर्भ निर्देश तैयार करने की, जिसमें उनके भविष्य के सुख के लिए आधारभूत संरचनात्मक परिवर्तन सहजता से लाए जा सकें। उन सन्दर्भो का क्या होगा - यही

सबसे महत्वपूर्ण बात थी। यह बताना कि ब्रिटिश राज के हित इन अमुक जरीयों से पूर्ण होते हैं, इसलिए उन्हें लागू किया जाए - एक असंभव नीति थी। इसलिए समय के साथ चलने में ही भलाई थी। सो आवश्यकता थी कुछ ऐसे नारो की, जो शासित जनता को मोहित करके, उसे उन उद्देश्यों की ओर स्वतः प्रेरित करें, जिनका गहन ताल्लुक साम्राज्यवादी हितों से अप्रत्यक्ष रूप में था। अतः सामने आने लगे कुछ शब्द, जैसे विकास, प्रगति, आधुनिकता, समाज के लिए प्रगतिशील कानून, कार्य कुशल सरकार, विशेषज्ञों द्वारा चलाई गई सरकार, और इसी कड़ी में एक और - वैज्ञानिक इतिहास लेखन - जिसकी नीव 19वीं शताब्दी में पड़ी। यहीं से शुरुआत होती है उस 'सिलसिलेवार इतिहास' की जिसकी बात ऊपर कही गई। यानी कि आखिर भारत का इतिहास, अचानक विदेशियों के लिए, इतना महत्वपूर्ण क्यों हो गया? इस बढ़ते हुए महत्व का क्या सन्दर्भ था?

परिणाम यह हुआ, कि जहां एक ओर अनेकानेक पुस्तकें छापी जाने लगीं, जो झूठे भ्रामक वर्णन से भरपूर थीं और गुलाम देश के लोगों को अपने देश के बारे में गलत जानकारी देकर उन्हें दिग्भ्रमित करती थीं; यानी तथ्यों को सीधे-सीधे झूठलाया जाना - जो आगे चलकर स्वयं में ही महत्वपूर्ण स्रोत बन गया ऐतिहासिक जानकारी देने का। इतिहास के विद्यार्थियों के लिए, और जिसे सुरक्षित रखने का कार्य सरकारी अभिलेखागार करने लगे; वहीं दूसरी ओर शैक्षणिक स्तर पर वैज्ञानिकता और निरपेक्षता के नाम से एक इतिहास लेखन की ऐसी विधि प्रचलित की गई जो अतीत के बोध से ज्यादा तथ्यों की प्रमुखता पर जोर देने लगी, जिस से तात्पर्य था 19वीं शताब्दी में प्रचलित भौतिक विज्ञान की तर्ज पर, इतिहास की अध्ययन प्रणाली जो यूरोप में प्रचलित हुई। अर्थात इतिहासकार ने अपने को एक वैज्ञानिक की श्रेणी में रखते हुए एक ऐसा वर्णन-करता समझ लिया, जो एक पूर्ण - सत्य का बयान कर रहा है, जिससे उसका अपना सरोकार किसी भी स्तर पर नहीं है। अध्ययन की इस प्रणाली ने विज्ञान की ही तर्ज पर, एक ऐसे इतिहास को प्रचलित किया - जिसमें 'सब्जेक्ट' और 'ऑब्जेक्ट' का फासला जितना ज्यादा हो, उस इतिहास को उतना ही 'निरपेक्ष' और 'वैज्ञानिक' माना जाएगा; और यह पूरी तरह तथ्य शास्त्र पर आधारित हुआ - अर्थात इतिहासकार एक व्यक्ति है जिसकी सोच समझ, माहौल, सामर्थ्य व परिस्थितियां, उसके चुने हुए विषय की समझ और लेखन को प्रभावित कर सकती हैं, सीमित कर सकते हैं, यह बयान करने की आवश्यकता ही नहीं समझी गई । वह क्या लिख रहा है, इसी को स्वउद्धभाषित रूप मान लिया गया। परिणाम स्वरूप, जैसे

एक वैज्ञानिक द्वारा कही हुई बात को सच्चाई का वर्णन समझकर विज्ञान मान लिया जाता है, उसी तरह, इतिहासकार की बात को 'इतिहास' मान लिया गया। परिणाम हुआ, तथ्यों और धारणाओं में बड़े पैमाने पर उलझाव। मतलब यह कि इतिहास में वैज्ञानिक तथ्यों के नाम से जिनकी चर्चा चल पड़ी, वे वास्तव में सापेक्ष हैं, जिसमें दोनों ही साथ चल रहे हैं, यह नहीं सोचा गया। *जैसे-जैसे भारत की स्वदेशी प्रणालियां, पद्धतियां धारणाएं, परंपराएं और संस्थाएं, विदेशी हुकूमत के तहत समाप्त होती चली गई, वैसे वैसे विदेशी विचार परंपराएं, धारणाएं और प्रणालियां, देश की मेधा पर हावी होती चली गई।*

तो यह हुई "सिलसिलेवार इतिहास लेखन" की बात, जिसने विषय की समझ, मायने, या बोध को ही बदल डाला। जैसे-जैसे सापेक्ष - निरपेक्ष का फैसला इस *आयातित वैज्ञानिक दृष्टिकोण* ने बढ़ा दिया, वैसे वैसे सत्य के अन्वेषण की विधा का भी रूपांतरण होता चला गया। शोधकर्ता न केवल अपने विषय से लगातार दूर होता गया, बल्कि मात्र अपने ही विषय में अधिकाधिक केंद्रित होता चला गया - जिसे आधुनिक बोलचाल में 'विशेषज्ञता' कहा जाता है। तो एक समग्रतावादी को खंडित शीशे से देखना, कहना, सीख गया और इसी में दिनोंदिन प्रवीण होता चला जा रहा है। उसका दायरा अत्यंत संकुचित, उसके लक्ष्य पूर्व निश्चित और सीमित हो चले हैं - बावजूद इसके ऐतिहासिक घटनाओं की हमारी जानकारी बढ़ती चली गई, और मजे की बात यह कि इतना कुछ हो जाने पर भी, हमें इतिहास की बढ़ती हुई जानकारी पर तो गर्व है - पर उसमें आए इस बोध परिवर्तन पर दुःख नहीं, जिसने आने वाली पीढ़ियों को बड़े ही अप्रत्यक्ष रूप से मानसिक विकलांगता का शिकार बना दिया। इस प्रकार इतिहास को राजनीतिक लाभ के लिए इस्तेमाल करने की जो परंपरा चल पड़ी एक बार, स्वतंत्रता प्राप्ति के बाद भी भारतीयों की मुक्ति उससे नहीं हो पाई।

भारतीय इतिहास की दूसरी बड़ी भूल जो पहले में अंतर्निहित थी वह हुई - 'चुनौती' की ही शब्दावली में 'प्रत्युत्तर' देने का प्रयास। क्योंकि चुनौती देने वाले विदेशी थे, ताकतवर थे, राजनीतिक तौर पर उनकी बातों का जवाब भी उन्हीं के शब्दों में, धारणाओं, के तहत दिया गया। नतीजा हुआ भारत के इतिहास पर लिखे गए भाष्यों में - विचित्र तुलनाएं, अवांछनीय धारणात्मक सामान्यीकरण आदि। सरल शब्दों में इसे कह सकते हैं - बिना प्रमाण के धारणा बना लेना या फिर भारतीय परिस्थितियों को इस प्रकार देखना, मानो वह यूरोप का ही कोई

भौगोलिक प्रकार हो, मानो यूरोप ही भारत के नाम से अभिव्यक्त हो, मानो यूरोपिय और भारत की परिस्थितियों में भौगोलिक अंतर के अलावा कुछ और हो ही ना। यह था *ऑक्सीडेंटॉफीलिया* - जिसके चलते बिना मान्यताओं, धारणाओं को जांचे परखे ही, इतिहासकारों द्वारा जवाब देना शुरू कर दिया। जैसे-जैसे 'सिलसिलेवार इतिहास' लेखन ने जोर पकड़ा, एक पार्टी ने चुनौती दी - दूसरे ने उसका प्रतिकार किया, और इस प्रकार पुस्तकों की भरमार हो गई - जिसमें अतीत की खोज या सत्य की खोज से ज्यादा कुछ और महत्वपूर्ण बन गया । (आज हम अनेक अनेक शब्दों जैसे धर्म, राजनीति, अर्थशास्त्र, सेक्युलर - आदि को लेकर आपस में जूझ रहे हैं, वह इसी बुनियादी दोष का परिणाम है); और लिखित इतिहास की पुस्तकों में वे चीजें भारत के बारे में बताई जाने लगी, जो तथ्य नहीं थी - बल्कि 'धारणाएं' थी, जिन्हें विदेशी मान्यताओं ने भारतीय समाज पर आरोपित कर दिया - अनेक सिद्धांतों और धारणाओं के जरिए।

निष्कर्ष यह है जिन पाठ्यक्रम मे संस्तुत प्रचलित पुस्तकों का हमने अभी तक अध्ययन किया - वह इतिहास न होकर एक खास समय में, एक खास उद्देश्य से, एक खास श्रेणी के राजनैतिक और व्यवसायिक लेखकों द्वारा, लिखी हुई उस सामग्री से निकली है - जिस पर बाद की पीढ़ी के विद्वानों ने भव्य अट्टालिकाओं का निर्माण कर दिया । जैसे-जैसे समय गुजर रहा है, उन ज्ञान की अटालिकाओं में ऊपरी परिवर्तन तो होते चले जा रहे हैं -पर बुनियादी संकीर्णताओं पर कोई विशेष टिप्पणी हो रही हो - ऐसा नहीं दिखता, कम से कम प्रचलित इतिहास की पुस्तकों में।

अगर इतिहास को समझना है तो जितना सापेक्ष - निरपेक्ष की दूरी को कम किया जाएगा अनेकानेक ज़रियों से - उतना ही स्पष्ट वह दिखने लगेगा। सवाल यह नहीं है, कि, इतिहास को कितना वैज्ञानिक और मूल्य आधारित होकर समझा जा सकता है। सवाल इसका है कि उसे ईमानदारी से समझने के लिए इतिहासकार को वह सब करना होगा जो अभी तक नहीं किया गया, यानी सर्वभौम बनाम विशिष्ट मॉडल, शब्द और उसकी व्यंजना : तथ्य और मूल्य धारणा के आपसी विवेक को समझना - और फिर, जो चित्र उभर कर सामने आए, उसमें शायद - 'सत्य' - की कुछ झलक दिख सके।

18वीं शताब्दी की व्याख्या *

18 वीं शताब्दी की व्याख्या के अंतर्गत यह बताने की कोशिश की गई है कि औपनिवेशिक ऐतिहासिक मानसिकता किस तरह से भारत पर किए गए इतिहास लेखन में हावी रही है । जिस तरह से भारत के अतीत के चित्रण में यानी सामान्य इतिहास लिखने में विदेशी लेखकों (और यहां तक कि भारतीय विद्वानों ने भी) पूर्वाग्रहों से ग्रस्त होकर हमारे इतिहास को कलुषित किया है, उसी तरह से 18वीं शताब्दी के चित्र में भी यह मनमानी हमें देखने को मिलती है । उस समय के राजनीतिक स्वार्थ से प्रेरित होकर, इतिहास लेखन को अपने साम्राज्यवादी लक्ष्यों की प्राप्ति का साधन मानते हुए उसे मनमाने ढंग से प्रस्तुत किया गया, ताकि देश की वर्तमान एवं भावी पीढ़ियां उन मनगड़त बातों को अपने देश का वास्तविक अतीत मान बैठे, और विदेशी शासकों के अनुरूप अपने को ढालने के लिए तैयार हो जाए । इस तरह के इतिहास लेखन ने इस देश में मानसिक गुलामी के एक नए दौर को जन्म दिया, जो भारतीय राजनीतिक आर्थिक परतंत्रता की पूरक बनी क्योंकि इसने सामाजिक एवं सांस्कृतिक विकृतियों के आने का रास्ता भी खोल दिया।

इसका परिणाम औपनिवेशिक दासतां के दौरान जितना घातक रहा, उतना ही स्वतंत्रता प्राप्ति के बाद भी रहा। विदेशी विचारधाराओं से प्रभावित होकर उनकी शब्दावली, मुहावरे, अभिव्यक्तियां हमने यथावत स्वीकार कर ली और अपने राष्ट्रीय जीवन के पुनर्निर्माण में उन्हें अहम भूमिका प्रदान की। अतः परिणाम घातक हुए हैं। अगर इससे हमें मुक्त होना है तो हम भारतीयों को न केवल अपना इतिहास (जिसमें 18वीं शताब्दी की व्याख्या भी शामिल है) स्वयं लिखना चाहिए, बल्कि उस समग्र ऐतिहासिक पटल का जायजा लेते हुए समझना भी चाहिए, जो तमाम तथ्यों को पढ़ने से आकार लेता है। अपने देश के वर्तमान के साथ न्याय कर पाना तभी संभव होगा जब अतीत की जानकारी एक स्वतंत्र दृष्टि से हासिल की जाएगी । इसी दृष्टि से 18वीं शताब्दी की व्याख्या जैसे विषय को अब काफी महत्व दिया जा रहा है।

सामान्यतया पुस्तकों में 18वीं शताब्दी का चित्रण, अथवा बिना चित्रण किए ही मात्र इशारे से, जो कुछ लिखा गया, उसे पढ़ने से ऐसा प्रतीत होता है, मानो 16वीं एवं 17वीं शताब्दी के विपरीत इस शताब्दी में भारत के राजनीतिक पटल पर कमजोर राजा एवं पतित सामंतों का राज रहा । इन लोगों ने बीते युग की मजबूत केंद्रीय सत्ता व साम्राज्यवादी आकांक्षाओं को रखने

---

*दूरस्थ शिक्षा, मध्य प्रदेश भोज (मुक्त) विश्व विद्यालय,भोपाल द्वारा प्रकाशित (2014)

वाले शहंशाहों के द्वारा बनाए गए साम्राज्य को अक्षुण्ण बनाए रखने में अपनी असमर्थता दिखायी, जिससे राज्य के अंदर विघटनकारी ताकतें जोर पकड़ने लगी। देश अनेकों छोटे-छोटे राज्यों में टूट गया जिसकी वजह से विदेशी ताकतों का भारत में घुस पाना संभव हो पाया और उन्होंने येन केन प्रकारेण देश के कई हिस्सों में अपनी हुकूमत कायम कर ली।

एक लेखक के अनुसार "मुगल - साम्राज्य के खंडों से भारत में विभिन्न स्वतंत्र अथवा अर्ध - स्वतंत्र राज्यों का निर्माण हुआ" (उनमें से कुछ बहुत शक्तिशाली बने। इनमें सबसे अधिक शक्तिशाली राज्य का निर्माण मराठों ने किया) । मराठों के अतिरिक्त दक्षिण भारत में निजाम उल मुल्क ने हैदराबाद, और उसके बाद हैदर अली ने मैसूर में राज्य बनाए। इसी तरह से उत्तरी भारत में औरंगजेब की मृत्यु के कुछ वर्ष पश्चात ही, बंगाल, बिहार, और उड़ीसा एवं अवध में स्वतंत्र राज्यों का निर्माण हुआ। 18वीं शताब्दी के अंतिम चरण में रणजीत सिंह द्वारा सिखों का स्वतंत्र राज्य बनाया जाना, राजस्थान में राजपूतों के स्वतंत्र राज्य, छोटे राज्यों में कर्नाटक, रूहेलखंड, केरल व भरतपुर के राज्य प्रमुख रहे। "यह सभी बड़े और छोटे राज्य आंतरिक दुर्बलताओं से ग्रस्त रहे। इनमें से कोई भी भारत को राजनीतिक और आर्थिक स्थिरता प्रदान न कर सका । ... वे न तो स्वयं अपनी रक्षा कर सकें और न ही अपने नागरिकों के सम्मान और आर्थिक साधनों की। इस कारण धीरे-धीरे सारे के सारे अंग्रेजों से परास्त हो गए "। यहां तक कि प्रसिद्ध इतिहासविद के.के. दत्ता ने भी कह दिया है कि " The eighteenth century forms a tragic period in the history of India".

इसी तरह से इन छोटे-छोटे राज्यों व उनके शासकों ने अपने क्षुद्र राजनीतिक स्वार्थों तक सिमटकर रह जाने एवं ऐशो आराम का जीवन बिताने में ही अपने शासन की सार्थकता देखी । देश की सुरक्षा करना, उसकी उन्नति की तरफ ध्यान देना अब इनकी चिंता का विषय नहीं रह गए । परिणाम स्वरूप देश के व्यापार, उसकी अर्थव्यवस्था पर उन बातों का विपरीत प्रभाव पड़ा। ऐसा मान लिया गया कि "18वीं सदी में उत्पन्न राजनीतिक अस्थिरता और प्रशासकीय अव्यवस्था ने साम्राज्य की आर्थिक स्थिति को ही नष्ट नहीं किया अपितु जनसाधारण को जीवन की न्यूनतम आवश्यकताओं से भी वंचित कर दिया ।" यही लेखक आगे कहते हैं, "भारत के जीवन के सभी क्षेत्रों में दुर्बलता तथा आर्थिक, सामाजिक और सांस्कृतिक दृष्टि से पतन इस सदी की विशेषता रही। इसी के परिणाम स्वरूप भारत एक विदेशी शक्ति के अधीन हुआ"। इशारा यहां पर यह है कि यूरोपिय कंपनियों ने इसी दशा में भारत को पाया था, जबकि इस समय का यूरोप प्रबुद्ध शासकों के द्वारा शासित था, जो जीवन के हर क्षेत्र में

आधुनिक तौर-तरीकों को इस्तेमाल कर प्रशासन चला रहे थे, और अपने देश एवं समाज की प्रगति करने में सक्षम साबित हुए। इंग्लैंड की औद्योगिक क्रांति इसका जीता जागता उदाहरण है।

संक्षेप में यूं कहा जा सकता है कि इस शताब्दी को भारतीय इतिहास का "अंधकार मय" युग कह कर संबोधन किया गया जिसमें देश प्रेम, राष्ट्रवाद, एवं स्वतंत्रता प्रिय समाज का पूरी तरह अभाव दिखता है। "भीषण राजनीतिक अशांति, पूर्ण सामाजिक अराजकता, एवं विकट आर्थिक दुर्दशा इस शताब्दी की पहचान है। इस शताब्दी का भारतीय इतिहास वस्तुतः षड्यंत्र, अपराधों, और पतन का इतिहास है। अंग्रेज इतिहासकारों, पश्चिमी पर्यटकों, तथा पूर्वी (भारतीय) इतिहासकारों ने इस शताब्दी के भारत की दुःखद स्थिति का उल्लेख अपनी कृतियों तथा डायरियों (विवरणों) में किया है। भारत का यह अंधकार युग था।" यहाँ शायद मार्क्स द्वारा लिखित भाषा को उद्धृत करना भी समीचीन हो, जिसे उन्होने भारत के संदर्भ मे लिखा। अपने एक लेख शीर्षक "दी फ्यूचर रेजल्ट्स ऑफ ब्रिटिश रूल इन इंडिया" मे, "A country not only divided between Mahommedan and Hindoo, but between tribe and tribe, between caste and caste … such a country and such a society, were they not the predestined prey of conquest? … Indian society has no history at all, atleast no known history. What we call its history, is but the history of the successive intruders who founded their empires on the passive basis of that unresisting and unchanging society. The question, therefore, is not whether the English had a right to conquer India, but whether we are to prefer India conquered by the Turk, by the Persian, by the Russian, to India conquered by the Briton.

England has to fulfill a double mission India: one destruction, the other of regenerating the annihilation of old Asiatic society, and laying the material foundations of western society in Asia…."

18वीं शताब्दी भारत के बारे में आखिरकार इन बातों को इतनी विश्वसनीयता के साथ कैसे कहा गया? जबकि वास्तविक तथ्य तो किसी दूसरी ही कहानी की ओर इंगित करते हैं। इसका कारण है, समूचे मानव समाज एवं उनकी सामाजिक व्यवस्थाओं के विकास के बारे में

"मार्क्सवादी विचारधारा का हावी रहना" जो हमें "औपनिवेशिक मानसिकता" से ही विरासत में मिली है ।

मार्क्स ने तत्कालीन परिवेश में यह कहा कि जहां तक भारत का ताल्लुक है, इंग्लैंड का यहां दोहरा मिशन है। पहला, तो 'विध्वंस' करने का (जिससे उसका मतलब था भारत का खुला शोषण करना) और दूसरा, निर्माण करने का जिससे उसका मतलब था यहां की पुरातन संस्थाओं, व्यवस्थाओं, एवं समाज को तोड़ डालने से यहां पर पश्चिमी मॉडल पर आधारित एक प्रगतिशील समाज बनाने की एक नीव पड़ेगी)। उनकी यह सोच समझ ब्रिटेन के औपनिवेशिक हितों पर खरी उतरती थी।

मार्क्सवादी सोच समझ की आधारशिला इस तरह की मान्यताएं थी, जैसे ((1.) आज से दो सौ साल पहले (यानी 18वीं शताब्दी में) समूची दुनिया पिछड़ी थी; सामंतवादी व्यवस्था थी, ठहरी हुई थी; (2.) जीवन का प्रमुख आधार कृषि था, (3.) व्यापार अथवा उद्योग धंधे बहुत ही छोटे छोटे और प्राथमिक पैमाने पर पाए जाते थे; (4.) अंतरराष्ट्रीय व्यापार तो लगभग ना के बराबर ही था; (5.) श्रम विभाजन के बारे में तो कोई सोच भी नहीं सकता था, (6.) राज्य अपनी सत्ता को बचाने में ही लगा रहता था, अतः उसका ध्यान दूसरे विषयों पर जाता ही नहीं था, वह तो मात्र अपने ऐशो आराम में ही डूबा रहता था। देश का विकास ही ना हो, यह उस राज्य की चिंता का विषय नहीं था, (7.) देश की जनता बेहद गरीब थी, अकाल, गरीबी, भुखमरी एवं महामारी इत्यादि ही सार्वजनिक जीवन के सत्य प्रतीत होते थे और (8.) सामाजिक - आर्थिक व्यवस्था बहुत ही परोपजीवी एवं शोषणत्मक थी।

औपनिवेशिक शिक्षा प्रणाली में पले - बड़े विद्वानों ने इस तरह की बातों को निर्विकार भाव से स्वीकार ही नहीं किया वरन उन्हें तार्किकता प्रदान करने के लिए नए-नए इतिहास रचने भी शुरू कर दिए। मार्क्सवाद में जिस "संकीर्ण सैद्धांतिकरण" पर जोर दिया गया है - मानव समाज के विकास आदि का आकलन करने के लिए, उसकी वजह से मार्क्सवादी विचारकों ने ब्रिटिश पूर्व भारतीय समाज (यानि 18वीं शताब्दी) को "समंतिया" समाज मान लिया, जो कि उनके अनुसार अंग्रेजों के आने के बाद पूंजीवादी युग में प्रवेश कर रहा था। यहां पर गलती यह हो गई कि जो बातें वास्तव में यूरोप के समाज के लिए सच थी, उन्हें भारतीय समाज के लिए भी सच मान लिया गया। हमारे देश में यदि कहीं शोषण मुक्त व्यवस्था उन्हें दिखी भी, या उसमें धर्म व संस्कार से प्रेरित कुछ शुभ दिखा भी - जहां लोग अपनी सारी

मौलिक आवश्यकताओं की पूर्ति के फलस्वरूप अमन, शांति एवं सौहार्द से रहते थे, तो वह इन विद्वानों के अनुसार गति-हीनता अथवा "ठहरे हुए समाज" के लक्षण थे, जिन्हें उसी के रूप में प्रचारित किया गया।

इस विमर्श का एक पक्ष और भी है, और वह भी बेहद महत्वपूर्ण। इस काल के बारे में हमारी जानकारी बहुत ही सीमित तथ्यों पर आधारित है। और वे भी वह तथ्य - जो हमें ईसाई मिशनरियों एवं मानव विज्ञानियों के लेखन के माध्यम से भारत के बारे में उपलब्ध हो पाए। होल्डन फरवर नामक विद्वान ने इस पक्ष पर बहुत अधिक कार्य किया है। उनका यह मानना है कि भारत एवं एशिया व अफ्रीका के अन्य देशों पर शुरू में जो भी लिखा गया, वह अनेक यूरोपीय देशों से आई कंपनियों के मुलाजिमों द्वारा, ईसाई मिशनरियों अथवा उन यात्रियों द्वारा था, जिनका उद्देश्य यहां की अजीबोगरीब ("bizarre") बातों को अपने देश के लोगों तक पहुंचा कर उनका मन बहलाना होता था। वे किसी भी तरह से भारत की सभ्यता का कोई गंभीर अध्ययन करने में रुचि नहीं रखते थे। बाद के दशकों में यूरोप से जो विद्वान इन देशों में आए - जिन्हें ओरिएंटलिस्ट कहकर पुकारा गया, उनके लेखन की आधारशिला भी - उपरोक्त विवरण थे। उदाहरण के तौर पर वे बताते हैं कि कैसे एक ईसाई मिशनरी ने भारत पर एक पुस्तक छापी, जिसका शीर्षक था "दी ओपन डोर टू दि सीक्रेट्स ऑफ हिथिनडम"; और इस पुस्तक को यूरोप में "हिंदुत्व" पर एक बहुत बड़ा महत्वपूर्ण काम मान लिया गया। जबकि इस पुस्तक का शीर्षक, अपने में ही काफी है, यह बताने के लिए, कि ईसाई मिशनरी का उद्देश्य क्या था। इस विद्वान का यह भी कहना है कि 1914 तक भी पाश्चात्य विद्वानों की भारत अथवा एशिया के बारे में जानकारी उन्हीं यात्रियों ,मिशनरियों, कर्मचारियों, पर्यटको, व्यापारियों द्वारा छोड़े हुए दस्तावेजों पर टिकी थी न कि भारत संबंधी किसी गंभीर अध्ययन पर। दुर्भाग्यवश, गैर यूरोपीय विद्वानों ने भी उन्ही परंपराओं का अपने लेखन में पालन किया जिनकी नींव यूरोपीय विद्वानों ने डाली थी। बात के विद्वानों ने उन्हीं तथ्यों का उपयोग करते हुए, शायद दूरदर्शिता के अभाव में एक ऐसे इतिहास का निर्माण कर दिया जो उन लोगों के साम्राज्यवादी उद्देश्यों की पूर्ति के लिए बहुत उपयोगी रहा। संक्षेप में, जो इतिहास लोगों तक पहुंचाया गया वह था विकृत, सतही, जिसने उन्हें बहुत सी बातें "सच" के तौर पर परोस तो दी, किंतु उनके तथ्यात्मक पहलू को देखने का आग्रह नहीं किया। बाद के दशकों में इन ऐतिहासिक दस्तावेजों को इस्तेमाल किया गया- भारत के अर्द्ध विकसित या न विकसित होने के कारणों को समझाने के लिए। जब भी और जहां कहीं भी वाद विवाद हुए, इन्हीं ऐतिहासिक स्रोतों की ओर संकेत करते हुए भारत

के अतीत पर प्रकाश डाला गया व उनकी परिभाषा की गई । और इस तरह से एक विकृति ने दूसरे विकृति को जन्म दिया, तथा इतिहास के क्षेत्र में सच्चाई एवं वास्तविक तथ्य और भी अधिक पृष्ठभूमि में ठेल दिए गए।

अतः क्योंकि "मध्यकालीन यूरोप" पिछड़ा, स्थिर व पुरातन पंथी था, इसलिए अवश्य ही भारत भी वैसा ही रहा होगा, यह स्वयंभू सत्य के रूप में मान लिया गया । इसी बुनियादी मान्यता से दूसरी बातें निकलती चली गई, जैसे (1.) बाद की शताब्दियों में पश्चिमी जगत में, जो विस्तार देखा गया व्यापार के क्षेत्र में, विज्ञान तकनीकी आदि के क्षेत्र में - इन सभी का मिलाजुला परिणाम हुआ "पूंजीवाद" का जन्म। यह मात्र एक संजोग था कि यह शुरू हुआ इंग्लैंड से । (2.) इंग्लैंड में औद्योगिक क्रांति से इसकी शुरुआत हुई, जिसका अनुसरण बाद में फ्रांस, हौग्लैंड, जर्मनी, ऑस्ट्रिया, रूस, अमेरिका आदि ने भी किया। (3.) पश्चिमी देशों के उदय एवं विकास के पीछे उन समाजों की प्रशंसनीय गतिशीलता एवं "सांसारिक"(down to earth) दृष्टिकोण था। (4.) इसी के कारण वहां कई क्रांतियां भी हुई, जिनके माध्यम से उन्होंने अपने सामनतिय जंजीरों को उखाड़ दिया एवं अकल्पनीय समृद्धि एवं विकास के दौर में कदम रखा।

मार्क्सवाद के इस सम्मोहन के कारण ही स्वतंत्रता प्राप्ति के बाद भारतीय समस्याओं का विश्लेषण करने में इस तरह के प्रश्न पूछे गए, जैसे (1.) भारत उस दौड़ में शामिल क्यों ना हुआ जिसमें पश्चिमी देश शामिल हो चुके थे? (2.) यहां पर (पश्चिम की तरह) वैज्ञानिक, तकनीकी, व्यापारिक, बैंकिंग, यातायात क्रांतियां क्यों नहीं हुई? (3.) भारत इतना पिछड़ा क्यों रह गया - बावजूद इसके कि बीते 150 सालों में उसे अंतर्राष्ट्रीय अर्थव्यवस्था का हिस्सा बना दिया था अंग्रेजों ने? (4.) यहां पर मार्क्स की भविष्यवाणी (*भारत में इंग्लैंड के दोहरे मिशन की बात करते समय मार्क्स ने यह कहा कि ब्रिटिश साम्राज्यवाद ने यद्यपि भारत का उपनिवेश के रूप में शोषण अवश्य किया था, किंतु इस प्रक्रिया में उसने जो "विध्वंस" किया - भारत के समाज के भविष्य के लिए "सकारात्मक" है - क्योंकि उससे भविष्य में परिवर्तन लाना संभव हो पाएगा)* - सच क्यों नहीं हो पाई? (यानी इस दिशा में कोशिशें और तेज कर देनी चाहिए -ऐसा उनका आशय था); (5.) स्वतंत्रता प्राप्ति के बाद भी भारत विकास के पथ पर तेजी से आगे क्यों नहीं बढ़ा?

अपने इन्हीं प्रश्नों के दायरे में बंधकर, और उन पूर्वाग्रहों से ग्रस्त होकर (जिन्हें औपनिवेशिक शासन के दौरान इन विद्वानों के दिमाग में कूट-कूट कर भरा गया था) यह केवल

इन निष्कर्षों तक पहुंच पाए (उक्त प्रश्नों के जवाबों की खोज करने में) - (1.) क्योंकि भारत "सामंती व्यवस्था" में जकड़ा हुआ था (2.) उसकी अर्थव्यवस्था इसलिए संकीर्ण, पारंपरिक, प्रगति गामी (Unprogressive) थी, (3.) अपने पश्चिमी प्रतिपक्ष की तरह वह पुरानी संस्थाओं से अपने को मुक्त कर पाने में असफल रहा। नतीजतन जहां एक तरफ उनके आर्थिक विकास की गति बंद रही, वहीं दूसरी ओर उनका अतीत उनके लिए एक बोझ हो गया। एक ही जवाब जो राजनीति शास्त्री, समाज वैज्ञानिक, अर्थशास्त्री, और यहां तक कि एक इतिहासकार भी ढूंढ पाया _ वह था "That weight of the past" (भारत का बोझमय अतीत)। इस तरह से, भारत के संदर्भ में 18वीं शताब्दी को उस तरह से पेश किया गया, जो वह थी ही नहीं।

संक्षेप में, भारत को विकास पर चलने का सही रास्ता क्या हो सकता है, इसका चयन करना इन मार्क्सवादी आग्रहों की वजह से बहुत कठिन एवं भ्रामक होता चला गया। क्योंकि अतीत जब वह था ही नहीं (जिसे यह विभिन्न तरीकों से चित्रित कर रहे थे), तो उस भ्रामक चित्रण में से सार्थक विकल्पों की तलाश भी निरर्थक ही रही। इसी प्रकार से मार्क्स द्वारा प्रतिपादित वर्ग संघर्ष के सिद्धांत ने कहीं ना कहीं सामाजिक वैमनस्यता एवं भ्रष्टाचार को भी पूरा बढ़ावा देने का काम किया। नंदीग्राम एवं सिंगुर कांड इसके सजीव उदाहरण है।

इस पूरी बहस की तह तक पहुंचने के लिए हमें 18वीं शताब्दी के सामाजिक, आर्थिक पहलुओं का भी उतनी ही गहनता से अध्ययन करना पड़ेगा जितना कि उसके राजनीतिक पहलू का। इस संदर्भ में कुछ बहुत ही महत्वपूर्ण शोध प्रकाश में आए हैं, जिनका उल्लेख अति आवश्यक है। कुछ विद्वानों जैसे कि के ऐन चौधरी, रोथरमुंड, धर्मपाल, तपन राय चौधरी, एम. एन. पियरसन, एस. चौधरी, ए. दास गुप्ता, होल्डन फरबर, जे. सी. वें लीवर, पी. नाई टिंगेल, ओम प्रकाश एवं अन्य आदि ने 18वी शताब्दी भारत पर जो काम किया है, एवं उससे जिन तथ्यों को हमारे समक्ष प्रस्तुत किया है - उससे तो यही लगता है कि इस तथाकथित "अंधकारमय युग को पुनः एक नए दृष्टि कोण से देखने की आवश्यकता है। और यदि यह तथ्य हमें मान्य है, तब तो तीसरी दुनिया के देशों में चल रही "विकास" पर माथापच्ची भी व्यर्थ ही है - क्योंकि उस विवाद की बड़ी गंभीर सीमाएं हैं। और जब तक उन्हें लांघ कर बाहर नहीं आया जाएगा, एवं यथार्थ के धरातल पर अपनी योजनाओं को नहीं देखा जाएगा, तब तक विशेष कुछ हमारे हाथ नहीं लगना है। स्वर्गीय श्री धर्मपाल जी जिन्होंने यूरोपिय अभिलेखागारों में बैठकर *अंग्रेजों से पहले के भारत* पर वर्षों तक गंभीर शोध किया है, उनका मानना है कि भारत की

अपनी एक व्यवस्था रही है, और वो भी बहुत पुरानी नहीं बल्कि अंग्रेजों के भारत में आने तक थी (यानी मात्र 150 साल पहले वह विद्यमान थी)। कृषि, उद्योग, शिक्षा जैसे प्रमुख क्षेत्रों में यह देश भारत यूरोप के देशों से कहीं आगे था । इसलिए ही अंग्रेजों ने इसे बड़े सुनियोजित ढंग से तोड़ने का काम किया था (और आज उनके हिंदुस्तान से चले जाने के बाद भी वही औपनिवेशिक दौर फिर इस देश में चालू हुआ है -"भूमंडलीकरण" के नाम पर।

जहां तक 18वीं शताब्दी की राजनीतिक परिस्थितियों की बात है, अपने एक लेख में श्री तपन राय चौधरी ने इस बात की ओर ध्यान खींचा है कि सामान्यतया यह मान लिया जाता है कि मुगल साम्राज्य के पतन के साथ ही भारत की अर्थव्यवस्था में भी पतन देखने को मिलता है। किंतु इस मान्यता की सत्यता तो तभी जांची जा सकती है जब इस मुद्दे पर किए गए अनेक अनेक शोधों को विस्तार से पढ़ें एवं उन्हे खंगाला जाए। वे आगे कहते हैं कि यह मान लेना कि केंद्रीय शक्ति के पतन के साथ देश में अराजकता व्याप्त हो गई, एवं प्रांतीय ताकतें अपनी-अपनी स्वतंत्रता की घोषणा करने लगी - यह पूरी तरह से अतार्किक नजर आता है।

यूं तो 18वीं शताब्दी की बहस /व्याख्या अपने में इतना वृहत विषय है कि इस पर पूरा एक ग्रंथ लिखा जा सकता है। पर यहां पर समय व स्थान के अभाव और उसकी सीमा का ध्यान रखते हुए यदि 18वीं शताब्दी इतिहास के मात्र एक ही पहलू को हम उठा ले, उसका सामुद्रिक व्यापार, तो कुछ एक नए शोधों के माध्यम से इतनी अधिक सामग्री सामने आई है, जो पुराने दिए गए इस शताब्दी के चित्र पर गंभीर प्रश्न चिन्ह लगा देती है । और यदि सिर्फ एक पहलू के अध्ययन से हमें 18 वीं शताब्दी के बारे में इतनी अधिक जानकारी मिल सकती है, तो फिर, यदि सभी बचे हुए पहलुओं को उठा लें - तब तो बात खुद-ब-खुद स्पष्ट हो जाएगी।

इसके पहले के उस समय के भारतीय सामुद्रिक अंतरराष्ट्रीय व्यापार से संबंधित विवरणों को दिया जाए, तो यह बताना आवश्यक होगा कि उससे संबंधित स्रोतों एवं सामग्री की भी कई सीमाएं हैं । उदाहरणार्थ श्री तपन राय चौधरी ने *कैंब्रिज इकोनोमिक हिस्ट्री ऑफ इंडिया* जैसी पुस्तक में यह समझाया है कि यूरोपीय इतिहासकारों/लेखकों द्वारा हिंद महासागर में हो रहे जल मार्ग व्यापार को यूरोप केंद्रित नजरिए से लिखा गया है । इस बात का होना इसलिए भी संभव हो सका, क्योंकि यूरोपियन अभिलेखागारों में इन्हीं जातियों के लोगों के द्वारा छोड़े गए दस्तावेज अधिक मात्रा में उपलब्ध है।

इसी प्रकार से इस उपलब्ध सामग्री की दूसरी बड़ी कमी यह है कि उपरोक्त दस्तावेजों में उन लोगों ने अपनी समस्याएं, एशिया के देशों के साथ उनके अपने व्यापार आदि की संभावनाओं को ध्यान में रखकर ही ज्यादा लिखा - बजाय इसके कि स्वयं एशिया एवं उसके

अनेकों देशों की समस्याएं एवं दृष्टिकोण क्या है; किंतु उन साधारण यूरोपियन कंपनियों के कर्मचारियों द्वारा छोड़े गए दस्तावेज (जो कि भारत जैसे विशाल देश के बारे में जानकारी देने की दृष्टि से स्वाभाविक रूप से बहुत ही साधारण श्रेणी के ही माने जा सकते थे) भी इतनी अधिक जानकारी बता देते हैं कि 18वीं शताब्दी भारत के बारे में यह निर्विवाद रूप से स्पष्ट हो जाता है, कि, यहां की अर्थव्यवस्था एक बहुत ही समुन्नत जीवंत अवस्था में थी - जिसका संपर्क भारतीय शहरों के अनेक समुद्री तटों से विश्व के अनेकों महत्वपूर्ण तटों तक हमें देखने को मिलता है । दूसरे शब्दों में न केवल उनका (भारतीयों का) अंतर्देशीय व्यापार, वरन उनका अंतरराष्ट्रीय व्यापार 18वीं शताब्दी तक एक बड़े पैमाने पर फैला हुआ था। इसकी बहुत गंभीर चर्चा डॉक्टर के. एन. चौधरी ने अपनी प्रसिद्ध पुस्तक "ट्रेडिंग वर्ल्ड ऑफ एशिया" में की है। इस पुस्तक को पढ़ने से भारत के बारे में फैलाए गए भ्रम का खुलासा हो जाता है।

इसी तरह से यह तथ्य भी सामने आया है कि अधिकांश दस्तावेजों में (व शोधों में मुगल स्टेट पेपर्स में दी गई जानकारियों का कोई संज्ञान नहीं लिया गया है। उपलब्ध आंकड़ों से यह स्पष्ट होता है कि राज्य के अधिकारी कई तटीय शहरों से, जैसे सूरत, हुगली, बालासोर आदि में तैनात रहते थे एवं आयात निर्यात के विस्तृत आकड़ों संबंधी दस्तावेजों का रखरखाव करते थे। इस बात के भी प्रमाण उपलब्ध है कि यूरोपियन कंपनियों को इस बात की हिदायत उनकी सरकारों से मिलती थी कि मुगल तटीय अधिकारियों द्वारा रखे जा रहे रजिस्टरों की अनुवादित प्रतिलिपियां भी अपने अपने देशों को भेजी जाएं, ताकि इस बात का अंदाजा लगाया जा सके कि स्थानीय व्यापार की मात्रा एवं दिशा क्या थी । उनके मालिकों के नाम क्या थे, उनके जहाज कहां से चलते थे, उनके सामानों की सूची क्या थी, आदि। अब यह तो स्पष्ट है कि अगर स्रोतों का सविस्तार उल्लेख किया जाए एवं उन पर शोध किया जाए - तो 18वीं शताब्दी भारत पर को तस्वीर उभर कर सामने आएगी, वह निश्चित ही उस छवि से फर्क होगी जो तत्कालीन भारत के बारे में फैलाने की कोशिश की गई। इस संदर्भ में यह भी विचारणीय विषय है कि क्या यह दस्तावेज अभी भी सुरक्षित रखे गए हैं ? या फिर इन्हें हटा दिया गया है? अगर हटा दिया गया है - तब तो यह मानने में बिल्कुल संकोच नहीं होना चाहिए कि 18वीं शताब्दी भारत की बहुत सी सच्चाई - हमारी जानकारी का विषय बन ही नहीं पाएगी।

बहुत से उपलब्ध दस्तावेज 18वीं शताब्दी के, यह बताते हैं कि उस समय एशिया के देश यूरोप के व्यापारियों से कुछ भी सामान खरीदने लायक नहीं समझते थे। और यदि कुछ ख़रीदा भी जाता था इन यूरोपिय व्यापारियों के माध्यम से, तो वह किसी दूसरे एशिया के देश का ही

उत्पाद होता था । अन्य बात यह है कि भारत का व्यापार एशिया, अफ्रीका, अमेरिका, तक के दूरस्थ देशों के साथ अनेक उपयोगी वस्तुओं में होता था उस समय। गुजरात का चावल, अफ्रीका व पर्शियन गल्फ के देशों में भेजा/ निर्यात किया जाता था। भारतीय टेक्सटाइल उद्योग की तो बात ही निराली थी एवं यहां के उत्पाद दक्षिण पूर्वी एशिया, मध्य एशिया के देशों में पाए जाते थे। इस तरह की जानकारी सामने आई है कि भारत का व्यापारी वर्ग न केवल अत्यअधिक धनी था, बल्कि बड़े पैमाने पर उनका व्यापार फैला हुआ था। उदाहरस्वरूप सूरत के विर्जी बोहरा एवं अहमद चिलेबी का नाम; दक्षिण भारत के कासा वेरोना; बंगाल के कोजा वाजिद, कोरोमंडल तट के शंका रामा चिट्टी और फिर विश्व प्रसिद्ध जगत सेठ, आदि के नाम उल्लेखनीय हैं।

इन आर्थिक गतिविधियों के अतिरिक्त, यदि राज्य की भूमिका पर भी नजर डालें (जिसे 18वीं शताब्दी पर रचित सामग्री में गलत ढंग से प्रस्तुत किया है) तो भी यह विवरण उपलब्ध है कि उस समय भारतीय शासकों की नौसेना इतनी मजबूत थी, कि, यूरोपिय समुद्री डकैतों के खिलाफ भारतीय व्यापारी जब चाहे उनसे मदद मांग सकते थे। विलियम हंटर ने अपनी पुस्तक "हिस्ट्री ऑफ ब्रिटिश इंडिया" में यह संकेत दिया है कि बदमाशी करने पर कैसे ईस्ट इंडिया कंपनी के मुलाजिमों को मुगल अधिकारी ने बंगाल से निकाल दिया और मुंबई को भी अपने अधिकार में कर लिया। इसी सन्दर्भ में मराठा अधिकारी कहोजी अंगारिया का भी नाम आता है। अतः यह नोट किया जाना चाहिए कि 1707 में औरंगजेब की मृत्यु के पश्चात, यद्यपि, यह सच है कि कई सूबेदारों आदि ने, अपने को राजनीतिक रूप से स्वतंत्र घोषित किया। किंतु यह भी उतना ही सत्य है कि एक मजबूत केंद्रीय सत्ता के अभाव के बावजूद, भारत के अनेक हिस्सों ने निर्माण, कौशल, आर्थिक विकास, एवं व्यापार विस्तार के क्षेत्र में, यूरोप की अपेक्षा बढ़त हासिल कर रखी थी । जिन पुस्तकों में 18वीं शताब्दी को "दुखांत कारी युग" के रूप में स्वीकार किया गया है, और भीषण राजनीतिक अशांतिपूर्ण सामाजिक अराजकता एवं विकट आर्थिक दुर्दशा को इस शताब्दी की पहचान के रूप में स्वीकार किया गया है, उन्हीं में यह भी संकेत किया गया है यह शताब्दी" निसंदेह भारत में मराठों की श्रेष्ठता की सदी थी।"

सारांश यह कि वर्तमान भारत में विकास संबंधी प्रश्न एवं समस्याओं पर जिस तरह से विचार किया गया अथवा किया जाता रहा है - उसमें 18वीं शताब्दी भारत पर किए गए इतिहास लेखन का तथा उसके द्वारा फैलाई गई जानकारी का विशेष महत्व है (क्योंकि इस काल /शताब्दी को मध्यकालीन भारत का अंत एवं आधुनिक भारत के शुरुआती दौर के रूप में

देखा गया है)। यह जानकारी कुछ गलत मान्यताओं से प्रभावित होकर फैलाई गई, न कि वास्तविक ऐतिहासिक तथ्यों की छानबीन के आधार पर। मसलहन (1.) आज से 200 साल पहले "पूरी दुनिया पिछड़ेपन का शिकार थी, सामंतवादी थी, गतिहीन एवं स्थिर अवस्था में खड़ी थी, (2.) लोगों की आजीविका का प्रमुख आधार खेती ही था। (3.) व्यापार एवं उद्योग धंधे बहुत ही निम्न स्तर के थे, (4.) अंतर्राष्ट्रीय व्यापार तो लगभग नगण्य ही था, (5.) राज्य की सारी ताकत शासक/ नवाब आदि अपनी क्षुद्र स्वार्थों की पूर्ति एवं ऐशो आराम बनाए रखने में लगाते थे व उन्हें देश के "विकास" से कोई भी मतलब नहीं था, (6.) साधारणतया समाज के लोग बहुत गरीब हुआ करते थे (7.) अकाल, सूखा, गरीबी, महामारी, भी व्यापक पैमाने पर फैली थी, (8.) सामाजिक आर्थिक व्यवस्था भयंकर रूप से शोषणात्मक एवं परोपजीवी थी।

इन गलत मान्यताओं का नतीजा हुआ कि भारत और यूरोप में हुए पिछले 200 वर्षों के विकास एवं अर्थ विकास के कारण भी गलत बताए गए, और समाधानों की चर्चा ने भी गलत दिशा पकड़ ली। यह मान लिया गया कि पश्चिमी देशों का आर्थिक विकास उनकी वैज्ञानिक, तकनीकी क्षमताओं, उनके व्यापारिक कौशल, उनके समाज में व्याप्त गतिशीलता एवं जीवन के प्रति उनके यथार्थ पूर्ण नजरिए, उनके शासक एवं राज्यों के द्वारा दिखाई गई रुचि के ही कारण हुआ। और ऐसा यदि वे लोग कर सके, तो भारत व तीसरी दुनिया के बाकी देश भी कर सकते हैं - लेकिन उसी पथ का अनुगमन करके जिस पर यूरोपिय देश चले। हकीकत यह है कि ऐतिहासिक तथ्यों की कसौटी पर यह सारी बातें गलत है । इसलिए जरूरत है इस पूरे षडयंत्र को समझने की, अपनी अस्मिता को पहचानने की, और खोए हुए आत्मविश्वास को जगाने की।

यूरोपिय दासता से, राजनीतिक रूप से स्वतंत्र होने के बाद, तीसरी दुनिया के अनेक देशों ने अपने यहां योजनाबद्ध "विकास" करने का सपना देखते हुए विदेशियों की ही रणनीति का अनुसरण /अंधानुकरण करना शुरू कर दिया । पर नतीजा हमारे सामने है। भारत, (एवं अफ्रीका, लातिनी अमेरिका के कई देश) स्वतंत्र होने के बाद भी अंतर्राष्ट्रीय अर्थव्यवस्था के दुष्चक्र में फंसते चले गए। लातिनी अमेरिका और अफ्रीका के देशों में भूमंडलीकरण का दुखद परिणाम मिला है। भारत में, कुछ क्षेत्रों में उत्पादन वृद्धि भले ही हुई हो, पर पूरा समाज अवसाद से घिर गया है। गरीबी, बेरोजगारी, भ्रष्टाचार, ने राष्ट्र निर्माण की प्रक्रिया को तहस-नहस कर डाला है। सबसे बड़ा नुकसान यह हुआ है कि समाज और देश की राजनीतिक व्यवस्था में कोइ सामजस्य नहीं रह गया है एवं पूरी व्यवस्था लोगों के आत्मविश्वास को तोड़ रही है।

विदेशी पूंजी व तकनीक के बिना देश चल नहीं सकता - यह धारणा बनाई जा रही है। लगता है इतिहास की पुनरावृत्ति हो रही है।

अगर 18वीं शताब्दी की व्याख्या सही ढंग से की गई होती, तो निश्चित तौर पर पश्चिमी देशों का अंधानुकरण करने की राह छोड़कर, देश ने विकास एवं आत्मनिर्भरता प्राप्त करने का एक ऐसा मॉडल अपनाया होता - जिसमें परिणामों के अपने अनुकूल होने की संभावनाएं ज्यादा होती।

संदर्भ ग्रंथ सूची :

1. A. Sinha & K.L. Kedia, Roots of Underdevelopment: A Peep into India's Colonial Past, First edition, Varanasi, 1987
2. Dietmar Rothermund, Asian Trade and European Expansion in the age of Mercantilism, New Delhi, 1984
3. Holden Furber, Rival Empires of Trade in the Orient, 1600-1800, Minneapolis, 1976.
4. Holden Furber ; Dundas, Administration of British India, London, OUP, 1931
5. K.K. Dutta, Social History of Modern India, Macmillans, 1975
6. K.K. Dutta, Social-Cultural Background of Modern India, 1972
7. K.K. Dutta, Survey of India's Social life and Economic Condition in the Eighteenth Century, 1707-1813, Calcutta, 1961
8. K.N. Choudhry, Trading World of Asia and the English East India Company, 1660-1760, New Delhi, 1978
9. Karl Marx, "The Future Results of the British Rule in India", written on 22nd July, 1853 on Friday, London. First published in the New York Daily Tribune, August 8, 1853. Signed by Karl Marx.
10. Simon Digby, "The Maritime Trade of Asia", Cambridge Economic History of India, Volume 1.
11. Percival Spear, The Oxford History of Modern India, 1740-1947, Part III, Oxford, 1965
12. Tapan Ray Choudhuri and Irfan Habib (ed.), Cambridge Economic History of India, Cambridge, 1982-83
13. Tapan Ray Choudhuri, "The Mid Eighteenth Century Background", Cambridge Economic History of India, (ed.) Dharma Kumar, Volume 2.
14. H.N. Sinha, Rise of the Peshwas, Allahabad, 1931
15. A.E. Siddiqui, Trade and Finance in Colonial India, 1750-1860, Oxford, 1995

16. Tapan Ray Choudhuri, "Mughal India", Cambridge Economic History of India, Volume 1, Cambridge
17. Tapan Ray Choudhuri, "The Mughal Empire", CEHI, Volume 1.
18. W.W. Hunter, The Indian Empire, Oxford, 1907, Volume 1 Descriptive.
19. Dharmpal, *angrezon se pahle ka bharat*, (in hindi) Allahabad, 1996
20. Sunderlal, *bharat me angreze raj*, (in hindi) New Delhi, 1961
21. H.H. Dodwell, Cambridge Shorter History of Modern India, Cambridge, 1958 ed.

इतिहास में पारिस्थितिकी व पर्यावरण

पिछले कुछ दशकों मे विश्व मे अनेक प्रकार के परिवर्तन और उनके अनंत पक्ष व प्रभाव हमारे समक्ष आए हैं। इन सभी मे सबसे अधिक परेशान करने वाला वह पक्ष है जो मानव तथा प्रकृति की परस्परिक निर्भरता से जुड़ा हुआ है। यानि पर्यावरण की गुणवत्ता का लगातार घटना एवं विचित्र किस्म की घटनाओं का घटित होना अथवा उनकी संभावनाएं। अखबार उठाइए, पत्रिकाएँ देखिये, रोज़ कुछ न कुछ अनहोनी घट रही है। बात इतनी आगे बढ़ चुकी है कि वायु प्रदूषण, जल प्रदूषण, भूमि की गुणवत्ता एवं उसकी उत्पादकता, वायु/सौर मण्डल का गर्म होते जाना, जिसे सामान्य भाषा मे ग्लोबल वार्मिंग या ग्रीन हाउस इफैक्ट[1] की संज्ञा दी जाती है – यह सभी बड़े ही परिचित से शब्द लगते हैं। बढ़ता हुआ ध्वनि प्रदूषण, बढ़ते रोग, विस्फोटक, हदों तक पहुँचती हुई जनसंख्या – यह सब तो अब चर्चाओं मे गौढ़ हो गया है – बावजूद इसके कि यह सदैव ही चर्चा का विषय बना ही रहता है।

मेरी विशेष रुचि इस विषय मे पैदा होने के दो कारण थे : पहला जब मैंने *लिमिट्स टू ग्रोथ*[2] नामक दस्तावेज़ के बारे मे जाना और उसमे जिन चौका देने वाले तथ्यो की जानकारी दी गई थी । एक विशेष बात यह थी कि मौजूदा विकास के इस खतरे से अवगत कराने के लिए जन जागरूकता का जो अभियान चलाया गया, उसकी पहली परिकल्पना का शीर्षक रखा गया 'Project on the Predicament of Mankind" – अर्थात मानव समुदाय पर दर्दनाक परिस्थितियों के मंडराने से उत्पन्न खतरों के अध्ययन की परियोजना। और इस प्रोजेक्ट की जो रिपोर्ट बनकर तैयार हुई , उसका शीर्षक था *लिमिट्स टू ग्रोथ*। इसने विचारशील लोगों मे एक सिहरन का वातावरण पैदा कर दिया। इस प्रत्यावेदन की शुरुआत ही यह कहते हुए की गई कि आखिर समस्याओं का हल कहाँ से शुरू किया जाए। इसमे यह भी जोड़ा गया कि विषय पर चर्चा करना भी तो तभी सार्थक होगा जब सारे विश्व के राजनीतिज्ञ, वैज्ञानिक, जनमानस की इस रिपोर्ट मे दिये गए तथ्यों पर सहमति बने एवं मंडरा रहे संकट का एहसास कर पाने मे वे लोग सक्षम हों। इस रिपोर्ट मे निष्कर्ष स्वरूप इन शब्दों मे एम आई टी टीम ने अपनी बातों को रखा , "The crux of the matter is not only whether the human species will survive, but even more whether it can survive without falling into a state of worthless existence". यह शब्द, वाक्य, अभिव्यक्तियाँ मामूली नहीं हैं। यह इस तथ्य के प्रति बहुत बड़ी

चेतावनी है कि आर्थिक विकास की जिस प्रतिरूप को हमने पकड़ा हुआ है; आधुनिकता की जिस दौड़ मे हम बिना सोचे समझे जिस तरह न केवल आगे बढ़ते जा रहे हैं – बल्कि उसकी गति को तीव्र से तीव्रतर बनाने पर आग्रह रखते हैं, उस आर्थिक विकास के परिणामस्वरूप तेज़ी से उभरती प्रवृतियों के परिणाम क्या होने जा रहे हैं? जो परिणाम सामने आये, उनके बारे मे पश्चिमी जगत के लोगों की यह शिकायत है कि “Growth buries us under a mound of mechanical devices thrust upon us by increasingly frantic advertisements. Growth clogs our cities, jams our roads and ruins our air and countryside. Far from enriching our welfare, uncontrolled growth impoverishes our lives and spawns diswelfare”[3]

इस मुद्दे मे रुचि लेने का दूसरा कारण मुझे मिला तब, जब मैंने अमेरिका मे लिन व्हाइट जूनियर[4] द्वारा किए जा रहे शोध के बारे मे जाना, जिन्होंने *साइन्स* नामक पत्रिका मे अपना एक लेख प्रकाशित किया इस विषय पर कि पर्यावरण संकट की ऐतिहासिक दृष्टि से जड़ें कहाँ पर ढूँढी जा सकती हैं। इन्होंने इस ओर ध्यान खींचा कि एक व्यक्ति अथवा संप्रदाय अपने पर्यावरण के साथ जो भी करते हैं , वह इस बात पर निर्भर करता है कि वे अपने को पर्यावरण के संदर्भ मे क्या समझते हैं। यानि आखिर प्रकृति से उनका रिश्ता क्या है? अपनी इसी बात को आगे बढाते हुए वह यह निष्कर्ष निकालते हैं कि पश्चिमी देशों मे इतना अधिक पर्यावरणीय संकट पैदा ही हुआ उनके शोषणात्मक तौर तरीकों से – खास तौर पर उत्तरी अमेरिका एवं यूरोपीय देशों मे – और इसका सीधा संबंध ईसाई मत एवं शिक्षा से था जो कि *गॉड के क्रिएशन* मे *मैन* (Man) को सर्वोच शिखर पर रखती है। और जिसका निहितार्थ यह है कि बाकी हर वस्तु आदमी के *उपभोग* अथवा *मनोरंजन* की वस्तु मान ली गई। अस्तु: उन अमेरिकी इतिहासकार का यह मत है कि पर्यावरण संकट को अगर हमे दूर करना है तो ईसाई मत का निष्कासन आवश्यक है। लिन व्हाइट जूनियर की इस बात ने समूचे पश्चिमी जगत को हिला कर रख दिया एवं वहाँ के वैज्ञानिको, धर्म गुरुओं, पर्यावरणविदों ने इस बात पर गहन चर्चा शुरू की कि आखिरकार वर्तमान संकट के लिए अनेकानेक मजहब (जिन्हे सामान्य भाषा मे लोग धर्म भी कहते पाये जाते हैं) कहाँ तक उत्तरदायी माने जा सकते हैं? दूसरे धर्म/मजहबों से भी उदाहरण दिये गए इस बात को स्पष्ट करने के लिए, कि, दूसरी संस्कृतियों मे अगर पर्यावरण के प्रति श्रद्धा और धार्मिक स्वीकृतियाँ थीं, तो वहाँ तो शायद प्रकृति के शोषण के उदाहरण और भी ज़्यादा मिलते

हैं। थोमस डर नामक विद्वान ने अपने एक लेख मे (जिसका विषय था पर्यावरणीय संकट के लिए धार्मिक मजहबों की ज़िम्मेदारी) लिखा था कि अगर ईसाई सिद्धांतों ने एक विशिष्ट तकनीकी पैदा की है, जिसका सीधा संबंध वर्तमान पर्यावरणीय संकट से है, तो यह बात समझ नहीं आती कि क्यों पूर्वीय यूरोपे मे यह संकट नहीं दिख रहा – जबकि वो ईसाई हैं; और इसी तरह आप कैसे समझाइएगा उन परिस्थितियों के संकट को, जो गैर ईसाई संस्कृतियों के इतिहास मे देखने को मिलते हैं।[5]उनके शब्दों मे ,"Primitive cultures, Oriental cultures, Classical cultures – all show examples of human domination over nature which had led to ecological catastrophe. Over grazing, deforestation and similar errors to destroy civilizations have been committed by Egyptians, Assyrians, Romans, North Africans, Persians, Indians, Aztecs, and even Buddhists, who are foolishly supported by some western admirers, to be immune from this sort of thing".

इस पूरी चर्चा मे जाने का उद्देश्य यह है कि आज हम पर्यावरणीय संकट को मात्र टेकनोलोजी यानी प्रौद्योगिकी के नज़रिये से ही देखने व समझने का प्रयास करते हैं एवं अपने प्रयासों मे तकनीकी क्षतिपूर्ति की ही बात सिर्फ करते हैं। समझ यहीं तक सीमित है कि अगर तकनीकी का स्वरूप बादल दिया जाए तो शायद समस्याओं का हल हो जाएगा। अतः बात होती है जीवश्मी ईंधन फोसिल फ्यूल से हट कर सौर्य ऊर्जा (Solar Energy) के इस्तेमाल की। पुराने विकास (Development) से हट कर, धारणीय विकास (Sustainable Development) की।[6] पर क्या इस नजरिए से हम पर्यावरणीय संकट का निदान पा सकते हैं? यह एक बड़ा प्रश्न है। सार रूप मे यूं कहें कि पर्यावरण संकट को समझने के लिए इतिहास के इस पक्ष को हम किसी भी कीमत पर नज़र अंदाज़ नहीं कर सकते । पश्चिमी जगत मे इस प्रकार के शोध आज से 50-60 साल पहले ही शुरू हो चुके हैं, और पर्यावरणीय इतिहास (एनवायरनमेंटल हिस्टरी) के नाम से बाकायदा एक इतिहास की शाखा अस्तित्व मे आ चुकी है। यद्यपि हमारे देश मे तो पर्यावरण शिक्षा का महत्वपूर्ण विषय बन चुका है, किन्तु इतिहास मे भी पारिस्थिकी अथवा पर्यावरण की बात की जाए – यह कुछ नया सा प्रतीत होता है। लेकिन आज एक इतिहासकार को यह समझना होगा कि अगर आज समस्याओं को समझने के लिए समन्वयात्मक दृष्टि पर बल दिया जा रहा है, तो इस पर्यावरण के मुद्दे को शोध का विषय बनाने मे देर नहीं करनी चाहिए। 1970 के बाद से, विशेष रूप से पश्चिम मे पर्यावरण के प्रति बढ़ी हुई जागरूकता को हम देख रहे

हैं, जैसे *पृथ्वी दिवस* का आयोजन, जिसे वे लोग Celebration of Earth Day[7] या फिर *नेपा* (NEPA)[8] के नाम से जानते हैं।

इसी प्रकार से हमारे लिए यह भी जानना ज़रूरी है कि *पर्यावरणीय इतिहास* का उद्भव कैसे हुआ? इसका जन्म 1960 व 1970 के दशक के आस पास हुआ, उस समय जब वैश्विक स्तर पर लोगों ने पर्यावरण क्षरण की समस्या का ऐहसास करना शुरू किया, जिस पर अभी तक सामान्य जनों का ध्यान नहीं गया था। ओज़ोन की परत को नुकसान पहुँचना, ग्रीन हाउस इफैक्ट की चर्चा का बढ़ना, संसाधनो की समाप्ति, एवं वायु प्रदूषण, जल संसाधन का खत्म होना एवं उनका बढ़ता प्रदूषण, मानव समाज की बढ़ती गतिविधियों से उत्पन्न भावी पीढ़ी के लिए संभावित खतरों आदि पर जैसे-जैसे विद्वानो ने नज़र दौड़ानी शुरू की, वैसे - वैसे इतिहासकारों मे से कुछ अग्रणीय सोच रखने वालो ने देश एवं विश्व की समकालीन समस्याओं की जड़ (या यूं कहें उनकी तह तक पहुँचने की कोशिश) विज्ञान के विभिन्न विषयों मे हुए शोधों एवं अध्ययनो की नवीनतम खोजों के माध्यम से देखना शुरू किया।[9]पर्यावरण के इतिहास के संदर्भ मे हम उन्नीसवीं शताब्दी मे दो महत्वपूर्ण क्षेत्रों की तरफ नज़र डाल सकते हैं – पहला परिस्थितिकी (Ecology) और दूसरा भूगोल (Geography)। आधुनिक पर्यावरणीय इतिहास में कुछ इकोलोजी से संबन्धित अवधारणाओं का प्रयोग किया जाता है पुराने पर्यावरणों (Environments) को समझने मे, और इसी तरह से भूगोल का इस्तेमाल किया जाता है पृथ्वी की निरंतर बदलती तस्वीरों को समझने के लिए, क्योंकि पृथ्वी की सतह लगातार ही मौसम मे आए परिवर्तनों, मानव समूहों के द्वारा की जा रही गतिविधिओं, भूवैज्ञानिक (Geological) एवं जीव विज्ञान संबंधी (Biological) के प्रभाव से बदल रही है। बीसवीं शताब्दी की शुरुआत मे कुछ भूगोलविदों ने मानव समाज के विकास पर भौतिक एवं प्रकृतिक पर्यावरण कैसे प्रभाव डालता है, इसके महत्व को समझने का प्रयास किया। उस भौतिक एवं प्रकृतिक पर्यावरण का प्रभाव भी सभ्यताओं पर पड़ता है/ उन घटनाओं को प्रभावित करता है जो मानव इतिहास की रचना करती हैं – और जिसका अध्ययन इतिहास को समझने के लिए आवश्यक है, इस बात को सर्व प्रथम एनल्स स्कूल के इतिहासविदों ने उठाया था।[10]

पर्यावरणीय इतिहास को प्रभावित करने वाले दों अन्य विषय भी हैं – पुरातत्व विज्ञान (Archaeology) एवं नृविज्ञान (Anthropology); और इन दोनों मे ही नृविज्ञान ने मानव विज्ञान मे परिस्थितिकी के महत्व को समझने मे ज़्यादा महत्वपूर्ण पहल की। मैकनील एवं

थौमस[11] आदि के लेखन मे द्वारा, विश्व स्तर पर लिखे जा रहे इतिहास मे एक अंतर्विषयक एवं महाद्वीपीय तथा विश्व स्तर पर बन रहे दृष्टिकोण का महत्व अब उभर कर सामने आया। इस तरह से पर्यावरण पर लिखे जा रहे इतिहास मे, परिस्थितिकी (Ecology) एवं अंतरविषयक अध्ययन के तरीके का क्या महत्व है, इस बात पर ध्यान देना ज़रूरी समझा जाने लगा।[12] यही वो आधार अथवा नीव थी जिसपर सर्वप्रथम 1960 के दशक मे पर्यावरणीय इतिहास (Environmental History) लेखन की परंपरा शुरू हुई। रौड्रिक नैश[13] नामक विद्वान ने पहली बार *पर्यावरणीय इतिहास* जैसा शब्द ईज़ाद किया अपने एक लेख मे जिसमें उन्होने पर्यावरण पर अतीत के मानव समाजों के द्वारा छोड़े गए प्रभाव को समझने का प्रयास किया। उनका यह लेख 1972 के *पेसेफिक हिस्टॉरिकल रिवियू* मे छापा गया था। अपने इस लेखन मे नैश महोदय ने शुरू मे भौतिक व प्रकृतिक वातावरण पर मानव समाजों की गति विधियों का क्या प्रभाव पड़ता है, इसका ही अध्ययन किया था। कालांतर मे नैश के द्वारा की गई इस पहल का प्रभाव हमे व्रस्टर, पिस्तर, ब्रिम्बिल्कोंबे, पोंटिंग, व अन्य व्यक्तियों द्वारा किए गए लेखन मे कुछ और परिपक्वता के साथ देखने को मिलता है।[14] आज के दिन, पर्यावरण का इतिहास एक अंतर विषयक एवं अंतर्राष्ट्रीय स्तर पर ख्याति प्राप्त करने वाले अध्ययन की एक शाखा बन चुका है।

इसी के उद्भव से जुड़ा दूसरा प्रश्न यह है कि पर्यावरणीय इतिहास से तात्पर्य क्या है? Environmental History मे हम प्रकृति एवं प्राकृतिक संसार से मानव समुदाय की क्रियाओं, प्रतिक्रियाएँ व अंतर क्रियाओं के बारे मे जानने की कोशिश करते हैं। इसे दूसरे शब्दों मे यूं भी कहा जा सकता है कि संस्कृति व प्रकृति के अन्यान्य क्रियाओं का अध्ययन ही इसकी मुख्य विषय वस्तु मानी जा सकती है। और इसका प्रमुख उद्देश्य है: अतीत के मानव समुदायों पर पर्यावरण अपना प्रभाव किन रूपों मे छोड़ता रहा है, और इसी तरह से मानव समुदायों ने प्रकृति पर अपना प्रभाव किन रूपों मे छोड़ा है, एवं उनके क्या-क्या परिणाम निकले अथवा सामने आते जा रहे हैं। इसे पर्यावरणीय इतिहास मे *द्विपक्षीय उपगमन*[15] भी कहा जाता है। पर्यावरण व पारिस्थिकी के इतिहास की सबसे सामान्य परिभाषा इस प्रकार से दी जाती है, "Environmental history is studying the interaction between humans and the environment in the past. To study the relationship between humans and the surrounding world, we must try to understand how the interaction between the two works".[16]

जेनेल्ड वर्स्टर ने, तीन जिस तरह के मुद्दों को पर्यावरणीय इतिहास मे उठाया जाना चाहिए, अथवा उठाने की आवश्यकता है, उन्हे तीन समूहों मे बांटा है: पहला वह, जिसमें उन विषयों को हम रख सकते है जिनका सम्बन्ध मानव मस्तिष्क मे उठ रही तरंगों से है, और जिसमे प्रकृति संबंधी नैतिकता, कानून, किवदंतियाँ, प्रकृतिक संसार से संबन्धित मानव समूहों के दृष्टिकोण एवं उसी संदर्भ मे बनी मानसिक संरचनाओं से संबन्धित मुद्दों को रखा जाता है। तत्पश्चात, हम दूसरे स्तर पर निगाह दौड़ा सकते हैं, जिसमे सामाजिक-आर्थिक क्षेत्र से संबन्धित विभिन्न प्रकार के मुद्दों को अध्ययन का विषय बना सकते हैं। वस्तुतः विचारों का प्रभाव तो राजनीति, नीतियों अथवा अर्थ-व्यवस्थाओं के संरचनाओं पर भी पड़ता है – क्योंकि उन्ही के माध्यम से विचारों की अभिव्यक्ती संभव है। अब यहाँ भी समझना है कि संसार बिलकुल स्थिर अवस्था मे पड़ा रहता है, ऐसा तो नहीं कहा जा सकता। अतः कहीं न कहीं वह मनुष्य के कार्यों को भी प्रभावित करता है, जिसका असर भौतिक जगत मे हमे दृष्टिगत होता है। इसी अनुभव के साथ हम बढ़ते हैं पर्यावरणीय इतिहास के तीसरे क्षेत्र की ओर, जिसमे शोधरती का प्रयास होता है स्वयं प्रकृति को ही समझने की कोशिश; यानि उस क्षेत्र का अध्ययन जिसकी मुख्य विषय वस्तु स्वयं प्रकृति ही है। उदाहरण के तौर पर जंगलों के पर्यावरण को समझना (forest eco systems), कि वे कैसे अतीत मे चलते रहे हैं एवं कालांतर मे मानव समुदायों की गतिविधियों के प्रभाव से उनमे कैसे-कैसे बदलाव आने लगे। हमारे प्रकृतिक जगत पर मानवीय क्रिया कलापों के प्रभाव का अध्ययन करने से हमे कुछ ऐसी बातें पता चलती हैं जो समयानुसार हमारे सोचने के तरीकों, हमारे विचारों, अनेक प्रकार की नीतियों, हमारी अर्थ व्यवस्था आदि मे परिवर्तन लाने मे सहायक हो सकती हैं। इस तरह से प्रकृति की जानकारी हो जाने से यह भी पता चलता है कि मानव की क्या सीमाएं होनी चाहिए; और यह कि इस प्रकार के नए प्रारूप का निर्माण कर हम उन क्रियाओं-प्रतिक्रियाओं को रोक सकते हैं जो हमे नापसंद हैं एवं उन तौर तरीकों को बढ़ावा दे सकते हैं जिन्हे हम सफल होते देखना चाहते हैं। मनुष्य एवं प्रकृति के बीच की अन्तः क्रियाओं का यह प्रतिरूप , कहीं इस ओर भी इशारा करता है कि व्यक्ति एवं प्रकृति दोनों ही की अलग अस्मिता है; दोनों मे ही भेद भी है – हालाकि यह भेद कृतिम ही प्रतीत होता है, पर फिर भी इसके माध्यम से पर्यावरणीय इतिहासकार को यह जानने मे अवश्य मदद मिलती है कि मानव जीवन मे सुधार लाने के लिए कौन से वे महत्वपूर्ण प्रश्न हैं जो पूछे जा सकते हैं; कौन से वह स्त्रोत हैं, जहां उनका जबाब ढूंढा जा सकता है; तथा उन स्त्रोतों के अध्ययन

के लिए किस तरह की कार्यप्रणाली ग्रहण करनी चाहिए।

पर्यावरण के इतिहास को पढ़ने के लिए जिन क्षेत्रों का इस्तेमाल अथवा चुनाव किया जा सकता है, उनमे शोधाकर्ता द्वारा लहरों, हवाओं, समुद्र की तरंगों, महाद्वीपों की स्थिति व उनका न केवल एक दूसरे के साथ बल्कि भूविज्ञान के साथ भी कैसा जुड़ाव है, उनका आंकड़ा इक्कठा करके विश्लेषण किया जा सकता है। इसी के साथ मौसम का इतिहास, जलवायु आदि के विवरण तथा अनेक तरह की बीमारियों की भी जानकारी हासिल की जा सकती है। सच्चाई तो यह है कि पर्यावरणीय इतिहास इस बात को जानने का भी हमे अवसर देगा कि मानव समुदायों ने भौतिक संसाधनो एवं प्रकृतिक जगत का शोषण भी किन किन तरीकों से किया। उदाहरण के तौर पर कृषि के तरीकों का पृथ्वी की मृदा एवं भूदृश्य पर पड़ रहे प्रभाव; वन तथा जंगलों का इतिहास; शिकार आदि करने व पशुओं द्वारा चरे जाने का प्रभाव; खदानों आदि को विकसित करने का पर्यावरण पर पड़ा प्रभाव और इसी तरह से बढ़ते हुए यातायात के साधनो, शहरीकरण एवं औद्योगीकरण के परिणामो का अध्ययन। एक अन्य सबसे महत्वपूर्ण बात, जिसकी तरफ एक विद्वान टी.सी. स्माऊट ने इशारा किया है, "Environmental history is about unmasking myths and distorted perceptions of the past. Myths and false perceptions are not based on historical facts and can be highly influential, even in government and scientific circles. It is an important task of environmental history to correct these misconceptions of the past. It can help to understand our current problems better and to make proper decisions to deal with these problems, now and in the future".[17]

वस्तुतः पर्यावरण का इतिहास अपने स्वरूप मे एक अंतर विषयक विषय के रूप मे समझा जा सकता है, जिससे तात्पर्य है की एक इतिहासकार, वैज्ञानिक, अर्थशास्त्री, समाज शास्त्री /समाजशास्त्र का शोधार्थी अथवा किसी भी विषय के व्यक्ति को सर्व प्रथम अपने विषय की सीमाओं को समझना सबसे बड़ी आवश्यकता है। इस बात का अर्थ यह भी निकल रहा है कि एक इतिहासकार को, उदाहरण के तौर पर, इस बात को स्वीकार करना चाहिए की अपना अध्ययन करने मे वह कुछ प्रकृतिक विज्ञान के सिद्धांतों/शाखाओं को भी अपनाएं – जैसे परिस्थितिकी, जीव विज्ञान, वन विज्ञान आदि, ताकि वह यह जान पाये कि अतीत मे क्या और कैसे घटा – यानि अतीत की घटनाओं की एक समग्र प्रस्तुति। इसका यह मतलब कदापि नहीं

लगाया जाना चाहिए कि इतिहासकार को एक वैज्ञानिक बनने की आवश्यकता है। वह तो सदैव ही एक इतिहासवेत्ता रहेगा, जिसका काम है अतीत के दर्शन करना एवं वर्तमान को समझने मे उसका भरपूर इस्तेमाल करना। किन्तु ऐसा करते समय अगर वह अपने विषय की सीमाओं के बारे मे जानकारी रखेगा और उसको जानते हुए अन्य विषयों से उपलब्ध तथ्यों का सहयोग लेगा, (खासतौर पर प्रकृतिक विज्ञान से) तो यह एक यथार्थवादी शोध साबित होने की संभावना है। एक इतिहासकर को दूसरे विषयों का विशेषज्ञ बनने की ज़रूरत नहीं है, बल्कि उन विषयों के औजारों (Tools) का इस्तेमाल करने की काबलियत रखने की अपेक्षा उनसे अवश्य की जा सकती है – जिससे वे ऐतिहासिक समस्याओं की समझ और बेहतर ढंग से दे पाएँ। पर यहाँ एक खतरे से इतिहासकर को सदैव सजग रहना होगा, जिसकी तरफ ई. एच. कार ने अपनी पुस्तक *वॉट इज़ हिस्टरी* मे इशारा किया है, और वह यह कि पर्यावरण पर कार्य करने वाला शोधार्थी भी (बाकी अन्य इतिहासकारों की तरह ही) परिस्थितिकी व अन्य पर्यावरणीय विज्ञान के आधुनिक विधिओं तथा औजारों के सहारे से अपने विषय को समझने की कोशिश मे कहीं अतीत के अध्ययन को वर्तमान के प्रभावों मे आकर न करने लगे। कार महोदय ने इस बात को उठाया है कि ,"The historian is a product of his own age, and is bound to it by the conditions of the times in which he lives. This can lead to a distorted or even false vision of the past. Therefore wemust recognize the historically defined character of the values and ideas in our sources. We must try to prevent ourselves from projecting our contemporary ideas and values on the past".[18]

अतीत मे जिस तरह से पर्यावरण का अध्ययन किया गया जाता रहा होगा, या उसे समझा जाता रहा होगा, वह शायद आज की आवश्यकताओं या दबावों से निश्चय ही भिन्न रहा होगा। ऐसी स्थिति मे उस अतीत मे पर्यावरण के संदर्भ मे क्या कसौटी अथवा किन मापदण्डों को महत्वपूर्ण माना गया उस समाज के द्वारा, इसकी जानकारी तो आवश्यक है आज के इतिहासकार के लिए, जो प्राकृतिक जगत पर मानव समुदायों से पड़ रहे प्रभावों का अध्ययन करते समय पारिस्थिकी व पर्यावरण विज्ञान के आधुनिक सिद्धातों व कसौटियों का सहारा ले रहा है। उदाहरण के तौर पर Sustainability, equilibrium systems, biodiversity जैसे आधुनिक विचार।

यदि यूरोप मे पर्यावरणीय इतिहास की स्थिति का जाएजा लिया जाए तो समझ मे

आता है कि पिछले लगभग 40 वर्षों मे कुछ इतिहासकारों व प्रकृतिक विज्ञान के विद्वानो द्वारा इस क्षेत्र मे रुचि लेने से यह वहाँ एक बिलकुल स्वतंत्र विषय के रूप मे पल्लवित हो सका। इसी तरह संयुक्त राज्य अमेरिका मे पर्यावरणीय इतिहास ने एक संस्थागत आधार प्राप्त किया, जिसका प्रमाण हमे मिलता है वहाँ पर अमेरिकन सोसाइटी फॉर एनवायरनमेंटल हिस्टरी (जिसकी स्थापना 1975 मे हुई थी) के वार्षिक अधिवेशनों मे, जिसमे 500 से भी ज़्यादा लोग एकत्रित होते हैं। इस आईने मे यदि हम यूरोप को देखें तो वहाँ पर्यावरण व इतिहास कुछ अलग अलग पड़ा दिखाई देता है, यद्यपि हमें इस दिशा मे अनेक देशों के स्तर पर, या फिर पूरे ही यूरोप की दृष्टि से कुछ प्रभावशाली एवं सफल पहल अवश्य देखने को मिलती है। उदाहरण है 1986 मे *डच फ़ाउंडेशन फॉर द हिस्टरी ऑफ एनवायरनमेंट एंड हायीजीन नेटवर्क* की स्थापना। इसका एक बहुत ही महत्वपूर्ण उद्देश्य था उन डच शोधकर्ताओं के आपसी संपर्क को बढ़ावा देना, जिन्हे पर्यावरण के इतिहास मे रुचि हो। यह फ़ाउंडेशन हर वर्ष चार पत्रिकाओं को प्रकाशित करती है।

    1995 के बाद से यूनाइटेड किंगडम मे कैंब्रिज की व्हाइट हॉर्स प्रैस *एनवायरनमेंट एंड हिस्टरी* नामक शीर्षक से एक पत्रिका प्रकाशित करती आ रही है। एक अंतर विषयक पत्रिका होने के नाते, इसका उद्देश्य है मानविकी विषयों एवं विज्ञान के विषयों के विभिन्न क्षेत्रों मे काम कर रहे शोधकर्ताओं को एक मंच पर लाना, ताकि वे पर्यावरण से संबन्धित समस्याओं पर एक दीर्घकालीन मजबूत दृष्टिकोण का निर्माण कर सकें जिनकी उपयोगिता नीति निर्धारकों को भी उपलब्ध कराई जा सके। इसी प्रकार से बेल्जियम मे भी जेंट की एक अकाडमिया प्रैस है जो फ्लेमिश डच लोगों के संयुक्त प्रयास से निकाली गई एक पत्रिका है (शीर्षक Tijdschrift voor Ecologische Geschiedenis) जिसका संबंध पर्यावरणीय इतिहास से है – इसका कार्य सम्हाले हुए है। यह पत्रिका मुख्यतया नीदरलैण्ड्स व बेल्जियम से संबन्धित विषयों को प्राथमिकता देती है पर फिर भी यूरोप के पर्यावरणीय इतिहास संबंधी विषयों मे भी रुचि दिखती है। इसके हर अंक मे प्रस्तुत शोध पत्रों के अंग्रेज़ी, फ्रेंच व जर्मन भाषाओं मे सारांश छापे जाते हैं। 1999 के बाद से यह पत्रिका पर्यावरणीय इतिहास के एक सालाना प्रकाशन के रूप मे आने लगी ग्रंथ के रूप मे।

    पर्यावरणीय इतिहास की दिशा मे यूरोप मे प्रथम संस्था खुली थी स्कॉटलैंड के सेंट एंड्रूज़ विश्वविद्यालय मे 1991 मे, जिसका प्रमुख प्रयोजन था वहाँ हो रहे शोधों के बीच एक तारतम्य स्थापित करना। यह वहाँ सालाना अधिवेशनों को बढ़ावा देती है। 1992 मे हुई प्रथम कॉन्फ्रेंस का लक्ष्य था स्कॉटलैंड मे पर्यावरणीय इतिहास के अध्ययन से संबन्धित छुपी हुई

संभावनाओं की जानकारी देना। इसकी प्राथमिकता रही Woodland History पर किए जा रहे शोधों की ओर ध्यान आकर्षित करना। अतः ज़ाहिर है कि 1995 मे जब द्वितीय अधिवेशन बुलाया गया तो उसका प्रमुख विषय रखा गया Scottish Woodland History । यह दोनों ही अधिवेशनों के होने से एक सुखद परिणाम यह निकला कि उनमें प्रस्तुत शोधों को दो पुस्तकों के रूप मे प्रकाशित किया गया।

यूरोप के अन्य देशों मे भी इस तरह की पहल अवश्य ही हो चुकी है, यद्यपि एक समस्या शायद अभी भी बनी हुई है, कि पर्यावरण पर शोध कर रहे बहुत से इतिहासकार उन संस्थाओं (अथवा पत्रिकाओं) से परिचित नहीं हैं, जो यूरोप के विभिन्न देशों मे क्रियाशील हैं। संभवतः इस दिशा मे एक बढ़ा अवरोध भाषा की विविधता भी है, जिसके चलते यदि वे पत्रिकाएँ अंग्रेज़ी में नहीं हैं तो लगभग लोगों के लिए बोधगम्य नहीं है। इस कठिनाई को दूर करने के लिए अप्रैल 1999 मे जर्मनी मे एक मीटिंग बुलाई गई थी इस उद्देश्य से कि कैसे यूरोप में पर्यावरण के इतिहास को लेकर शोधकर्ताओं के बीच एक तारतम्य स्थापित किया जाए। और इस कोशिश का परिणाम हुआ यूरोपियन सोसाइटी फॉर एनवायरनमेंटल हिस्टरी की स्थापना। अपनी स्थापना के दो ही वर्षों मे इस सोसाइटी ने सेंट एंड्रूस (स्कॉटलैंड) मे अपनी पहली अंतर्राष्ट्रीय संगोष्ठी बुलाई, जिसमे लगभग 120 विद्वान एकत्रित हुए और लगभग 105 पत्र पर्यावरण व इतिहास से प्रत्यक्ष संबंध रखते थे। इस सम्मेलन ने यह भी प्रमाणित कर दिया कि यूरोप मे पर्यावरणीय इतिहास एक बहुत ही रुचिकर तथा व्यापक स्तरीय विषय के रूप मे उभरने की संभावनाएं रखती हैं। उपरोक्त सोसाइटी की संख्या निरंतर बढ़ती जा रही है, जिसका प्रमाण हमे 2003 व 2005 मे हुई इनकी अंतर्राष्ट्रीय संगोष्ठी मे मौजूद सदस्यों की संख्या से मिलता है। यूरोप मे पर्यावरणीय इतिहास के भावी विकास की दिशा मे यह आवश्यक प्रतीत होता है कि विश्वविद्यालय के स्तर पर संस्थागत तरीके से इसकी स्थापना की जाए। 1999 मे जैसे स्टरलिंग के विश्वविद्यालय मे सेंटर फॉर एनवायरनमेंटल हिस्टरी की स्थापना की गई। यह मुख्यतया एक शोध केंद्र है जो कि परास्नातक पाठ्यक्रम को तो पर्यावरण इतिहास मे उपलब्ध करता ही है, साथ ही वार्षिक सेमिनार, संगोष्ठी आदि का भी आयोजन करता है। कई इतिहास विभाग तो अब यूरोप के विश्वविद्यालयों मे पर्यावरण - इतिहास पर प्रारम्भिक पाठ्यक्रम की सुविधा भी देने लगे। पर्यावरणीय इतिहास मे सबसे पहला परा-स्नातक का पाठ्यक्रम, यूरोप मे नॉटिंघम, स्टरलिंग एवं डंडी के विश्वविद्यालयों मे प्रारम्भ किया। कालांतर मे, जर्मनी मे एक Graduierten Kolleg नाम से गोट्टिंजन के विश्वविद्यालय ने संस्था की शुरुआत की।

संदर्भ सूची :

1. *ग्रीन हाउस इफैक्ट* : एक ऐसी प्रकृतिक प्रक्रिया है जिससे पृथ्वी मे गर्माहट पैदा होती है और जो पृथ्वी पर हमारे जीवन के बचाव के लिए अति आवश्यक हैं। जैसे बादल (वॉटर वेपर्स), अथवा कार्बन डाईऑक्साइड (CO_2), मिथेन (CH_4) एवं नाइटरस ऑक्साइड (NO_2)आदि गैस, हमारे वातावरण को जीवन-योग्य व सुरक्षित बनाए रखने मे एक ऐसी चादर का काम करती है जो कि सूर्य से पृथ्वी पर पड़ने वाली किरणों से जो ऊर्जा उत्पन्न होती है, उसे वापस अन्तरिक्ष मे जाने से रोक देती है। और इस प्रकार से शीत के प्रभाव से मानव व पौधों के जीवन को सुरक्षित रखने मे मदद करती हैं । एक स्वाभाविक ग्रीन हाउस इफैक्ट तो वातावरण मे करीब 33 सेंटीग्रेट तक की गर्माहट को उपलब्ध कराने मे मदद पहुंचाता है क्योंकि अगर ऐसा न हो, तो इस ग्रह पर ठंड के कारण मानव जीवन का बचना असंभव हो जाएगा। किन्तु अब ऐसी स्वाभाविक प्रक्रिया मे दोष आ चुका है क्योंकि पिछले 100 वर्षों मे हमारे बाहर के वातावरण का प्राकृतिक रासायनिक सम्मिश्रण गड़बड़ हो चुका है, जिसका एकमात्र व सबसे बड़ा कारण है कि मानव समुदायों द्वारा की जा रही कुछ गतिविधियां - जिनमें प्रमुख है औद्योगिक क्रांति व उससे उत्पन्न प्रदूषण, जिसने वातावरण मे ग्रीन हाउस गैसेज के सम्मिश्रण को हानि पंहुचाई है। अतः इससे जलवायु पर पड़ने वाला असर जीवन को दुखदाई बनाता है। जलवायु परिवर्तन से मौसम मे पैदा होने वाला ताप (अथवा शीत) बहुत सी प्रकृतिक आपदाओं को भी जन्म दे सकता है व मानव समाज के लोगों से उनकी आजीविका व संसाधनो को छीन सकता है। सूखा, अकाल, बीमारी, महामारी, बाढ़ जैसे लक्षण तो बढ़ते ही दिख रहे हैं।

2. *दी लिमिट्स टू ग्रोथ*– जिस पर डोनीला मिडोस, डेनिस मीडोस व जरगन रंडर्स द्वारा थर्टी ईयर्स अपडेट के रूप मे तैयार की गई रिपोर्ट के नाम से हम जानते हैं। इसमें हमारे पृथ्वी ग्रह के भविष्य के बारे मे अनुसन्धान एवं अध्ययन के निष्कर्षों को प्रकाशित किया

गया था (संभवतः वर्तमान दशक के प्रारम्भ मे संयुक्त राज्य अमेरिका से)। इसकी लगभग 12 मिलियन प्रतियाँ 37 भाषाओं मे उपलब्ध कराई गईं।

3. ई. जे. मिशान, *कोस्ट्स ऑफ इकनॉमिक ग्रोथ*, ओयूपी, 1969
4. लिन व्हाइट जूनियर, केलिफोर्निया विश्वविद्यालय, लॉस एंजिलिस (अमेरिका) – मे इतिहास के प्रोफेसर है जिन्होने मध्य युगीन सामाजिक इतिहास पर अपने शोध किए हैं।
5. वही
6. *ससटेनेबल डेव्लपमेंट* की अवधारणा तब आई जब मौजूदा विकास के मौडल के दुष्प्रभाव हमारे पृथ्वी ग्रह को नष्ट करने की कगार तक पहुंचा सकने मे सक्षम दिखने लगे। अब लोगों मे खासकर पश्चिमी जगत मे, इस बात के प्रति बहुत जागरूकता दिखने लगी है कि *विकास* का मौडल ऐसा होना चाहिए जिससे हमारी सुविधाएं एक लंबे समय तक बनी रहें, अन्यथा यह मोजूदा मौडल हमे विनाश तक ले जाने का कार्य कर रहा है। इसी को ससटेनेबल डेव्लपमेंट की अवधारणा माना जाता है।
7. *सेलेब्रेशन ऑफ अर्थ डे* : अंतर्राष्ट्रीय स्तर पर *अर्थ डे* - पर्यावरण चेतना से संबन्धित सबसे बड़ा आयोजन है, जो अनेकानेक देशों मे किया जाता है – इस बात को पुनः याद दिलाने के लिए कि इस सम्पूर्ण ब्रह्मांड मे पृथ्वी का स्थान कितना महत्वपूर्ण है।
8. *नेपा : नेशनल एनवायरनमेंटल पॉलिसी एक्ट*– जो 1969 मे यूनाइटेड स्टेट्स कॉंग्रेस द्वारा बनाया गया था तत्कालीन अमेरिकी राष्ट्रपति रिचर्ड निक्सन के हस्ताक्षर के उपरांत। संयुक्त राज्य अमेरिका मे इसके माध्यम से पहली बार एक पर्यावरण से संबंध रखने वाले कानून को स्वीकृति मिली जिसने आगे चलकर काउंसिल ऑन एनवायरनमेंटल क्वालिटी (CEQ) के लिए रास्ता खोला। *नेपा को एनवायरनमेंटल मेग्नाकार्टा* के रूप मे देखा जाता है।
9. एरिक थोएन के द्वारा लिखित संपादकीय, जो प्रकाशित हुआ Tijdschrift voor Ecologische Geschiedenis, (जर्मनी) 1996 में। जेनेल्ड वर्स्टर, *दी एन्ड्स ऑफ दी अर्थ, पर्सपेक्टीव ऑन मॉडर्न एनवायरनमेंटल हिस्टरी*, 1988, केंब्रिज।

10. अन्ना ब्रेंवेल, *इकोलोजी इन दी ट्वेंटियथ सेंचुरी, ए हिस्टरी,* न्यू हेवेन, 1989 एवं जे. वर्स्टर, *पूर्व उद्धृत*।

11. विलियम एच मेकनील, *प्लेग्स एंड पीपल्स,* न्यू यॉर्क , 1976; विलियम एल. थॉमस, *मेंस रोल इन चेंजिंग दी फ़ेस ऑफ दी अर्थ,* शिकागो, 1956।

12. एरिक थोएन, *पूर्व उद्धृत*

13. रोड्रिक नेश, वाईल्डरनेस एंड दि अमेरिकन माइंड, यू. एस. ए , 1967

14. जेनेल्ड व्रस्टर, पूर्व उद्धृत ; फिसटर और पी ब्रिम्बल्कूंबे (संपादक), *दि साइलेंट काउंट डाउन : एससेज इन दि एनवायरनमेंटल हिस्टरी,* बर्लिन, 1990

15. एस. डब्लू वरस्टीजन एवं जे एल वंजेंदन, Groene Geschiedenis van Netherlands, उटरेच, 1993

16. वही

17. टी सी स्मौट (संपादक) *स्कॉटलैंड सीन्स प्री हिसटरि : नेचुरल चेंज एंड ह्यूमन इंपेक्ट* , 1993

18. ई. एच. कार, वॉट इज़ हिस्टरी, हरमन स्वर्थ, 1991

19. सेमुयल पी. हेज द्वारा रचित *एक्सप्लोरेशन इन एनवायरनमेंटल हिस्टरी, & ए हिस्टरी ऑफ एनवायरनमेंटल पॉलिटिक्स सिन्स 1945* – जो एक सुविधाजनक और तार्किक तरीके से लिखी गई किताब है।

Appendix
(*The Limits to Growth*)

More than 30 years ago a book called by the above name – created an international sensation. Commissioned by the Club of Rome (an international group of businessmen, statesmen, scientists etc.) The Limits to Growth was compiled by a team of experts from the US and several foreign countries. Using system dynamics theory and a computer model called "World 3", the book presented and analyzed 12 scenarios that showed different possible patterns, and environmental outcomes, of world development over two centuries from 1900 to 2100.

The World 3 scenarios showed how population growth and natural resource use interacted to impose limits to industrial growth, a novel and even controversial idea at the time. In 1972, however, the world's population and economy were still comfortably within the planet's carrying capacity. The team found that there was still room to grow safely while we could examine the long-term options.

In 1992, this was no longer true. On the 20th anniversary of the publication of the above report, the team updated *Limits* in a book called *Beyond the Limits*. Already in the 1990s there was compelling evidence that humanity was moving deeper into unsustainable territory. *Beyond the Limits* argued that in many areas we had overshot our limits, or expanded our demand on the planet's resources and sinks beyond what could be sustained overtime. The main challenge identified in *Beyond the Limits* was how to move the world back into sustainable territory.

Now in a new study *Limits to Growth: The 30-years Update*, published in 2004, the authors have produced a comprehensive update to the original Limits, in which they conclude that humanity is dangerously in a state of overshoot. While the past 30 years have shown some progress, including new technologies, new institutions, and a new awareness of environmental problems, the authors (Donnella Meadows, Dennis Meadows, Jorgen Randers) are far more pessimistic than they were in 1772. Humanity has squandered the opportunity to correct our current course over the last 30 years, they conclude, and much must change if the world is to avoid serious consequences of overshoot in the 21st century.

सर्वधर्म समभाव : एक प्रश्न

एक बड़ा ही चर्चित सा विषय है -."सर्वधर्म समभाव"। मात्र इसके उल्लेख करने से लगता है, यदि यह भाव लोगों में किसी तरह भर जाए तो शायद देश दुनिया बहुत बेहतर हो जाए। किंतु क्या हमने इस बात पर गौर किया है कि इस कथन का मतलब क्या है?

एक साधारण बोलचाल की भाषा में तो इसका अर्थ समझा जाता है - सारे धर्मों के प्रति समभाव का होना। अब यह सारे धर्म कितने और कौन-कौन से हैं ? साधारण भाषा में फिर धर्मों का अर्थ समझा जाएगा - हिंदू, मुसलमान, इसाई। यानी हिंदुत्व, इस्लाम, व ईसाईयत। परंतु क्या हमने यह सोचने की कोशिश की है कि धर्म का अर्थ है क्या? क्या यह अंग्रेजी भाषा में प्रयुक्त 'रिलीजन' शब्द का पर्यायवाची माना जाना चाहिए?

अगर इसे स्वदेशी दृष्टि से समझे तब तो धर्म का अर्थ है वह - जो सब को धारण करें। तो यहां हिंदू, मुसलमान, ईसाई के लिए अलग-अलग धर्म होने की बात ही खत्म हो जाती है। यह प्रश्न ही निरर्थक हो जाता है कि क्यों ना इन सभी अलग-अलग सत्ताओं के मानने वालों को समान दृष्टि से देखा जाए ; सामाजिक, आर्थिक, धार्मिक, राजनीतिक, सांस्कृतिक क्षेत्रों में क्यों ना इन सभी को बराबर का अधिकार दिया जाए; उनमें किसी भी तरह का राज्य के द्वारा भेदभाव न किया जाए, अथवा राज्य पर यह सभी अपनी अलग-अलग अस्मिताओं का लाभ उठाकर किसी भी तरह की दावेदारी ना करें। इससे जुड़ी हुई एक बात यह है की धर्म की स्वदेशी अवधारणा में विशेषाधिकार की बात पूरी तरह खत्म हो जाती है - क्योंकि यहां धर्म का अर्थ धार्मिक होने या धार्मिक न होने के आशय से प्रयोग किया जाएगा। वहां उनका दुरुपयोग लौकिक सुविधाओं को हासिल करने हेतु किया जाएगा - यह बात भी बेमायने हो जाती है। इसका कोई औचित्य हमारी समझ में नहीं बचता। संक्षेप में यदि इस बात को समझने का प्रयास करें तो मूल बात इस पर टिकी है कि धर्म किस पंछी का नाम है? इसका मतलब क्या होता है?

किंतु वर्तमान समय में "सर्व धर्म समभाव" की बात उठाने वालों का यह सुझाव शायद इस मान्यता पर आधारित है कि "रिलीजन" ही "धर्म" है और क्योंकि अभी तक दुनिया में तीन रिलीजन ही प्रमुख रहे हैं - हिंदुत्व, इस्लाम, और ईसाइयत, अतः इनमें आपसी रिश्ते समभाव द्वारा संचालित होने चाहिए। इस तरह धर्म का अर्थ रिलीजन लगा लेना या रिलीजन का अर्थ

धर्म लगा लेना, या धर्म को रिलीजन का हिंदी अनुवाद समझ लेना, जहां एक और कोरी मूर्खता नजर आती है, वहीं दूसरी ओर अपने इतिहास, समाज, व उसके संचालन की विधा को एक पराए नजरिए से समझने एवं बांधने के प्रयास स्वरूप ही उभर कर आती है। अतः बड़ी विनम्रता से उन लोगों के सामने मेरा निवेदन है कि वे इस बात पर पुनः विचार करें कि कैसे पिछले 250 वर्षों में भारतीय इतिहास पर किया गया लेखन, उसकी मौलिक अवधारणा एवं शब्दावलीयों के साथ किए गए खिलवाड़ की एक दर्दनाक कहानी है, जिसमें रिलीजन को धर्म का दर्जा दिया गया, "जस्टिस" को "न्याय" का दर्जा दिया गया, "सिविलाइजेशन" को "सभ्यता" का दर्जा मिला, "कल्चर" को "संस्कृति" का दर्जा मिला; और इसी प्रकार से न जाने और कितने उदाहरण दिए जा सकते हैं। नतीजतन, अपने देश के अतीत को लेकर इतने अधिक भ्रम पैदा कर दिए गए हैं कि सच्चाई /वास्तविकता से आज का इतिहास - कोसों कोसों दूर हो चुका है।

इस पृष्ठभूमि के साथ समझने का विषय अब यह है कि देश के मनीषी एवं महापुरुषों, जैसे स्वामी विवेकानंद, श्री रामकृष्ण परमहंस, गांधीजी, विनोबा भावे, डॉ. राधाकृष्णन आदि के इस विषय में बुनियादी विचार क्या है? किंतु इस लेख में केवल गांधी जी के विचारों को समझने का प्रयास किया गया है।

एक साधारण से वैष्णव परिवार में जन्मे गांधी जी ने बचपन से ही वैष्णव देवालयों की ही तरह शिवालयों के दर्शन पूजन की प्रथा अपने यहां देखी। जहां एक ओर इन्होंने हिंदू धर्म के प्रत्येक संप्रदाय का आदर करना सीखा, वहीं दूसरी ओर मुसलमान, पारसियों की धर्म चर्चाओं को भी बचपन से सुना। क्योंकि उनके पिताजी खुले विचारों के व्यक्ति थे जिनके पास सभी मजहबों के अनुयाई आते थे और शायद बचपन में गुजारे इन्हीं लम्हों से गांधी जी ने अहिंसा के मंत्र को सीखा। यह नोट करने की बात है कि अपने इंग्लैंड के प्रवास में वहां पर चल रहे अनेकानेक आंदोलनों में से गांधी जी ने अपने लिए शाकाहार आंदोलन को ही पसंद किया। गांधीजी की आत्मकथा पढ़ने से यह पूर्णतया स्पष्ट होता है कि इस व्यक्ति में आत्म दर्शन की उत्कट अभिलाषा थी, जिसके रहते अपने विदेश प्रवास के दौरान गांधीजी उन पाश्चात्य प्रभावों से अछूते रहे जो 19वीं शताब्दी के बंगाली समाज को भारत में बड़ी तेजी से प्रभावित कर रहे थे। जितना अधिक वे अन्य रिलीजन का अध्ययन करते गए उतना अधिक उन्हें स्पष्ट होता गया कि ईश्वर और कुछ नहीं बल्कि प्राणी मात्र की सेवा का दूसरा नाम है । "आत्मदर्शन की उत्कट अभिलाषा" रखने वाले गांधीजी ईसाइयत की उस सेवा भावना से बिल्कुल अलग थे जिसके अनुसार प्राणी मात्र पर दया करके, उन प्राणियों का धर्म परिवर्तन करके, उसे कष्टों से मुक्त

कराना है। गांधी जी की सेवा उनके दया भाव की अभिव्यक्ति न होकर, उनकी "ईश्वर सेवा" की अभिव्यक्ति थी, जिसके चलते हर प्राणी उनके लिए ईश्वर स्वरूप था, चाहे वह ईसाई हो, मुसलमान हो, या फिर हिंदू । गांधी जी का धर्म उनके लिए - पाप के परिणाम से मुक्ति की अभिलाषा नहीं - बल्कि पाप कर्म, पाप वृत्ति से मुक्त होने की अभिलाषा से प्रेरित था, और ऐसे मानस में किसी भी प्रकार से उस तरह के वर्गीकरण नहीं समाहित हो सकते थे जिनकी बात ईसाइयत अथवा इस्लाम में की जाती है - जैसे एक ईसा मसीह ही ईश्वर के पुत्र हैं, उन्हें जो मानता है वह तर जाता है, या अन्य मोनोथिस्टिक (एक पंथी) मान्यताएं आदि । इस विषय में अपनी आत्मकथा में गांधी जी कहते हैं कि यदि ईश्वर के पुत्र ईसा मसीह हो सकते हैं तो हम सब भी उसी ईश्वर के पुत्र हैं, यदि ईसा ईश्वर तुल्य है तो मनुष्य मात्र भी ईश्वर तुल्य है। इसी तरह से ईसाइयों की यह मान्यता कि ई सा की मृत्यु से और उनके रक्त से संसार के पाप धुलते हैं, या उनका विश्वास कि मनुष्य की हीआत्मा है, दूसरे जीवों की नहीं, और देह के नाश के साथ उनका संपूर्ण नाश हो जाता है। यह सभी बातें गांधीजी के विचारों से मेल खाती नहीं दिखती क्योंकि वे अपनी मान्यताओं के प्रति बिल्कुल स्पष्ट थे।

अपना धर्म परिवर्तन करने के लिए जैसे-जैसे गांधी जी पर इस्लाम, ईसाईयत का आग्रह बढ़ता गया - वैसे वैसे आत्मदर्शन का यह अभिलाषी अपने बचपन के संस्कारों के और नजदीक आता गया। उनके शब्दों में "जिसे धर्म का थोड़ा सा भी मान है, वह धर्म को छोड़ नहीं सकता। धर्म वस्त्र के समान पहना या उतारा नहीं जा सकता। धर्म देश से भी ज्यादा बेशकीमती है। देह आवागमन से बद्ध है, धर्म आत्मा के साथ जुड़ी हुई वस्तु है। धर्म साथ-साथ यह सिखाता है कि वह कभी बदला नहीं जा सकता। धर्म में जो गंदगी, जो सड़न पैदा हो रही है वह दूर हो सकती है। पर धर्म का उच्छेद नहीं हो सकता। जिस धर्म में वेद, उपनिषद, पुराण इत्यादि लिखे गए हैं, जिनमें असंख्य मनुष्यों ने मरणोपरांत तपश्चार्य की है, जिस धर्म के मनुष्यों की हड्डियों से हिमालय उज्जवल बना है, जिनके खून की खाद से हिमालय के वृक्ष और पुष्प फूले हो, उस धर्म का त्याग क्यों कर, हो सकता है? इस धर्म के सुधारकों ने ही रूढ़ि रूपी वृक्ष का नाश करके धर्म को तेजो मय बना रखा है। बुद्ध, महावीर, शंकर, रामानुज, कबीर, नानक, चैतन्य, राजा राम मोहन राय, रामकृष्ण परमहंस, दयानंद सरस्वती, स्वामी विवेकानंद, वगैरह ने रूढ़ियों का विरोध करके हमें रास्ता बताया है। इन सब ने धर्म को छोड़ा नहीं था, उल्टे धर्म को सुगंधित रखकर बुरी रूढ़ियों को तोड़ा और धर्म की रक्षा भी की"।[1]

गांधी जी के पूरे जीवन वृतांत को पढ़ने से स्पष्ट है कि उनका जीवन "सत्य" और "अहिंसा" पर ही किया जा रहा है एक शोध था, जिसमें "सर्व धर्म समभाव", "सामाजिक सेवा", "परोपकार" जैसे शब्द फीके लगने लगते हैं । यही था उनका "सर्व धर्म समभाव"।

ईश्वर उनके लिए कोई वाह्य सत्ता अथवा पारलौकिक सच्चाई न होकर एक ऐसी चेतना का नाम था, जो समस्त मानव जाति को प्राप्त है। अपनी सनातनी विचारधारा के अनुकूल गांधी जी का यह मानना था की हर प्राणी में "ईश्वर" का वास है, और ईश्वर उस चेतना का नाम है, जो मानव जीवन में शुभ का संचार करती है। अपनी इस चेतना से बड़े से बड़े दुश्मन को जीत लेना - यही था गांधी जी का "सर्व धर्म समभाव"। वैचारिक दृष्टि से गांधी न तो किसी विशिष्ट जीवन दर्शन के विकास, और न ही कतिपय मान्यताओं और आदर्शों के प्रचार या उसे मान लिए जाने का ढिंढोरा पीटते थे। वे बहुत ही छोटी सी बात कहते थे, "दर्शन का यदि कोई उपयोग है तो यही है कि उसे स्वयं अपने जीवन में व्यवहार में लाना चाहिए"।[2] जीवन के हर पक्ष को सुचारू रूप से संचालित करने के लिए कुछ शाश्वत नियमों का पालन आवश्यक है और गांधीजी के अनुसार "हमें सत्य और प्रेम का जीता जागता स्वरूप बनना होगा क्योंकि परमात्मा सत्य और प्रेम ही है।"[3]

यही कारण है कि गांधीजी के लिए शायद वर्तमान समय में प्रचलित मुहावरे जैसे धर्मनिरपेक्षता, सर्वधर्म समभाव आदि शुद्ध हिंसा के प्रतीक है, क्योंकि इनमें एक के प्रति हेय दृष्टि छुपी हुई है, और दूसरे के प्रति क्रोध का भाव।[4] वस्तुतः सारी अवधारणाएं जिन का प्रचलन वर्तमान समय में हम पाते हैं - यूरोप के उस राजनीतिक, आर्थिक, सामाजिक, सांस्कृतिक, एवं रिलीजस परिपेक्ष की ही उपज है, जिसमें हर स्तर पर जीवन के हर क्षेत्र में अधि श्रेणिक व्यवस्थाएं रही थीं, जिन्होंने समाज को अंततः दो वर्गों में बांट दिया - शोषक एवं शोषित। उस तरह के जीवन में साम्रजस्य, संतुलन, शाश्वत सत्य - का कोई स्थान नहीं था। अस्तु यूरोप का इतिहास "क्रियाओं" और "प्रतिक्रियाओं" से भरा पड़ा है । वहां के रिलीजन ईसाईयत ने जिस तरह सैकड़ों वर्षों तक वहां के समाज पर कहर ढाया है[5] - उसी की प्रतिक्रिया स्वरूप "रिलीजस सेक्युलरिज्म" आदि की अवधारणाएं पैदा हुई अथवा उनका जन्म हुआ। किंतु आज हमारे देश में 'सेक्युलरिज्म' को 'धर्मनिरपेक्षता' कहकर - जिस बात का ढिंढोरा पीटा जा रहा है - वह गांधी जी की दृष्टि में तो भयंकर पाप है, क्योंकि उनका अपना जीवन उस धर्म से ओतप्रोत है जिसे "मानव समाज ने किसी न किसी रूप में अपने अस्तित्व के लिए अपरिहार्य पाया है। इसलिए ऐसा मानना उचित ही होगा कि मानव समाज को धर्म की आवश्यकता पड़ती रहेगी"[6] उनकी

समस्त राजनीतिक, सामाजिक गतिविधियां, उनका आर्थिक चिंतन - इस सबके मूल में उस शाश्वत "धर्म" की रक्षा का भाव है । उनका यह मानना है कि यदि इस धर्म को बचाना है तो जीवन के अनेक क्षेत्रों में आई उन विकृतियों के खिलाफ जंग छेड़नी होगी। उससे निरपेक्ष होकर मानव जीवन के अस्तित्व की रक्षा का विचार, गांधीजी जैसे व्यक्ति के लिए बिल्कुल असंभव व पाप मय कल्पना है। अपने इस भाव को स्पष्ट शब्दों में उन्होंने मद्रास में दिए गए अपने एक भाषण में स्पष्ट किया था" मुझे ऐसा लगता है कि यदि राजनीति को धर्म से विच्छेद कर देने का प्रयत्न नहीं किया गया होता, जैसा कि आज भी किया जा रहा है, तो जिस हद तक राजनीति का पतन हुआ दिखाई पड़ रहा है, यह उस हद तक न गिरती।"[7] धर्म की इस समझ के चलते गांधीजी राजनीतिक, सामाजिक, धार्मिक व अन्य प्रश्नों के बीच कोई विभाजन रेखा नहीं देखते थे - क्योंकि इन सभी प्रश्नों के मूल में गांधीजी को धर्म दिखाई देता है। उनका यह स्वयं का वक्तव्य है "जो मुझे थोड़ा सा भी जानते हैं उन्हें यह समझ लेना चाहिए कि मैं राजनीतिक, सामाजिक, धार्मिक व अन्य प्रश्नों के बीच कोई बड़ी और अमिट विभाजन रेखा नहीं खींचना चाहता हूं। मेरा सदा यह विचार रहा है कि वे सब एक दूसरे पर निर्भर है और एक का समाधान शेष के समाधान को निकट लाता है।"[8] एक अन्य स्थान पर वे कहते हैं "मेरे राजनीतिक विचार, धार्मिक विचार व सामाजिक विचार सब एक ही वृक्ष की अलग-अलग शाखाएं हैं, इसलिए वे परस्पर विरोधी नहीं है"[9] उनका मुख्य सरोकार धर्म नहीं, राजनीति नहीं। राजनीति में तो वे इसलिए आए हैं, क्योंकि लोगों ने उसे ही धर्म मानकर उसे एक ऐसा स्वरूप प्रदान कर दिया है, उसे इतना महिमामंडित कर दिया है कि राजनीति के प्रभाव से कोई भी चीज अछूती नहीं रहती, यद्यपि वे यह मानते हैं कि "आज तो आप जिस धर्म का पालन कर रहे हैं उस धर्म को देखकर मेरे मन में होता था कि उस धर्म का नाश हो"[10] गांधीजी तो केवल अपने धर्म की सेवा करना चाहते थे। उस धर्म की सेवा करते हुए, उसका पालन करते हुए वे अकेले खड़ा रहना पसंद करते थे। परंतु अपना धर्म छोड़कर फिर चाहे उसमें सारी दुनिया भी उनका साथ दें, वे जीवित नहीं रह सकते थे।

अब इसी बात का तीसरा व आखिरी पक्ष, ये है कि - क्या हम ऐतिहासिक सच्चाईयों को झुठला कर 'सर्वधर्म समभाव' को प्राप्त कर सकते हैं? शायद कदापि नहीं, और इसलिए अभी तक कर भी नहीं पाए हैं। जिस तरह अपने हर संभव प्रयास के द्वारा हिंदू समाज में वर्तमान समय में उपजी जातीय भेदभाव को महात्मा गांधी एवं अन्य महापुरुष स्वामी विवेकानंद,

रामकृष्ण परमहंस, श्री अरविंद जैसे लोग खत्म ना कर पाए, उसी तरह हिंदुत्व अपनी सारी सर्व धर्म समभाव की दलील व कोशिशों के बावजूद इस्लाम व ईसाईयत के हृदय से "काफिर" या "हीदन" की अवधारणाओं को न मिटा पाया। क्या इस देश में बसे मुस्लिम संप्रदाय को 1000 साल से ऊपर होने नहीं आया है? पर आज तक इस संप्रदाय का वैचारिक एवं वास्तविक इतिहास भारतवर्ष में इस बात की पुष्टि नहीं करता कि यहां उन्होंने हिंदुओं को अपने समकक्ष समझने एवं बंधुत्व की दृष्टि से आत्मसात किया हो।

निष्कर्ष रूप यह कहने में आदर्शवाद या कोई अतिशयोक्ति न होगी कि सर्व धर्म समभाव की प्राप्ति तब तक एक दिवास्वप्न है जब तक तहे दिल इस बात को समस्त प्राणी स्वीकार न करें कि ऊपरी भेद - चाहे वह नस्ल का हो, जाति का हो, रंग का हो, रिलीजन का हो, भाषा का हो, प्रांत का हो, किसी भी "अधिकार" या "विशेषाधिकार" का आधार नहीं माना जा सकता। और जिस समाज में अधिकार अथवा विशेषाधिकार - मानव समुदाय के निर्देशक सिद्धांत नहीं रहेंगे, बल्कि उसका स्थान "सहअस्तित्व" का भाव एवं "परम सत्ता की अवस्थिति" को स्वीकार करना - ले लेगा, वहां भौतिक जीवन की विषमताएं स्वत ही खत्म हो जाएंगी, और फिर शायद जिसे गांधीजी प्रतीक स्वरूप "रामराज्य" कहते थे, हकीकत बन जाएगा।

उपरोक्त प्रबंध का दूसरा भाग* वर्तमान भारत में प्रचलित सर्वधर्म समभाव के वैचारिक, व्यावहारिक पक्षों के विकास एवं उसके राजनीतिक निहित अर्थों पर प्रकाश डालता है, जो शायद इतिहास के विद्यार्थी को जानना अति आवश्यक है। आज भारत की राजनीति के जिस शब्द को हम "सेक्युलरिज्म" नाम से जानते हैं वह ऐसे ही "सर्व धर्म समभाव" के सिक्के का दूसरा पहलू है।

एक आधुनिक अवधारणा के रूप में सर्वधर्म समभाव का उदय हम पाते हैं स्वतंत्र उत्तर भारत में खासतौर पर 1950 के दशक के बाद, जब सरदार वल्लभ भाई पटेल की मृत्यु के बाद पंडित जवाहरलाल नेहरू भारतीय राष्ट्रीय कांग्रेस के अध्यक्ष व देश के पहले प्रधानमंत्री बन गए। यही वह समय था जब उन्होंने "धर्मनिरपेक्षता" की पश्चिमी अवधारणा को भारत में आयात किया (यद्यपि सिर्फ एक शब्द के रूप में - न कि उसके व्यवहारिक अर्थ के साथ)। अपने एक पत्र दिनांक 22 जून 1952 में वे सी. डी. देशमुख को लिखते हैं कि आजकल की राजनीतिक एवं गैर राजनीतिक विवादों में अच्छे खासे प्रचलित शब्दों व जुमलों का वैसे गलत मायने प्रचलित कर दिया जाता है, इस बात पर मुझे आश्चर्य होता है। किंतु मैं यह मानता हूं कि शायद हर जन उत्तेजक यह काम करता है"[11]। किंतु शायद नेहरू यह नहीं समझ पाए कि वह भी यही

कार्य कर रहे हैं जिसके लिए वे दूसरों को दोष दे रहे थे। क्योंकि पश्चिमी राजनीतिक बोलचाल की भाषा में 'सेक्युलरिज्म' यानी धर्मनिरपेक्षता का जो अर्थ है, नेहरू ने उसका मायने भारत में *बिल्कुल उल्टा कर दिया।* जबकि आधुनिक पश्चिमी जगत में सेकुलरिज्म शब्द की उत्पत्ति ईसाईयत की संकीर्ण अवधारणाओं के खिलाफ लगभग 150 वर्षों से चल रहे एक ऐसे आंदोलन के रूप में हुई थी, जिसके द्वारा वहां का समाज वहां के राज्य को ईसाईयत के चंगुल से मुक्त कराकर स्वतंत्र रूप से कार्य करने योग्य बनाने की कोशिश में लगा था। भारत के संदर्भ में भी, कुछ ऐसा ही होना चाहिए था पर हुआ ठीक इसका उल्टा । बजाय इसके कि यहां पर भी इस्लाम की संकीर्ण मान्यताओं के खिलाफ राज्य को "मुल्ला, मौलवियों" के प्रभाव से मुक्त कर दिया जाता - यहां पर नेहरू ने इस सेकुलरिज्म के शब्द को एक ऐसे नारे में बदल दिया, जिसका इस्तेमाल "मुस्लिम-कम्युनिस्ट-ईसाई" त्रिकोण अपने संकीर्ण स्वार्थों के लिए, यहां की बहुसंख्यक जनता को दबाकर रखने के लिए कर सके।[12] 1951-52 में नेहरू द्वारा प्रचलित किए गए इस नारे का यही उद्देश्य था । अगले कुछ वर्षों में इसकी सच्चाई को सामने आने में देर नहीं लगी।

इसी बीच नेहरू ने अपने नजदीकी (खासतौर पर) अपने को 'गांधीवादी' कहने वालों को भी इस बात का संकेत दिया कि वे उनके इस "सेक्युलरिज्म" के नारे को कैसे सर्वमान्य बनाने में उनका सहयोग करें। परिणाम स्वरूप, इस नारे को और आकर्षक बनाने में सहयोगी की भूमिका अदा करते हुए, इन गांधीवादियो ने यह प्रचारित करना शुरू किया कि "सेकुलर" का अर्थ भारत में वह कतई नहीं हो सकता जो पश्चिमी जगत में है। क्योंकि भारत में धर्म का जीवन में विशेष स्थान है अतः मूलतः एक धार्मिक देश होने के नाते यहां हर भारतीय के लिए धर्म की महत्ता को नकारा नहीं जा सकता। ऐसी स्थिति में एक नए संदर्भ को सामने लाकर इन लोगों ने सेक्युलरिज्म का नया ही मतलब गढ़ डाला - जिसका अर्थ निकलता था, भारत में रहने वाले सभी लोगों के धर्म/मजहब जैसे हिंदू, इस्लाम, ईसाई, और सिख, जैन, बौद्ध और जोरोस्ट्रियन, वगैरह - एक ही पटल पर देखे जाने चाहिए, और इस शब्द का मतलब है "सर्वधर्म समभाव" *इक्वल रिस्पेक्ट फॉर ऑल रिलीजन* (धर्म-मजहब का ज़बरदस्त घालमेल) - जैसा कि गांधीवादियों के अनुसार - गांधी जी ने कहा था।

अब यदि सर्वधर्म समभाव वाली बात यहीं पर रुक जाती तो भी कुछ गनीमत होती। किंतु नहीं, वह एक कदम और आगे बढ़ गई। यह हवा उड़ाई जाने लगी कि सभी धर्म/ मजहब को बराबर मान्यता दी जानी चाहिए; कि वे सभी बराबर हैं, एक दूसरे के समरूप हैं। शायद

इस भ्रम को फैलाने में, कुछ लोगों का मानना है, कि गांधीजी का योगदान भी मामूली नहीं था, क्योंकि वे अक्सर यह बात प्रचलित करते रहे कि सारे धर्म मजहब एक ही शब्द का उद्घोष करते हैं; कि उन सभी का आदर्श एक है, कि वे सभी एक ही आध्यात्मिक सत्य की ओर ले जाने में मदद करते हैं।

अस्तु सर्वधर्म समभाव का दूसरा आयाम बड़े जोरदार रूप से तब सामने आया जब भारतीय राज्य के बड़े बड़े अधिकारी - माननीय राष्ट्रपति, उपराष्ट्रपति, प्रधानमंत्री, मुख्यमंत्री, आदि अपनी-अपनी रामनवमी, कृष्ण जन्माष्टमी, जीसस क्राइस्ट के जन्म (क्रिसमस), पैगंबर मोहम्मद, गुरु नानक जी, महावीर स्वामी, बुद्ध भगवान, आदि के जन्मोत्सव पर राष्ट्र के नाम संदेश जारी करने में लग गए - जिसके अनुसार सीधे यह अर्थ लगाया जाने लगा कि उपरोक्त सभी धर्मों के प्रवर्तक उन्हें अपने अपने मजहब के द्वारा मानव भाईचारे, आत्म त्याग, व सर्व दया, सामाजिक न्याय, आर्थिक समानता, विश्व शांति, और मोक्ष के द्वार खोलने की चेष्टा की है। आज तक यही प्रथा बरकरार बनी हुई है। यहां पर यह ध्यान देने योग्य बात है कि उन विद्वानों को - जिन्होंने इन सभी धर्मों को उनके मूल स्रोतों के द्वारा समझा जाना है, राजनीतिज्ञों के यह संदेश हास्यास्पद ही लगेंगे, क्योंकि धर्मों के तुलनात्मक अध्ययन के बाद यह बिल्कुल स्पष्ट हो जाता है कि एकेश्वरवादी मजहबों (जैसे ईसाईयत व इस्लाम) और बहुदेववादी आध्यात्मिक परंपराओं (हिंदुत्व, बौद्ध धर्म, जैन धर्म, सिख धर्म-उनके आदि ग्रंथ के अनुसार) के बीच कहीं कोई भी तालमेल नहीं है। ऐसी स्थिति में ईसाईयत एवं इस्लाम को मानव भाईचारे, सामाजिक न्याय, विश्व शांति, आत्मत्याग, सर्व - दया जैसे गुणों का श्रेय देना या यह प्रचार करना कि वे मानव समानता में विश्वास करते हैं - कुछ वैसा ही है जैसे कि यह प्रचार करना कि भेड़िया शाकाहारी भोजन पसंद करता है। किंतु मजे की बात यह है कि बड़े-बड़े श्रेष्ठ लोगों को इन सारी बातों, सच्चाइयों एवं *ऐतिहासिक तथ्यों से कोई फर्क नहीं पड़ता* बल्कि इसके विपरीत यदि उन्हें इन तथ्यों से अवगत कराया जाए, तो वे तुरंत उखड़ कर यह चिल्लाने लगते हैं कि आप तो "उग्र राष्ट्रवादी" हैं जो कि भारत की सनातन सांप्रदायिक - सौहार्द की संस्कृति को नष्ट करने पर आमादा है। इस तरह से सर्वधर्म समभाव का यह नारा, स्वतंत्रोत्तर भारतीय राज्य की ओर से जारी किया गया एक ऐसा नारा है, जो अब लोगों के बीच अंधविश्वास का स्थान प्राप्त कर चुका था और जिसने उनकी विवेक शक्ति को काफी हद तक कुंठित कर दिया है।

पुनः यह कहना पड़ रहा है कि अगर इस तरह की बातें या उनका क्रम यहां तक भी रुक

जाता तो ठीक था, और भारतीय नागरिकों को स्वतंत्र छोड़ दिया जाता कि वे *इन मनगढ़ंत बातों* को मानें अथवा ना माने। किंतु यहां भी अति की गई। भारतीय राज्य इस "अंधमत" को जबरदस्त संरक्षण देते हुए इस बात पर आमादा होता गया कि सभी लोग इस बात को स्वीकार करें कि सारे ही तथाकथित 'धर्मों'(!) का अर्थ एक ही है; कि उनके आपसी स्वरूप में कोई अंतर नहीं है। अपने इस प्रयास में हर व्यक्ति जो 'सच' अथवा 'तथ्य' के आधार पर बातों को स्वीकार या अस्वीकार करना चाहता है - उसका उत्पीड़न किया जाता है। आज के दिन स्थिति यह है कि पढ़े-लिखे लोगों एवं मीडिया में हर उस व्यक्ति को मान सम्मान, लाभ एवं पदवियों से नवाजा जाता है - जो एक पंथवादी मजहबों द्वारा अतीत में की गई बर्बरताओं को "नकारने" के नित नए फार्मूले निकालने में सक्षम है। ठीक इसके विपरीत, बहुदेववादी भारतीय संस्कृति में जो मानवीय मूल्यों के अनुकूल, सच्चे अर्थों में, उदारवादी विशाल हृदय एवं सभ्यता का प्रतीक रहा है, उसकी काट छांट करके उसे उसकी औकात बताने का काम किया जा रहा है।

इस पूरी प्रक्रिया से कुछ अन्य झूठों को भी बल मिला है। आज के दिन ईसाईयत को केवल "सरमन ऑन दी माउंट" तक ही सीमित कर दिया गया; इस्लाम को कुरान के दो वाक्यों में ही बांध दिया गया (और वह भी संदर्भ से काट कर) "*अन टू यू योर रिलिजन एंड टू मी माय रिलीजन*" या फिर यह कि रिलीजन में जबरदस्ती की कोई गुंजाइश नहीं है।[13] और हिंदू धर्म की चर्चाओं में ब्राह्मणवादी उत्पीड़न, जाति व्यवस्था, सती प्रथा, गोबर का प्रयोग, छुआछूत, दहेज, उत्पीड़न आदि पक्षों को उभारते हुए बौद्ध, जैन व सिख धर्म को इन कुरीतियों के खिलाफ हुए विद्रोह /आंदोलन का करार दिया जाता है। अगर बात यहीं पर रुक गई होती - कि मुस्लिम, ईसाई, आज के सिख, बौद्ध, जैनों ने 'सर्वधर्म समभाव' को मान्यता देते हुए हिंदू धर्म को भी बराबरी का दर्जा दे दिया होता, तो भी ठीक होता। पर नहीं - ऐसा भी ना हो सका, बल्कि इसके विपरीत जहां एक ओर हिंदुओं (जिनमे वह पहले से ही विद्यमान था) को तो अन्य मजहब व धर्मों के प्रति 'सर्वधर्म समभाव' बनाएं रखने के लिए तरह तरह से मजबूर किया गया, वहीं दूसरे पंथों को, न केवल अपनी मज़हबी बातों को प्रचार करने की छूट मिली - बल्कि हिंदू धर्म पर प्रहार करके हिंदुओं का मतांतरण करने की भी छूट हासिल है। इस प्रकार की परिस्थितियों में यह प्रतीत होता है कि मुस्लिम, ईसाई, नव- सिख, नव- बौद्ध, नव- जैन (जो सभी अपने को अल्पसंख्यक होने का दावा करते हैं) आदि का एक साझा मंच बन गया है जो *तथाकथित बहुसंख्यक* हिंदुओं के विरोध में ही दिखता है और इस बात पर जोर डालता है कि हिंदू समाज

"सेक्युलरिज्म" को स्वीकार करें । नतीजतन, हिंदुओं को हमेशा ही क्षमा याचना की मुद्रा में रहते हुए रक्षात्मक तरीकों को ही अपनाने पर मजबूर होना पड़ा।

उपरोक्त पूरी चर्चा का संकेत इस तरफ है कि 'सर्वधर्म समभाव' का यह नारा नेहरूवादी धार्मिक मान्यता अर्थात 'धर्मनिरपेक्षता' के सिक्के का दूसरा पहलू है, जिसके अनुसार भारतीय इतिहास से संबंधित कुछ मोटी बातें केवल इस ही रूप में स्वीकार्य की जानी चाहिए, जैसे निम्नलिखित: (क) कि हिंदू ही हमेशा गलत पक्ष कहे जाने चाहिए, चाहे आक्रमण पहले किसी ने भी क्यों न किया हो (अथवा, सांप्रदायिक वैमनस्य तनाव पैदा करने में भले ही किसी और पक्ष ने अगुवाई क्यों न की हो); (ख) भारतीय राष्ट्रीय आंदोलन का खाका इस प्रकार से खींचा गया कि भारत विभाजन की जिम्मेदारी हिंदुओं की ही दिखती हो; (ग) उनके लिए इस बात का कोई मायने ही नहीं था कि हिंदू अथवा हिंदूवादी संगठनों (जैसे हिंदू महासभा, राष्ट्रीय स्वयंसेवक संघ, आर्य समाज, आदि) ने भारत विभाजन को रोकने की कितनी जबरदस्त कोशिश की थी; या फिर यह कि लगभग 97% भारतीय मुसलमानों ने भारत विभाजन के पक्ष में वोट डाले थे, या यह कि मुस्लिम लीग की मदद में कम्युनिस्ट पार्टी ऑफ इंडिया ने कितने वैचारिक एवं सांख्यिकी आंकड़े प्रस्तुत किए थे, या यह कि अपने को 'समाजवादी' कहने वाले लोगों ने भी इस पूरे प्रकरण में उन हिंदुओं की भर्त्सना की जो इस्लाम या मुसलमानों के आलोचक थे, या यह कि भारतीय राष्ट्रीय कांग्रेस ने माउंटबेटन के भारत विभाजन सुझाव को जून 1946 में अपनी स्वीकृति दी थी, या यह कि महात्मा गांधी ने (जो पंजाब, सिंध, उत्तर पश्चिमी सीमांत प्रांत और बंगाल के हिंदुओं से अंत तक यह कहते रहे कि उनकी लाश पर ही भारत का विभाजन संभव है) अंत में हाथ खड़े कर लिए इस पूरी परिणति के समक्ष। उनकी इस तरह के तर्क करने की शैली कुछ नाजियों की ही जैसी है जिसमें एक भेड़ को - भेड़िए को उकसाने व हमला कराने का दोष दिया जाता है।

इससे भी अधिक गंभीर स्थिति तब आई जब 1951 में भारतीय जनसंघ नामक एक नई राजनीतिक पार्टी ने बहुत जल्द सर्वधर्म समभाव के इस नारे को स्वीकार कर लिया (अपने अखंड भारत के सपने के आदर्श के बावजूद) और 1980 में भारतीय जनता पार्टी ने अपने नए संविधान (1992) के अनुच्छेद iv में अपने सभी सदस्यों के लिए इस सर्वधर्म समभाव के नारे को मानना अनिवार्य कर दिया। यह पूरी स्थिति बताती है कि कैसे राजनैतिक छल एवं चालों ने स्वतंत्र उत्तर भारत पर थोपे गए छद्म धर्मनिरपेक्षता (सेक्युलरिज्म) के आगे सारे देश के लोगों

को बिल्कुल पंगु बना दिया है । अधिकांश के पास सोचने की शक्ति बची ही नहीं है, और जिनके पास बची है - उन्हें बोलने के काबिल ही नहीं छोड़ा गया। चारों तरफ उद्दंडता, गुंडागर्दी ही स्थिति पर अपना नियंत्रण किए हुए नजर आती है। भारतीय राज्य अपने व्यावहारिक स्वरूप में ऐसा धर्म-तंत्र राज्य बन चुका है जिसका सरकारी सिद्धांत 'सर्वधर्म समभाव' था (जिसकी विवेचना ऊपर की गई है और जो अपने ऊपर सेक्युलर होने का लेबल चिपकाए हुए हैं)।

वर्तमान भारत को भली-भांति समझने के लिए, यह जानना जरूरी है कि उसमें प्रचलित सेकुलरवाद एवं उससे उपजे 'सर्वधर्म समभाव' ने देश व समाज की व्यवहारिक राजनीति व जीवन को कैसे प्रभावित किया है? यहां के मुस्लिम समाज/वर्ग ने उपरोक्त स्थितियों का पूरा फायदा उठाते हुए, (क) न तो इस्लाम, उसके पैगंबर, उसके इतिहास, उसके नैतिक व कानूनी दावों आदि का कभी भी आलोचनात्मक परीक्षण होने दिया, बल्कि इसके विपरीत (ख) अपने नेताओं की इस पुकार पर कि इस्लाम खतरे में है - तुरंत तोड़फोड़ दंगे शुरू करने के लिए तैयार रहना है (इस आधार पर कि इस्लाम की बेज्जती की गई है) अपना फ़र्ज़ समझा। (ग) भारतीय दंड संहिता एवं भारतीय कस्टम्स एक्ट की धारा 153, 295 के तहत तुरंत उन पुस्तकों, लेखों व फिल्मों पर पाबंदी आदेश करवा देना, जो, इसके इतिहास का परीक्षण करने का प्रयास करें। (ध) मदरसों के माध्यम से मिशनरियों की पूरी जमात तैयार करना - आदि पर अमल करते हुए, अपने को एक अच्छे खासे वोट बैंक में तब्दील कर लिया है। स्वतंत्र भारत की लगभग सभी राजनीतिक पार्टियां इनसे वोट हासिल करने के लिए जहां लालायित दिखती है, वही यह समुदाय हिंदुओं को फांसीवादी या नाजीवादी का करार देते हुए उनके तुष्टीकरण की बात कभी नहीं सोचता।

ईसाईयत के साथ भी यही स्थिति है, यद्यपि उनका व्यवहार मुस्लिम बंधुओं से भिन्न होता है। खास बात जानने योग्य यह कि ईसाईयत ने भारतीय समाज के कुछ लोगों पर अपनी प्रेम मांधाता का असर छोड़ने में अवश्य सफलता हासिल की, जिसके कारण राजा राममोहन राय से जो सिलसिला शुरू हुआ वह गांधीजी और रामकृष्ण मिशन तक आ पहुंचा। मैकाले की शिक्षा नीति एवं भारत में ईसाई स्कूलों एवं कॉलेजों की बढ़ती श्रृंखला का प्रभाव उनसे पढ़े हुए भारतीयों की मानसिकता पर यह विशेष पड़ा कि ईसाईयत ने 'मानव सेवा' (*ह्यूमैनीटरियन सरविस*) के जिस धर्म का पालन किया है, उसे हिंदू समाज करने में असफल रहा है। उनको यह पता है कि कभी भी जहां-तहां यदि स्थानीय विरोध की नौबत आएगी उनके किसी भी कार्य

पर, तो वे तुरंत जीसस क्राइस्ट या मदर टेरेसा का नाम रटना शुरु कर देंगे -क्योंकि यह भी उतना ही सत्य है कि ईसाईयत पर अधिकारिक रूप से अध्ययन करने वाले हिंदू विद्वान शायद गिनती के ही हैं। इसलिए उसे लेकर भ्रम फैलाने वालों की गिनती ज्यादा होने के कारण एवं साथ ही उनके धन संपन्न ढांचे की मदद से - तीसरी दुनिया के देशों में ईसाईयत को निर्यात कर पाना बहुत ही सरल है।

जहां तक सर्व धर्म समभाव के प्रवक्ताओं का सवाल है, उन्होंने स्वतंत्र भारत में हिंदू समाज में यह भ्रांति फैलाने में सफलता हासिल की है - कि इस तरह का व्यवहार प्राचीन समय से ही हिंदू समाज में मान्य रहा है, जिसकी पुष्टि सभी हिंदू वैचारिक प्रणालियां करती हैं ।

हकीकत तो यह है कि यह बातें सच्चाई से कोसों दूर है। आज तक के किसी भी हिंदू शास्त्र में उस तरह के सर्वधर्म समभाव की बात नहीं कही गई है। महात्मा गांधी अपनी निजी मान्यताओं के बावजूद शायद पहले व्यक्ति थे जिन्होंने इस सर्वधर्म समभाव की बात को हिंदू समाज में प्रचलित किया और सभी से उसके पालन करने की उम्मीद जताई, ऐसा कुछ लोगों का मानना है।

हिंदू धर्म के प्रारंभिक इतिहास में हमें "सर्व दर्शन संग्रह" आदि अभिव्यक्तियां अवश्य मिलती हैं - जिसका तात्पर्य केवल इतना ही था कि सारी वैचारिक प्रणालियों का संग्रह। इसमें हमें यह बिल्कुल नहीं दिखता कि सारे वैचारिक घराने एक ही बात कहते हैं; या फिर यह कि इन सभी को मान्यता दी जानी चाहिए। उसमें हमें सिर्फ अनेकानेक दृष्टिकोणों की प्रस्तुति मिलती है, जिनकी अंत में उस संग्रह को संकलित करने वाले विद्वान समुचित आलोचना प्रस्तुत करते हैं। इसके अतिरिक्त हमारे यहां वैदिक काल से ही शास्त्रार्थ करने की परंपरा रही है, और बाद के काल में सनातन धर्म के विभिन्न स्कूलों में अच्छा खासा वाद विवाद होने का प्रचलन था -उदाहरण के लिए दर्शन के छह सिद्धांत, प्रणालियां जिन पर बौद्ध, जैन, वेदांत, शैव मत, शक्ति व वैष्णव मत आधारित है। इनमें से हर एक समूह ने अपने अपने मत से संबंधित खूब साहित्य तैयार किया, जिसमें अपना समर्थन करते हुए दूसरों को उन्होंने ध्वस्त करने का प्रयास किया।

इसी क्रम में हमें यह भी पता चलता है कि हर एक समूह में भी अलग-अलग संप्रदाय खड़े हुए कालांतर में, जिनमें आपस में ही विवाद करने की परंपरा थी । कई बार तो वाद-विवाद की भाषा भी बहुत परिष्कृत नहीं होती थी (बल्कि कहीं कहीं उग्र भी हो जाती थी) और शास्त्रार्थ भी लिखित रूप से नहीं किया जाता था, बल्कि राज दरबारों में होता था या फिर विद्वत सभाओं में। किंतु यह सत्य तो उभर कर आता ही है कि विवाद की स्थिति में या भाषा

परिषकृत न होने पर भी, इनमें से कोई भी मर्यादा का उलंघन नहीं करता था, या फिर किसी के सर फोड़ने की नौबत तो नहीं आती थी । भारत के हिंदू समाज में शास्त्रार्थ की लंबी परंपरा का अवलोकन करने से यह भान तो कहीं भी नहीं मिलता कि किसी भी विचार समूह ने अथवा संप्रदाय ने अथवा मत ने, अपने प्रतिद्वंदी मत के दमन करने की बात उठाई हो, या, अपने समर्थकों को प्रतिद्वंद्वियों के खिलाफ तोड़फोड़, मारपीट पर उतारू हो जाने के लिए उकसाया हो। यह तरीका/तरीके तो काफी बाद में, भारत में इस्लाम के आगमन के बाद ही प्रयोग में आने शुरू हुए।

इस्लाम को तो हिंदू समाज द्वारा एक धर्म के रूप में स्वीकार किए जाने की बात कभी भी मान्य नहीं हुई। यह बातें तो चौदहवीं शताब्दी में "भक्ति और संतमत" (जिन के प्रणेता कबीर दास जी थे) के निर्गुण समूह द्वारा, उस समय प्रचारित की जाने लगी जब इस्लाम को एक उपासना पद्धति के रूप में मान्यता देते हुए, उसे हिंदू धर्म के समकक्ष खड़ा कर दिया गया और यह फैलाया जाने लगा कि राम - रहीम, वेद और किताब (यानी कुरान) काशी और काबा, पंडित और मुल्ला, मंदिर के घंटे और आजान, आदि सभी बराबर है । दोनों मतों "हिंदू, इस्लाम" को एक ही ढंग से दिखाने व समझाने का यह काम और इसमें से बहुत कुछ तो उन्ही निर्गुण शाखा के अनुयायियों द्वारा किया गया था, क्योंकि वह हिंदुत्व व इस्लाम में प्रचलित कई धार्मिक कृत्य/अनुष्ठानों की खिल्ली उड़ाते हुए, शायद यह फैलाने में रुचि रखते थे कि वास्तविक 'आध्यात्मिक रहस्य' तो केवल सतगुरु को ही ज्ञात है, अन्य किसी को ज्ञात हो ही नहीं सकता। अर्थात कबीर ही वास्तविक गुरु का दर्जा पाने योग्य है, अन्य कोई नहीं ।

इस "संतमत" ने आगे चलकर कई सद्‌गुरुओ को जन्म दिया और उत्तरी भारत में इसकी अनेकानेक शाखाएं फूट पड़ी (किंतु इनकी शाखाओं में से कोई भी यद्यपि दक्षिण भारत में नहीं जानी गई) यहां तक कि उत्तर भारत में भी यह कुछ निम्न तबके की जातियों तक ही सीमित रही, जिनके बीच पौराणिक विद्या अथवा जन श्रुतियां "संतमत" के आने के बहुत पहले से ही प्रचलित थीं। भक्ति आंदोलन की मुख्यधारा ने, जो कि हिंदुओं और खासतौर पर निम्न जातियों के बीच काफी लोकप्रिय थी, हमेशा ही संतमत को बहुत ही ऊंचा दर्जा कभी नहीं दिया, और वे प्रमुख रूप में हिंदू तौर-तरीकों से ही प्रभावित रहे (केवल कुछ विचित्र बातों के अलावा जैसे उनका एक मतवाद पर जोर देना या फिर गुरुवार की बात का समर्थन या फिर अपनी ब्राह्मण विरोधी मान्यताओं में)।

अतः सर्वधर्म समभाव का वर्तमान में प्रचलित सिद्धांत संतमत की परंपरा से नहीं जोड़

कर देखा जा सकता। क्योंकि संतमत में भी हमें देखने को मिलता है कुछ और -सारे धर्मों/मतों के प्रति बराबर की श्रद्धा व भाव की बात नहीं, बल्कि हिंदू एवं इस्लाम के सारे अनुष्ठानों व उनकी संस्थाओं के प्रति एक उपहास का भाव।

    यह तो हम आधुनिक काल में आकर ही "ब्रह्म समाज" के उदय के साथ पहली बार "सर्वधर्म सम्भाव" की बातें भारत में उभरती पाते हैं। राजा राममोहन राय (ब्रह्म समाज के प्रणेता) इस्लामिक एकेश्वरवाद के समर्थक बन गए और आगे चलकर जीसस क्राइस्ट के प्रशंसक बने। उन्होंने उपनिषदों में जिस "एक ब्रह्म" (मोनिज्म) होने की बात कही है - उसे इस्लाम एवं ईसाईयत द्वारा कही गई "एकपंथवाद" के समकक्ष लाकर खड़ा कर दिया, और इस प्रकार से भयंकर घालमेल कर डाला तथ्यों का (यद्यपि मोटे तौर पर वे एक हिंदू ही बने रहे जिन्होंने इस्लाम व ईसाईयत के कारनामों की यदा-कदा आलोचना भी की)। इसी तरह केशव चंद्र सेन भी पूरी तरह से "सर्वधर्म समभाव" के समर्थक नहीं हुए, बल्कि अपने को एक नए पंथ "नव विधान" का प्रणेता मानने लगे, जिसमें सारे मतों, मजहबों, धर्मों को एक ही तराजू में लाकर रख दिया गया। किंतु हां "ब्रह्म समाज" बंगाल के एक छोटे से समूह तक ही सीमित रहा और उसकी एक अलग हुई शाखा "आदि ब्रह्म समाज" पुनः हिंदू धर्म में जा मिली। यह रवीन्द्र नाथ टैगोर की कविताओं व कृतियों से स्पष्ट हो जाता है।

    किंतु फिर भी जिस अलख को केशव चंद्र सेन ने जलाया था, व्यर्थ में नहीं जाया हुई। उसको श्री रामकृष्ण के पहले शिष्य के द्वारा आगे बढ़ाया गया जिन्होंने रामकृष्ण मिशन के कार्य का श्रीरामकृष्ण की मृत्यु के बाद, नेतृत्व किया। श्रीरामकृष्ण के अधिकांश शिष्य जिन्होंने उनकी गोस्पेल एवं आत्मकथा को तैयार किया था, केशव चंद्र सेन के अनुयायियों में से ही आए थे। उन्हें सिंथेसिस अथवा संश्लेषण की इस बात को स्वीकार करने में बहुत कम समय ही लगा जिसका प्रचार केशव चंद्र सेन ने किया था। बस फर्क केवल इतना था कि केशव चंद्र सेन की जगह वे श्री रामकृष्ण को अपने गुरु के रूप में देखते थे, जिन्होंने उनके अनुसार विश्व के अलग-अलग धर्मों (यहां तक कि इस्लाम व ईसाईयत) का भी साक्षात दर्शन करते हुए, सभी में एक ही सच्चाई पाई थी और अपने व्यक्तित्व में उन सभी का रूप एक करके दिखाया। ऐसी स्थिति में यह मान लिया गया कि श्रीरामकृष्ण ने एक नए धर्म का प्रवर्तन किया है "रामकृष्ण वाद" - जो ज्यादा परिपक्व है। किंतु यहां भी इस वास्तविकता को मानने से इनकार नहीं किया जा सकता, कि अपने व्यावहारिक स्वरूप में इसने भी "सर्वधर्म समभाव" को नहीं दिखाया बल्कि इसका झुकाव एवं अभिव्यक्ति, ईसाई सोच समझ के ज्यादा करीब दिखती है।

तत्पश्चात "थियोसोफी" भारत में आई सर्वधर्म समभाव के एक अन्य अभिव्यक्ति के रूप में। जिसने इस बात का प्रचार प्रारंभ किया कि विश्व के सारे धर्म उस "आदि धर्म" की विकृतियां हैं - जिन्हें प्राचीन महात्माओं ने जाना था, जो एक लंबे समय तक लुप्त रहे। किंतु जहां तक वर्तमान में चल रहे धर्म की बात है, थियोसोफी ने भी यह बात कभी नहीं स्वीकार की है कि वे सब एक ही धरातल पर रखकर देखे व समझे जाने चाहिए। बल्कि सच्चाई तो यह है कि शुरू के थियो-सोफिस्ट्स (जो दक्षिण भारत से आए थे), उन्होंने तो हिंदू धर्म के प्रति अपनी श्रद्धा जाहिर की और ईसाईयत में व्याप्त अनेक गण चिन्ह आदि झूठे दावों के खोखलेपन को भी प्रदर्शित किया । कालांतर में श्रीमती एनी बेसेंट ने हिंदू कॉलेज की वाराणसी में स्थापना भी की, और गांधीजी से उनके हमेशा मतभेद रहे इस्लाम को लेकर। एकमात्र ऐसे थियोसॉफिस्ट जो सच में सर्वधर्म समभाव की पैरवी में लगे रहे, वह उस क्षेत्र से आए थे, जो उत्तर भारत में इस्लाम का गढ़ है - उत्तर प्रदेश; और इनका नाम था डॉक्टर भगवान दास। जिस किसी ने भी भगवान दास की पुस्तक "एसेंशियल यूनिटी ऑफ ऑल रिलीजस" को पढा है, वह बड़ी ही आसानी से यह देख सकता है कि उन्होंने किस तरह से बेमेल, बेजोड वाक्यों को एक स्थान पर जुटाकर उन्हें उनके संदर्भ से काटते हुए केवल उनके शाब्दिक अर्थ में प्रस्तुत करने की कोशिश की है । बजाय इसके कि यह अन्य सभी धर्मों के मूल बातों को पढ़ते एवं सम झते, इन्होंने अपने विचारों व पूर्वाग्रहों को उन सभी पर थोपते हुए अध कचरी बातों को प्रस्तुत कर दिया है।

अतः अब हमारे समक्ष एकमात्र व्यक्ति जो सर्व धर्म समभाव के पहले व सच्चे पैगंबर के रूप में आते हैं - वह है महात्मा गांधी। यद्यपि इनके *कलेक्टेड वर्क्स* को पढ़ने से यह बिल्कुल स्पष्ट हो जाता है कि गांधीजी हिंदू धर्म के अनुयाई होते हुए उसमें होने का गौरव अनुभव करते थे; हिंदू धर्म की सांस्कृतिक विरासत को, संस्कृत भाषा, मूर्ति पूजन, संस्कार, गौ माता की पूजा, वर्णाश्रम धर्म, आदि के प्रति असीम श्रद्धा रखते थे; स्थान-स्थान पर इनके द्वारा कही गई बातों से हिंदू धर्म के प्रति इनकी समझ बहुत गहरी दिखती है, और गीता को यह समस्त शास्त्रों में वरीयता प्रदान करते हैं- किंतु उपरोक्त सभी के बावजूद इस बात में भी शंका नहीं रह जाती कि यह जीसस क्राइस्ट के महान प्रशंसक हैं और इस हद तक, कि, उनके द्वारा कही गई बातों या किए गए कृत्यों को उनकी पूर्णता में न देखते हुए, उसे केवल एक ही बात "सर्मन ऑन द माउंट" से जोड़कर देखते हैं (हालांकि ईसाई के द्वारा किए गए दुष्कृत्यों की तरफ गांधीजी इशारा करते हुए उन्हें साम्राज्यवाद फैलाने का माध्यम भी मानते हैं)। किंतु इस्लाम के साथ हुई अपनी आकस्मिक मुठभेड़ में हम अवश्य गांधीजी को गलतियां दोहराते हुए देख सकते हैं। सर्वप्रथम

दक्षिण अफ्रीका में जब उन्होंने वाशिंगटन इरविन द्वारा रचित "लाइफ ऑफ मोहम्मद" का गुजराती अनुवाद करना शुरू किया, और उसे अपनी साप्ताहिकी में छापना शुरू किया, तब मुसलमानों ने वहां अपना आक्रोश जताते हुए उनको सीरीज को तत्काल रोक देने का इशारा किया। गांधीजी ने बिना कोई विरोध दर्ज किए, उनके समक्ष नतमस्तक होने का इरादा बना लिया। इसी प्रकार परमानंद भाई के दक्षिण अफ्रीका दौरे के दौरान वहां के हिंदू समाज से गांधी जी ने उनके आव भगत में कोई कसर न छोड़ने का आग्रह किया - किंतु जैसे ही श्री परमानंद भाई ने इस्लाम के बारे में कुछ सच्चाईयों को बोलना शुरू किया, तो गांधीजी ने तुरंत पीठ दिखाते हुए वहां के हिंदुओं से भी उनसे अलग हट जाने की बात कह डाली। ना जाने और कितने ऐसे अवसर आए जब गांधी जी को वहां के मुस्लिम समुदाय ने कदम कदम पर दबाने की कोशिश की, लेकिन कहीं भी गांधी ने उसका विरोध करने की कोशिश नहीं की। इस आत्मसमर्पण का चरमोत्कर्ष तो हमें देखने को मिलता है उस समय - जब उन्होंने भारत के स्वतंत्रता संग्राम में 'खिलाफत' के मुद्दे को 'असहयोग आंदोलन' का एक हिस्सा बना लिया और मुल्लाओं के साथ कांग्रेस द्वारा छेड़े गए राष्ट्रीय आंदोलन को जोड़ दिया । जिसका फल कालांतर में यह हुआ कि जैसे ही खिलाफत का मुद्दा राष्ट्रीय एजेंडा से हटा वैश्विक परिस्थितियों के कारण, और गांधीजी ने "चौरी चौरा" कांड के कारण असहयोग आंदोलन को रोक दिया - मुल्लाओं ने उनपर धोखाधड़ी का आरोप लगाते हुए, उन्हें भला बुरा कहने में कोई कसर नहीं छोड़ी । इतनी झूटी आलोचना को झेलने के बाद भी, गांधी जी द्वारा प्रतिकार करने की बात तो दूर - हम पाते हैं कि मालाबार के मुस्लिम मोपलाओं द्वारा वहां की हिंदू जनता के ऊपर कहर ढाने वाली बात सुनते ही गांधीजी का सोचना था कि बेचारे मोपला अपने धर्म के पक्के अनुयाई ही तो है"।[14] उन्होंने ब्रिटिश सरकार की मोपला के विद्रोह को दबाने के लिए आलोचना भी की थी।

गांधीजी के व्यवहार में कुछ बातें अवश्य ही अजीब सी लगती है। जिस समय उन्हें यह बताया गया कि हिंदुस्तान के मुसलमान अफगानिस्तान के अमीर को भारत पर हमला करने का न्योता दे रहे हैं, उनका जवाब था "यही तो उनका धर्म उन्हें सिखाता है।"[15] ना तो उन्हें इस्लाम में कोई बुराई दिखती थी, और न हीं मुसलमान बंधुओं के व्यवहार में कोई गलती। बड़े आश्चर्य की बात यह है कि जहां एक ओर इस्लाम और मुसलमानों की तरफ गांधी का यह रवैया था, वहीं दूसरी ओर आर्य समाज के कार्यों खासतौर पर "शुद्धि आंदोलन" जिसकी शुरुआत स्वामी श्रद्धानंद ने की थी (हजरत निजामी की हिंदुओं के धर्मांतरण की योजना के खिलाफ, जिसके

द्वारा वह निम्न जाति के हिंदुओं को मुसलमान बनाने की कोशिश कर रहे थे) आदि के कटु आलोचक हो गए।[16] इसी प्रकार से और न जाने कितनी बातें हैं - जो गांधीजी के लिए इस विशेष संदर्भ में कही जा सकती हैं। पर कष्ट का विषय यह है किस तरह से पूरे हिंदू समाज को अपने "सर्वधर्म समभाव" के रथ में जोत कर, उन्होंने एक ऐसे पंगु समाज की नींव डाली - जिसके लिए मित्र का शत्रु में विवेक करना कोई भी आवश्यक शर्त अथवा गुण नहीं था।

उनका यह दावा तो रहा कि उन्होंने सभी धर्मों का गहन अध्ययन किया था, और सभी को कहीं ना कहीं गलत पाया है। इस आधार पर उन्होंने हिंदू समाज एवं धर्म की कुरीतियों को तो उजागर किया है, इ साईयत पर भी यदा - कदा कटाक्ष किया । किंतु उनके द्वारा किए गए इतने भारी भरकम लेखन में कहीं भी उन्होंने इस्लाम की कमियों की तरफ संकेत करना उचित नहीं समझा । ठीक इसके विपरीत, यहां वहां से उसकी कुछ पसंदीदा बातों को उठाते हुए, उन्हें दोहराते हुए इस प्रकार से पेश किया कि लगता है - सारा इस्लाम उन्ही बातों पर टिका हो। यह वहीं काम है, जो डॉक्टर भगवान दास ने भी किया। सारे धर्मों के प्रवक्ता बनने के जुनून ने, इन लोगों के लिए धर्म - अधर्म की बुनियादी समझ व इसके लिए एक उचित मापदंड को समाज तक पहुंचाने की कवायद करने जैसा काम, अर्थहीन बना दिए।

यहां पर समझना है कि गांधीजी ने इस्लाम के प्रति ऐसा आत्मसमर्पण का रवैया क्यों इखतियार किया? किंतु इससे भी अधिक अहम एक और प्रश्न है, जिसका उत्तर ढूंढना है। हिंदू समाज बनाम गांधीजी। दूसरे शब्दों में हिंदुओं ने उन लोगों की चेतावनी को गांधीजी के संदर्भ में क्यों नजरअंदाज किया, जो लगातार घटनाओं को बहुत साफ देख व समझ रहे थे - जैसे श्री अरविंद, स्वामी श्रद्धानंद, वीर सावरकर, भाई परमानंद, के.बी. हेडगेवार, एम.एस. गोलवलकर, आदि। उन्हें "महात्मा" की उपाधि देना - जबकि उन्होंने हिंदू समाज के लाभ का ख्याल किए बिना कितना कुछ लेन देन में खो दिया है; जबकि वे अक्सर कहते थे कि वह सिर्फ हिंदू समाज के ही नेता नहीं है। और इस तरह की न जाने कितनी और बातें।[17] हकीकत तो यह है कि यह जिम्मेदारी पूरे हिंदू समाज की है उस मानसिकता पर विजय पाए, जिसके फलस्वरूप महात्मा गांधी जैसा वीर योद्धा भी अत्याचार -अनाचार के खिलाफ छेड़ी जंग में, घुटने टेकने की मुद्रा में आ गए।

संदर्भ:

1. सम्पूर्ण गांधी वांग्मय, 41/177-8, प्रकाशन विभाग, सूचना और प्रसारण मंत्रालय, भारत सरकार
2. वांग्मय, 40/144
3. वही
4. अपनी आत्मकथा ("द स्टोरी ऑफ माय एक्सपेरिमेंट विथ ट्रुथ", नवजीवन, अहमदाबाद) में गांधी जी ने बताया है कि कैसे बचपन से ही जब वे अपने पिता के घर सभी तरह के धर्माचार्य की चर्चाएं ध्यान से सुनते थे,तभी तो उनके हृदय में सभी आस्थाओं के प्रति सहिष्णुता का भाव आया, केवल ईसाईयत को छोड़कर (पृष्ठ 28- 29) - क्योंकि उन दिनों ईसाई मिशनरियों के लोग किसी भी स्थान विशेष पर खड़े हो जाते थे और हिंदू देवी-देवताओं पर गालियों की बौछार करते थे। इससे उन्हें अपने पन्थ को थोपने में आसानी होती थी। किंतु वे बोलते हैं कि "मैं यह सब सह नहीं सका"। आगे वे बताते हैं, कि, "उन्हीं दिनों मैंने सुना कि एक मशहूर हिंदू सज्जन अपना धरम बदलकर ईसाई बन गए हैं। शहर में चर्चा थी कि बपतिस्मा लेते समय उन्हें गोमांस खाना पड़ा और शराब पीनी पड़ी। अपनी वेशभूषा भी बदलनी पड़ी तथा तब से वे हैट लगाने और यूरोपिय वेशभूषा धारण करने लगे। मैंने सोचा, जो धर्म किसी को गोमांस खाने, शराब पीने और पहनावा बदलने को विवश करें वह तो धर्म कहे जाने योग्य नहीं है। मैंने यह भी सुना कि नया 'कन्वर्ट' अपने पूर्वजों के धर्म को उनके रहन-सहन को तथा उनके देश को गालियां देने लगा है। इस सब से मुझ में ईसाइयत के प्रति नापसंदगी पैदा हो गई" । यह तो स्पष्ट हो जाता है गांधी जी के विचारों से कि ईसाई मिशनरियों के द्वारा किए जा रहे प्रचार, व धर्मांतरण के इरादे से लगातार झूठ, छल, घृणा, दुष्टता एवं विद्वेष का सहारा लेना, उनके मन में तिरस्कार जगाता था। यद्यपि, अपने श्रेष्ठ संस्कारों के कारण और बौद्धिक रूप से पूरे बात का विश्लेषण कर, वे मिशनारियो के द्वारा किए जा रहे पापों के कारण "ईसाईयत" से द्वेष पालने वालों में से नहीं थे। अतः इंग्लैंड में अपने प्रवास के दौरान, उन्होंने बहुत से इसाई सज्जनों से मैत्री भी रखी । और यही नहीं, बल्कि उन्होंने

बाइबिल आदि को भी समझने की कोशिश की। उनके शब्दों में "मैंने जेनेसिस पड़ा, किंतु बाद के अध्यायों ने तो मुझे बरबस सुला दिया। किंतु मात्र यह कह सकने के लिए कि उसे पढा है, मैंने बमुश्किल अन्य अध्यायों पर एक नजर डाली, बिना कुछ समझे या रस लिए। *दि बुक ऑफ नंबर्स* तो मुझे बिल्कुल पसंद नहीं आई । हां, 'न्यू टेस्टामेंट' के 'सरमन ऑन दि माउंट' (गिरि प्रवचन) का मुझ पर कुछ भिन्न प्रभाव पड़ा। वह मुझे भा गया। उसमें कहीं-कहीं "गीता से समानता सी नजर आई।"

5. गांधी जी ने अपने स्वयं का उदाहरण दिया है। दक्षिण अफ्रीका में अपने प्रवास के दौरान जब कुछ अंग्रेजो ने गांधीजी को इसाई बनाने की पेशकश की, तब उन्होंने सोचा कि पहले अपने धर्म को समझना ज्यादा आवश्यक है, तब सोचा जाए कि उसे छोड़े अथवा नहीं। उसी सिलसिले में उन्होंने वहां ईसाईयों की प्रार्थना सभाएं व उनमें प्रस्तुत होना शुरू किया जिसमें कई लोगों से उन्हें मिलाया गया। इसी संदर्भ में कोट्स का भी नाम आता है, जिन्होंने गांधी को पढ़ने के लिए कई किताबें दी, और वे उन्हें पढ़ भी गए। अपनी 'आत्मकथा' में उन्होंने उन किताबों के नाम गिनाए हैं और फिर वे लिखते हैं, "यह तर्क कि जीसस ही ईश्वर का एकमात्र अवतार या ईश्वर और मनुष्य के बीच में एकमात्र मध्यस्था करने वाला है, मुझे तनिक भी प्रभावित नहीं कर सका। किन्तु कोट्स महोदय इस बात से भी हार मानने वाले नहीं थे, अतः वे अब गांधी जी की 'तुलसी की माला' के पीछे पड़ गए जो उन्हें उनकी माताजी ने दी थी सदैव अपने साथ रखने के लिए। "क्या तुम इस में आस्था रखते हो ?" उन्होंने पूछा गांधी जी से। वे लिखते हैं "कोट्स को मेरे धर्म के प्रति कोई आदर भाव न था वह मुझे जहालत के उस रसातल से उबारना चाहता था ... वह मुझे, यह मानने को राजी करना चाहता था कि दूसरे धर्मों में थोड़ा बहुत सत्य शायद हो तो भी सत्य की वास्तविक प्रतिनिधि तो ईसाइयत ही है। उसे अपनाऊँ तभी मेरा उद्धार (सेलिब्रेशन) है। केवल यीशु की मध्यस्ता से ही मेरे पाप दूर हो सकेंगे, और किसी भी भांति नहीं। यीशु की शरण में आए बिना और ईसाई बने बिना चाहे जितने अच्छे सदाचार पूर्ण कार्य करो, सब व्यर्थ है"। इसी तरह के न जाने

और कितने वाकये गांधीजी ने अपनी आत्मकथा में लिखे हैं। (संपूर्ण गांधी वांग्मय के खंड 61 क्रमांक 646, पृष्ठ 490 - 99) में।

6. वांग्मय, 54/259
7. वही, 3/223
8. वही, 52/4
9. वही
10. वांग्मय, 28/420

    *श्री सितारामजी गोयल द्वारा लिखित *फ्रीडम ऑफ एक्स्प्रेश्न*, दिल्ली, 1985 पर आधारित।

11. एस गोपाल, (संकलित) सिलेक्टेड वर्क्स ओफ़ जवाहर लाल नेहरू, सेकंड सीरीज, जिल्द 18, न्यू दिल्ली, 1996, पृष्ट 661
12. पण्डित जवाहर लाल नेहरू के द्वारा किए गए लेखन में मुसलमानों एवम् वामपंथियों के प्रति उनका विशेष स्नेह स्पष्ट झलकता है। उदाहरस्वरूप उनकी पुस्तकें जैसे डिसकवरी आफ इंडिया; गलिंप्सिस ऑफ वर्ल्ड हिस्ट्री आदि।
13. कुरान, 109.6 व 2.256
14. 'हिंदू और मोपला', यंग इंडिया, 26.1.1922। संपूर्ण गांधी वांग्मय, 22 दिसंबर, 1921, मार्च 1922, प्रकाशन विभाग, भारत सरकार। पृष्ठ 282-286
15. संपूर्ण गांधी वांग्मय, पूर्व उद्धृत
16. वही
17. महात्मा गांधी को हम प्रथम व सच्चा अनुयाई मान सकते हैं सर्वधर्म समभाव का। उनके संपूर्ण वांग्मय को पढ़ने से इस बात पर कोई शंका नहीं रह जाती कि वह अपने हिंदू होने पर भरपूर गौरव महसूस करते थे। इसी के साथ, यह कि, वे हिंदू धर्म, हिंदू सांस्कृतिक विरासत, संस्कृत भाषा व साहित्य, मूर्ति पूजा, जनेऊ,गौ माता की पूजा व

आदर, वर्णाश्रम धर्म आदि सभी पर गर्व महसूस करते थे। हिंदू धर्म की उनकी समझ एवं उसमें निहित गंभीरता में भी हमें कोई शंका नहीं दिखती। उनका यह स्पष्ट मत है कि दूसरे रिलीजस में जो कुछ भी महत्व का देखने को मिलता है, वह सभी हिंदू धर्म में, सन्निहित है, एवं जिस पक्ष को हमारे धर्म मे स्थान नहीं दिया गया है वह हिंदू दृष्टि से कोई महत्व रखते ही नहीं। वे गीता को समस्त धर्म ग्रंथों में सबसे ऊपर रखते हैं। यद्यपि जीसस क्राइस्ट के बारे में वे गिरि प्रवचन के कारण कुछ भिन्न दृष्टि अवश्य रखते हैं, पर यह बिल्कुल स्पष्ट दिखता है कि वे ईसाई मिशनरियों के कारनामों को विश बेल से कम नहीं आंकते। किंतु इस्लाम से रूबरू होने पर, हम इन्हीं गांधी को, गंभीर गलतियां करते भी देखते हैं। और इसकी शुरुआत हम दक्षिण अफ्रीका में बिताए उनके समय से ही पाते हैं। कुछ विचारकों एवं विद्वानों का यह भी मानना है गांधीजी के कृत्य, खासतौर पर हिंदू समाज के लिए , बड़े विनाशकारी ही रहे हैं। जब तक कि एक दुखदाई तरीके से उनका अंत नहीं हुआ। (शेष के लिए देखें परिशिष्ट-3)

परिशिष्ट–1
"दूसरों के जज ना बने"

अब कुछ शब्दों में खुद अपनी निष्पक्ष राय भी बता दूं। मैं मानता हूं कि धर्मांतरण का जो स्वीकृत अर्थ है उस अर्थ में मनुष्य को एक धर्म से दूसरे धर्म में दीक्षित किया ही नहीं जा सकता। यह तो बिल्कुल निजी विषय है - संबंधित व्यक्ति और उसके ईश्वर के बीच का विषय। अपने पड़ोसी के धर्म के प्रति मेरा बुरी नियत रखना मुनासिब नहीं होगा, बल्कि मुझे उसका आदर उतना ही करना चाहिए जितना स्वयं अपने धर्म का करता हूं। कारण, मैं मानता हूं, मेरे लिए जितना सच्चा मेरा धर्म है, विश्व के अन्य महान धर्म भी कम से काम अपने अपने अनुयायियों के लिए तो उतने ही सच्चे हैं। मैंने संसार के सभी धर्म ग्रंथ श्रद्धा पूर्वक पढे हैं, इसलिए उन सब की खूबियों को पहचानने में मुझे कोई कठिनाई नहीं होती। जिस प्रकार मैं अपना धर्म खुद बदल ने की कल्पना नहीं कर सकता उसी प्रकार किसी ईसाई या मुसलमान, पारसी या यहूदी से अपना धर्म बदलने को कहने की कभी सोच भी नहीं सकता। मगर इससे जिस प्रकार खुद मेरे सहधर्मियों के दोषों की ओर से मेरी आंखें बंद नहीं हो जाती उसी प्रकार उन धर्मों के अनुयायियों की त्रुटियों की ओर से भी मेरी आंखें बंद नहीं होती। और यह देखते हुए अपने आचरण को अपने श्रद्धा की ऊंचाई तक ले जाने में मेरी पूरी सामर्थ्य की कसौटी हो रही है, दूसरे धर्मावलंबियों के बीच उसका प्रचार करने की कल्पना ही नहीं कर सकता। दूसरे 'दूसरों के जज न बनो', नहीं तो कभी खुद भी इंसाफ के तराजू पर तोले जाओगे - यह एक ऐसा सुनहरा नियम है जिसका आचरण अपने जीवन में हर एक को करना चाहिए। मुझे दिन प्रतिदिन इस बात की अधिकाधिक प्रतीति होती जा रही है कि बड़ी-बड़ी और समृद्ध इसाई धर्म प्रचारक संस्थाएं भारत की सच्ची सेवा तो तभी कर पाएंगी जब वे अपने मन को इस बात पर राजी कर ले कि उन्हें अपनी प्रवृतियां केवल मानव दया से प्रेरित सेवा कार्य तक ही सीमित रखनी हैं और उनके पीछे भारत को या कम से कम भारत के भोले-भाले ग्रामीण लोगों को ईसाई बनाने का उद्देश्य नहीं रखना है, क्योंकि ऐसा कर के तो वे उसके उस सामाजिक ढांचे को ध्वस्त कर देंगे जो अपने तमाम दोशों के बावजूद न जाने कितने युगों से बाहर और अंदर से होने वाले प्रहरों को झेलकर भी आज तक ज्यों का त्यों खड़ा है। यह यानि ईसाई धर्म प्रचारक, और हम चाहे या ना चाहे, हिंदू धर्म में जो कुछ असत्य है, उसे तो एक न एक दिन नष्ट होना ही है। जीवित रहने के लिए प्रत्येक जीवनत धर्म में समय आने पर अपने अंदर नई ताजगी और स्फूर्ति का संचार करने की शक्ति होनी चाहिए"।

"पैसा बांटना मंदिर तोड़वाना यह सब पाप करम है" :

गांधीजी से मई 1935 में एक मिशनरी नर्स ने भेंटवार्ता में पूछा, "क्या आप कन्वर्जन (यानी धर्मांतरण) के लिए मिशनरियो के भारत आगमन पर रोक लगा देना चाहते हैं ?" गांधी जी ने उत्तर दिया "मैं रोक लगाने वाला कौन होता हूं? अगर सत्ता मेरे हाथ में हो और मैं कानून बना सकूं तो मैं धर्मांतरण का यह सारा धंधा ही बंद करा दूं। मिशनरीयों के प्रवेश से उन हिंदू परिवारों में, जहां मिशनरी बैठे हैं, वेशभूषा, रीति रिवाज और खान-पान तक में परिवर्तन हो गया है ... आज भी हिंदू धर्म की निंदा जारी है। इसाई मिशनों की दुकानों में मरडोक की पुस्तकें बिकती है। इन पुस्तकों में शिवाय हिंदू धर्म की निंदा के और कुछ है ही नहीं। अभी कुछ ही दिन हुए, एक ईसाई मिशनरी एक दुर्भिक्ष पीड़ित अंचल में खूब धन लेकर पहुंचा। वहां अकाल पीड़ितों को पैसा बांटा व उन्हें ईसाई बनाया । फिर उनका मंदिर हथिया लिया और उसे तोड़ डाला। यह आत्याचार नहीं तो क्या है? जब उन लोगों ने ईसाई धर्म अपनाया तो तभी उनका मंदिर पर अधिकार समाप्त । वह हक उनका बचा ही नहीं। इसाई मिशनरी का भी मंदिर पर कोई हक नहीं । पर वह मिशनरी वहां पहुंच कर उन्हीं लोगों से वह मंदिर तुड़वाता है, जहां कुछ समय पहले तक वे ही लोग मानते थे कि वहां ईश्वर का वास है।

"लोगों को अच्छा जीवन बिताने का आप लोग न्योता देते हैं। उसका यह अर्थ नहीं कि आप उन्हें ईसाई धर्म में दीक्षित कर ले। अपने बाइबल के धरम वचनों का ऐसा अर्थ अगर आप करते रहे तो इसका मतलब यह है कि आप लोग मानव समाज के उस विशाल अंश को पतित मानते हैं, जो आपकी तरह की ईसाइयत में विश्वास नहीं रखते। यदि ईसा मसीह आज पृथ्वी पर फिर से आ जाएं तो वे उन बहुत सी बातों को निश्चित गलत ठहरा कर रोक देंगे, जो आप लोग आज ईसाइयत के नाम पर कर रहे हैं। 'लॉर्ड लॉर्ड' चिल्लाने से कोई इसाई नहीं हो जाएगा। सच्चा ईसाई वह है जो भगवान की इच्छा के अनुसार आचरण करें। जिस व्यक्ति ने कभी भी ईसा मसीह का नाम नहीं सुना वह भी भगवान की इच्छा के अनुरूप आचरण कर सकता है।" (संपूर्ण गांधी वांग्मय, खंड 48, पृष्ठ 484 से 486 तक)

परिशिष्ट– 2

"हिंदू और मोपला":

यद्यपि मोपला विद्रोह उपद्रव और मुसलमानों के रुख पर सर्व श्री केशव मेनन व अन्य लोगों के पत्र पहले ही समाचार पत्रों में छप चुके हैं, फिर भी अपने नियम के विपरीत मै दोनों पत्रों के महत्व को देखते हुए उन्हें यहां फिर से प्रकाशित कर रहा हूं। 'यंग इंडिया' के पृष्ठों में उनका प्रकाशन हिंदुओं के दिलों में मोपला के पागलपन से जो घाव हो गए हैं, उन पर शायद मरहम का कुछ काम करें। पत्र लेखकों को अपनी दमित भावनाएं व्यक्त करने का अधिकार था। मौलाना हसरत मोहानी हम लोगों में बड़े जीवट के आदमी हैं। वे प्रबल और दृढ़ व्यक्ति हैं। स्पष्ट वादी तो वे इतने हैं कि यह गुण उनका दोष सा बन गया है।

1. यहां नहीं दिए जा रहे हैं । उनके कुछ अंश इस प्रकार हैं: मोपलों के बारे में अहमदाबाद में खिलाफत सम्मेलन द्वारा पास किए गए प्रस्ताव, और कलकत्ते के सर्वेंट के 20 दिसंबर के अंक में प्रकाशित मौलाना अब्दुल बारी के तार को देखते हुए मानना पड़ता है कि मालाबार से बाहर मुसलमानों को ही नहीं बल्कि हिंदुओं को भी शायद ठीक-ठीक मालूम नहीं है कि मुसीबत के मारे उस जिले में क्या कुछ हुआ ... आशा तो यही की जाती थी कि मोपलों की बर्बरता के शिकार हुए हिंदुओं के प्रति सहानुभूति प्रकट करने के लिए हमारे मुसलमान भाई दो शब्द अवश्य कहेंगे ... किंतु खिलाफत सम्मेलन में जहां धर्म की खातिर अपने प्राणों की बलि देने के लिए मोपलों को बधाई दी है, वहां हिंदुओं के साथ उन्होंने जो बर्बरता की उसकी निंदा में उससे दो शब्द कहते नहीं बने ... सच सत्याग्रही के सामने स्पष्ट शब्दों में सच्ची बात कह देने के अलावा और कोई उपाय नहीं है... सत्य, हिंदू मुस्लिम एकता या स्वराज्य से कहीं अधिक महत्वपूर्ण चीज है... और दुर्भाग्य से यह एक निर्विवाद सत्य है कि मोप्लों ने हिंदुओं के साथ बर्बरता पूर्ण व्यवहार किया है... यह सच है कि कुछ प्रमुख मुसलमान नेताओं ने मोंपलों की बर्बरता की निंदा की है... किंतु आम मुसलमान समुदाय ने अपने सहधर्मियों द्वारा मालाबार में किए गए अन्यायों के निराकरण के लिए क्या किया है?"

"मौलाना मोहनी के अनुसार मोपलों द्वारा हिंदुओं का लूटा जाना ठीक था। वे कहते हैं कि मोपलों और सरकार के बीच युद्ध की स्थिति थी, और इसलिए लूटपाट करना अवैध नहीं था... मौलाना साहब को शायद नहीं मालूम कि उस समय मोपलों का ऐसा कोई प्रतिपक्षी ही नहीं था जो हिंदुओं के पक्ष से उनका मुकाबला करता, कि जिसे हिंदू लोग सहायतार्थ बुला सकते

थे। हिंदुओं पर उन्होंने मनमाने ढंग से एकाएक धावा बोल दिया । किसी उत्तेजना का कोई कारण भी प्रस्तुत नहीं किया गया था ... मोपलों की दूसरी बर्बरताओ का औचित्य ठहराते हुए मौलाना साहब कहते हैं कि वह सब तो उन्होंने मुख्यतया बदला लेने के लिए ही किया, क्योंकि उन्हें संदेह था कि फौज को हिंदुओं ने ही बुलाया है या यह कि वे फौज की मदद कर रहे हैं ... क्या मौलाना को महसूस नहीं होता कि उनके मुंह में ऐसी बातें निकलने का परिणाम कितना घातक हो सकता है?" ब्रिटिश सरकार के प्रति तथा सामान्य रूप से शायद समग्र अंग्रेज जाति के प्रति उनके हृदय में घृणा के जो भाव भरे हैं, उनके कारण उन्हें मोपलों के आचरण में कोई दोष दिखाई नहीं देता। मौलाना साहब के ख्याल से युद्ध और प्रेम में जो कुछ होता है, उचित ही होता है। उनका पक्का विश्वास है कि मोपलों ने धर्म के लिए ही संग्राम किया है । इसलिए (उनके विचार से) मोपलों के ऊपर किसी प्रकार का दोषारोपण नहीं किया जा सकता। यह तो निसंदेह धर्म और नैतिकता का उपहास है। लेकिन मौलाना हसरत मोहनी का धर्म सिद्धांत धर्म के लिए अधर्म - आचरण की भी छूट देता है। जहां तक मैं जानता हूं, इस्लाम में ऐसा कुछ नहीं है जिसके आधार पर मौलाना साहब की मान्यता को उचित माना जाए । इस संबंध में मैंने अनेक सुविज्ञ मुसलमानों से बात भी की है। यह भी मौलाना साहब के दृष्टिकोण से सहमत नहीं है।

मैं अपने मालाबार के साथियों से यही कहूंगा कि वे मौलाना की बात का बुरा ना माने। यद्यपि धर्म के बारे में उनका मत ऐसा अपरिष्कृत मत है, तथापि मैं जानता हूं कि हिंदू मुस्लिम एकता और राष्ट्रीयता का उन से बढ़कर कट्टर समर्थक दूसरा नहीं है। उनका हृदय उनकी बुद्धि से बढ़ चढ़कर है, और मेरी नम्र सम्मति में उनकी बुद्धि कुछ भ्रमित हो गई है।

मालाबारी मित्रों की यह धारणा गलत है कि भारत के आम मुस्लिम समाज ने मोपलों के अपराधों की निंदा नहीं की है या किसी भी तरह से उनका समर्थन किया है। इस्लाम का आदेश है कि औरतों, बच्चों, और बूढ़ों को युद्ध काल में भी मत सताओ। इस्लाम कुछ बहुत सुनिश्चित अवस्थाओं में ही जिहाद को उचित बताता है । इस्लाम के नियम की जहां तक मुझे जानकारी है, उनके अनुसार तो मैं यही कह सकता हूं कि इस तरह अपनी मर्जी से मोपलों को जिहाद की घोषणा करने का कोई अधिकार नहीं था । मौलाना अब्दुल बारी ने मोपलों के अत्याचारों की कड़ी निंदा की है।

पर यदि मुसलमान अत्याचारों की निंदा न भी करें तो क्या? हिंदू मुस्लिम मैत्री कोई सौदेबाजी की चीज नहीं है। मैंत्री शब्द ही ऐसा है जिसमें इस तरह की किसी चीज के लिए गुंजाइश नहीं है। यदि हम लोगों में राष्ट्रीय वृत्ति आई है तो मानना पड़ेगा कि मोपले भी हिंदुओं की ही तरह हर मायने में हमारे देश भाई हैं । हिंदुओं को मोपलों की कट्टरता का हिंदुओं की

अपनी कट्टरता से ज्यादा विचार नहीं करना चाहिए। यदि मालाबार में मोपलों के बजाय आज हिंदुओं ने हिंदुओं को लूटा होता तो किसके खिलाफ शिकायत की जाती? इस तरह की घटनाओं के प्रतिकार को ढूंढ निकालने की जिम्मेदारी जितनी मुसलमानों पर है उतनी ही जिम्मेदारी हिंदुओं पर भी है । यदि कोई मुसलमान हिंदू के ऊपर या हिंदू मुसलमान के ऊपर अत्याचार करता है तो वह अत्याचार एक भारतीय द्वारा दूसरे भारतीय पर समझना चाहिए और उसकी जिम्मेदारी हम सबको ओढ़नी चाहिए तथा उस बुराई को दूर करने के लिए यत्न करना चाहिए। एकता का इसके सिवाय और कुछ मतलब नहीं है। जिस राष्ट्रीयता में कम से कम यह भाव नहीं व राष्ट्रीयता किसी काम की नहीं। राष्ट्रीयता संप्रदायिकता से बड़ी चीज है। इस मायने में हम लोग पहले भारतीय हैं और पीछे हिंदू, मुसलमान, पारसी और इसाई हैं।

इसलिए मोपलों के अत्याचारों के विषय में मौलाना हसरत मोहानी का जो रुख है, उसके लिए खेद प्रकट करते हुए भी हमें समस्त मुसलमानों के ऊपर दोषारोपण नहीं करना चाहिए और ना मौलाना को मुसलमान के रूप में कोई दोष देना चाहिए । हमें यह भाव रखकर दुख प्रकट करना चाहिए कि हमारा एक हिंदुस्तानी भाई यह नहीं देखता कि हमारे दूसरे हिंदुस्तानी भाइयों ने कैसा अन्याय किया है। अगर हम लोग इसी तरह से सभी चीजों को सांप्रदायिक दृष्टि से देखते रहेंगे तो हम में एकता नहीं स्थापित हो सकती।

आलोचक कह सकते हैं "यह सब वाहियात बातें हैं, क्योंकि वह वास्तविकता से दूर है। यह केवल खयाली चीजें हैं"। पर मेरा कहना है कि मौजूदा वास्तविकताओं के अनुरूप सिद्धांत में परिवर्तन करने का असंभव काम करने के बजाय हमें सिद्धांत के अनुरूप वास्तविकताओं का ही निर्माण करना चाहिए। जब तक हम ऐसा नहीं करते, हम में एकता नहीं आ सकती। मुझे तो इसमें कुछ भी असंभव नहीं दिखता कि हिंदू भारतीयों की हैसियत से मोपलों को भी भारतीय मानकर उन्हें कुमार्ग से विमुख करने का प्रयत्न करें। मुझे तो यह बात जरा भी अस्वभाविक नहीं लगती कि हिंदुओं से कहा जाए कि आप जोर-जबर्दस्ती के आगे लाचार होकर अपना धर्म बदल लेने के बजाय अपने भीतर मर मिटने का साहस और शक्ति जुठाइए। यह सुनकर मुझे बहुत प्रसन्नता हुई कि अनेक हिंदू ऐसे थे जिन्होंने बल प्रयोग के आगे लाचार होकर धर्म परिवर्तन करने की बनिस्बत मोपलों के कुठार का ग्रास बनना अच्छा समझा। यदि उन लोगों ने बिना किसी द्वेष या क्रोध के मृत्यु का वरण किया हो तो मैं कहूंगा कि उन्होंने सच्चे भारतीय और सच्चे मनुष्यों की तरह और इस प्रकार सच्चे हिंदुओं की तरह अपने प्राण दिए हैं। क्योंकि इस तरह उन्होंने सिद्ध कर दिया कि वह सबसे सच्चे भारतीयों और सबसे सच्चे मानव की कोटि में थे। यदि इन पर अत्याचार करने वाले लोग मुसलमान न होकर हिंदू होते तो भी उन्होंने इसी तरह अपने प्राण दे दिए होते । यदि हिंदू मुस्लिम एकता पारस्परिक आदान-प्रदान पर ही ठहर सकती है तो

वह बहुत सस्ती और निकम्मी चीज होगी। क्या पति की वफादारी पत्नी की वफादारी पर निर्भर है ? यदि पति दुराचारी हो तो क्या पत्नी को भी ऐसा ही होना चाहिए ? यदि पति-पत्नी अपने आचार व्यवहार को सिर्फ एक विनिमय की वस्तु माने, तो विवाह एक बहुत ही घटिया चीज बनकर रह जाएगा। एकता भी विवाह बंधन की तरह है; जब पत्नी का चरण पतन की ओर बढ़ने को हो, उस समय पति के लिए और भी आवश्यक हो जाता है कि वह पत्नी से पहले की अपेक्षा अधिक घनिष्ठता स्थापित करें। वही समय है, जब उसे उस पर दूना स्नेह रस उड़ेलना चाहिए। उसी तरह जब हिंदुओं को मोपलो और मुसलमानों से अनिष्ट की आशंका हो, या सच में उसका अनिष्ट वे कर चुके हो उस समय हिंदुओं के लिए यह और भी आवश्यक हो जाता है कि वह पहले से भी अधिक प्रेम दिखाएं। एकता वास्तविक तो तभी मानी जाएगी जब वह कड़े से कड़े आघात को भी सह ले, लेकिन टूटे नहीं। उसे एक अटूट बंधन होना चाहिए।

और मेरा विचार है कि ऊपर मैंने देश से जो कुछ कहा है, वह हमारे स्वार्थ की दृष्टि से भी है। क्या किसी हिंदू को जितना मोह अपने आप से है, उससे अधिक मोह अपने धर्म और देश से हैं? यदि है, तो स्वाभाविक है कि उसे किसी ऐसे अज्ञानी मुसलमान से झगड़ना नहीं चाहिए, जो ना अपने देश को जानता है और ना धर्म को। यह प्रक्रिया उस विश्व विश्रुत स्त्री के आचरण के समान है जिसे अपना बच्चा अपने सौत को दे देना स्वीकार था, किंतु उसे चीर कर आपस में बांट लेना मंजूर नहीं हुआ। वैसे, स्पष्ट है कि उसकी सौत के लिए दो बच्चों को चीरकर बांट लेना ही अच्छा रहता।

थोड़ी देर के लिए मान लीजिए (यद्यपि यह सब सच नहीं है) कि मोपलों के अत्याचारों का सभी मुसलमान समर्थन करते हैं । उस अवस्था में क्या हिंदू मुस्लिम एकता समाप्त हो जानी चाहिए? एकता के समाप्त हो जाने से क्या हिंदुओं की अवस्था किसी भी तरह अच्छी हो जाएगी? क्या वे लोग मोपलों से बदला लेने की खयाल से उनका और उनके सहधरर्मियों का विनाश करने के लिए विदेशी शक्तियों की सहायता लेंगे और सदा के लिए गुलाम बने रहने में ही संतोष मानेंगे?

असहयोग का सिद्धांत सार्वभौम है, क्योंकि जिस तरह यह पारिवारिक संबंधों पर लागू होता है उसी तरह अन्य संबंधों पर भी लागू होता है। यह अपने अंदर शक्ति और आत्मनिर्भरता का विकास करने की प्रक्रिया है। हिंदुओं और मुसलमानों को वास्तविक एकता के सूत्र में बंध जाने से पहले संसार भर के मुकाबले में अकेले खड़े होना सीखना चाहिए। यह एकता दो अशक्त

पक्षों के बीच नहीं, बल्कि ऐसे लोगों के बीच की एकता होनी चाहिए, जिन्हें अपनी शक्ति का बोध हो। मुसलमानों के लिए वह दिन बहुत बुरा होगा, जब उन स्थानों में जहां उनका अल्पमत है, अपने धर्मकर्म का पालन करने के लिए उन्हें हिंदुओं की कृपा पर निर्भर करना होगा। यही बात हिंदुओं पर भी लागू होती है। असहयोग अपनी शक्ति का विकास करने की प्रक्रिया है।

पर यदि शक्तिशाली लोग पशुवत आचरण करने लगे और दुरबलों को कुचल कर चले तो यह प्रक्रिया संअभव हो जाएगी। उस अवस्था में तो जो उनसे बलवान होगा वह उन्हें भी कुचल देगा। इसलिए यदि हिंदू और मुसलमान सचमुच धार्मिक बनकर रहना चाहते हैं तो उन्हें अपने भीतर शक्ति का विकास करना चाहिए। उन्हें शक्तिमान भी होना चाहिए और नम्र भी। हिंदुओं को चाहिए कि वह मोपलों के इस पागलपन के कारणों का पता लगाएं। उस समय उन्हें विदित होगा कि स्वयं वे भी निर्दोष नहीं है। आज तक उन्होंने मोपलों की फिक्र नहीं की है। आज तक वे उन्हें या तो दास समझते रहे हैं या उनसे भय खाते रहे हैं। उन्होंने उनके साथ ऐसे मित्र अथवा पड़ोसी की तरह व्यवहार नहीं किया है, जिसका सुधार और सम्मान करना चाहिए। इस समय मोपलों का आमतौर पर सारे मुसलमानों से नाराज होना बेकार है। यद्यपि हिंदुओं को मुसलमानों की सहायता और सहानुभूति की आशा करने का अधिकार है फिर भी यह समस्या ऐसी है जिसका हल अपने अंदर शक्ति का विकास करना, अपनी सहायता आप करना ही है। यदि खिलाफत की रक्षा के लिए मुसलमानों को हिंदुओं की मदद पर निर्भर रहना पड़े तो वह दिन इस्लाम के लिए बहुत बुरा होगा। आज मुसलमानों को हिंदुओं की सहायता प्राप्त है। इसका कारण यही है कि पड़ोसियों के नाते ऐसा करना हिंदुओं का धर्म है। और यद्यपि मुसलमान हिंदुओं द्वारा इतने मुक्त भाव से दी गई सहायता स्वीकार करते हैं, फिर भी अंतिम सहारा तो वे ईश्वर का ही मानते हैं और उन्हें ऐसा ही मानन भी चाइए। वह निसहायों का सतत तत्पर और एकमात्र सहायक है। मालाबार के हिंदुओं को भी यही भाव ग्रहण करना चाहिए। *यंग इंडिया*,26.1.1922(अंग्रेजी से)

परिशिष्ट-3

उनके इस व्यवहार को समझ पाना मुश्किल अवश्य है, किंतु असंभव नहीं। संभवत कहीं ना कहीं या तो वह 'वीर' गांधी 'कायरता' से ग्रस्त हो गए, या किसी 'भय' के वशीभूत हो गए, या फिर सभी 'संप्रदायों' की अगुवाई करने के मोह ने उन्हें ग्रस्त कर दिया; या फिर ब्रिटिश सरकार के खिलाफ अपनी लड़ाई में मुसलमानों का सौहाद्र पाने के बहुत 'आतुर' हो उठे, भले ही उसकी कीमत उन्हें कुछ भी देनी पड़े। जो भी हो, यह बात तो सामने आ गई कि कहीं ना कहीं गांधीजी ने अपने इस सर्व धर्म समभाव से पूरे हिंदू समाज के हाथ-पांव तो बांध ही दिए, जिसने उसे मुस्लिम आक्रमक मुद्रा के आगे नतमस्तक कर दिया। यह तो केवल एक ही पक्ष था उनकी गतिविधियों का। दूसरा पक्ष था, जो कालांतर में सामने आया - उन्होंने मुस्लिम बंधुओं को पूरी स्वतंत्रता दे दी, हिंदुओं के साथ जो भी वे चाहे, करने की। इतिहास इस बात का साक्षी है कि गांधीजी ने अपने "धर्म समभाव" के प्रति मुस्लिम बंधुओं को मजबूर कर पाने की कहीं जी तोड़ कोशिश नहीं की। क्योंकि वे हमेशा यह मानते रहे कि उनका "सर्व धर्म समभाव" मुस्लिमों के धार्मिक आचार विचार के खिलाफ है। उसे नजरअंदाज किया जाना चाहिए।

गांधी जी ने हमेशा ही यह दावा किया कि उन्होंने समस्त धर्मों का भली-भांति अध्ययन किया है, और सभी में कोई ना कोई कमी पाई है। उन्होंने हिंदू धर्म में विशेषतया जो भी कमियां पाई उनका खुलासा भी किया, किंतु यह आश्चर्य का विषय है कि उनके इतने वृहत लेखन में इस्लाम की कमियों पर कहीं भी संकेत नहीं दिखता है; बल्कि इसके विपरीत हमें इसके ग्रंथों एवं इतिहास आदि के बारे में (जो गांधी जी को पसंद आया) चर्चा अवश्य मिलती है। यही कमी हमें डॉक्टर भगवान दास के व्यक्तित्व में भी दिखती है आगे चलकर। उन्होंने भी अपनी छवि को सर्वधर्म समभाव के हिमायती के रूप में दिखाने के उद्देश्य से 'धर्म' व 'अधर्म' का बुनियादी अंतर, नजरअंदाज करते हुए वह सब कह डाला, जो सत्य से बहुत दूर था। इस पूरी बात पर और प्रकाश पड़ सके शायद इब्नवारिक द्वारा लिखित पुस्तक *व्हाई आई एम नॉट ए मुस्लिम* (लंदन, 1995) से। इस किताब की मुख्य प्रस्थापना यह है कि इस्लामिक सभ्यता कई बार तो ऊंची स्तरों को प्राप्त कर सकी, बावजूद इस्लाम मजहब (धर्म) के। इसमें इस्लाम के सारे बुनियादी सिद्धांतों की बड़े ही खुले दिमाग से विवेचना की गई है, और विस्तार से इन संदर्भों एवं संदर्भ ग्रन्थों को भी प्रस्तुत किया गया है। उक्त पुस्तक पर जी. ए. वेल्स (जो लंदन

विश्वविद्यालय में प्रोफेसर हैं), उन्होंने 1996 के एक अंक "*फ्री इंक्वायरी*" नामक पत्रिका में छापा, डेनियल पाइप्स (हावर्ड विश्वविद्यालय अमेरिका के प्रोफेसर और विश्व के जाने-माने इतिहासकार) ने भी एक लेख छापा न्यू यॉर्क की एक पत्रिका "*दि वीकली स्टैंडर्ड*" में, 22 जनवरी, 1996 में; बर्नाड काट्स ने भी एक लेख छापा मार्च-अप्रैल 1996 के अंक में उस पत्रिका में, जिसका नाम था "*अमेरिकन रेशनालिस्ट*"; फिर एंटोनी फ्लू ने भी "*सैलरी रिव्यू*" नामक पत्रिका के स्प्रिंग 1996 के अंक में एक लेख लिखा। यह पत्रिका लंदन से छपती है। पुनः हंस ज्ञान सेन, (जो कि नीदरलैड्स की एक यूनिवर्सिटी में अरेबिक व इस्लामिक इतिहास पढाते हैं) ने भी एक डच साप्ताहिक *एच. पी/डी. रिजड* (4 अप्रैल 1997), में लेख लिखा। इंन्नियाह ने भी एक लेख लिखा तेलुगु मासिकी में, जिसका शीर्षक है '*misml*, (अप्रैल 1999) के अंक में। यह आंध्र प्रदेश के हैदराबाद नामक स्थान से छपती है । इसी प्रकार कर्टवान देन यू वेल, नामक विद्वान ने भी उपरोक्त पुस्तक पर कैलिफ़ोर्निया, (यूएसए) से निकलने वाली वेबसाइट "*हान्सर्ट इंटेलेक्चुअल इंक्वायरी*" में (अगस्त 1997) में अपना एक लेख दिया। जिसमें वे खुलकर लिखते हैं कि इस्लाम वास्तव में एक खतरनाक एवं प्रतिक्रियावादी मजहब है, जिस का अभिन्न हिस्सा है हिंसा, असहिष्णुता व मानव अधिकारों का उल्लंघन । इसी प्रकार तस्लीमा नसरीन ने भी उपरोक्त पत्रिका के संदर्भ में एक लेख लिखा जो नॉर्वे की एक पत्रिका *फ्री टैंक* (free tanke) मे अंक छह में छपा, अक्टूबर 1997 में। जिसमें उपरोक्त पुस्तक के लेखक की उन्होंने इस बात पर तारीफ की है कि कैसे उन्होंने बड़ी मात्रा में कुरान, हदीस, अनेकानेक मुस्लिम इतिहासकारों एवं पाश्चात्य विद्वानों का अध्ययन कर मजबूत बौद्धिक तर्कों के आधार पर यह साबित किया है कि इस्लाम के द्वारा किए गए कई दावे बिल्कुल झूठे व बेबुनियाद है। और खुलकर यह कहा है कि "*द प्रॉब्लम इज़ नॉट जस्ट इस्लामिक फंडामेंटलिज्म बट इस्लाम इत्सेल्फ*"।

स्वतन्त्रता एवं भारतीय प्रजातन्त्र का स्वरूप

भारत मे प्रचलित वर्तमान प्रजातांत्रिक प्रणाली, या यूं कहें, लोकतन्त्र का नमूना, आज हमें बहुत से ऐसे प्रश्न पूछने को मजबूर कर रहा है, जिनका जवाब शायद इतिहास से जितना सही मिल जाएगा, अन्यत्र उपलब्ध नहीं हो पाएगा। पहला तो यह कि क्या 15 अगस्त वास्तव मे भारत/भारतीयता की स्वतन्त्रता का प्रतीक है? हमारे इतिहास मे इसे "स्वतन्त्रता दिवस" के रूप मे प्रस्तुत किया गया है; एवं देश की जनता, बुद्धिजीवी, राजनीतिज्ञ आदि सभी इस दिन को महिमामंडित करने मे एक दूसरे से होड़ लेते हैं – जबकि हकीकत का पता हमें तभी चलेगा जब हम अपने अतीत के पन्नो को पलट कर उस पर गहन दृष्टि डालेंगे। आज तकरीबन 60 वर्ष बीत चुके हैं देश को स्वतन्त्रता मिले, एवं उसका विभाजन हुए और लाखों की संख्या मे जो बर्बाद हुए, इन दंगो के भुक्तभोगी भी हुए (जिनमे से शायद कई तो आज भी जीवित हों)। पर इस मूल बात पर न तो इन प्रत्यक्षदर्शियों ने ही उंगली उठाई और न ही समाज के उन तथाकथित बुद्धिजीवियों ने जिनका समाज समान्यतया विद्वान के रूप मे महिमा मंडन करता है। इसी से जुड़ा हुआ दूसरा सवाल यह है कि भारत स्वतंत्र हुआ भी या नहीं? कौन सा वह क्षेत्र था जिसमे भारत को स्वतंत्र घोषित किया गया? राजनीतिक, आर्थिक, सामाजिक, सांस्कृतिक या बौद्धिक? किस तरह की "स्वतन्त्रता" देश ने 15 अगस्त 1947 को हासिल की?

अगर इतिहास के तथ्यों पर एक नज़र डाली जाए, तो संकेत मिलता है कि बाकी तो छोड़ें – राजनीतिक दृष्टि से भी भारत स्वतंत्र नहीं हुआ 15 अगस्त को। मात्र "सत्ता हस्तांतरण" (Transfer of Power) की एक रस्म अदा की गई थी। यानि भारतवर्ष को शासित करने का अधिकार अंग्रेजों ने छोड़ दिया – ऐसा न कहते हुए "भारत से अंग्रेजों का वापस जाना (British withdrawal from India) की बात कही गई। 1947 मे भारत ने जो पाया वह था *अधिराज्य* (यानि डॉमिनियन स्टेट्स) या *प्रादेशिक स्वशासन।* क्या एक भी ऐसा दस्तावेज़ बताया जा सकता है, जिससे यह समझ मे आए अथवा स्थापित किया जा सके कि देश को विधिवत स्वतन्त्रता मिली हो? हकीकत तो यह है कि हमे जो स्वतन्त्रता दी गई ब्रिटिश मालिकों के द्वारा, वह उनकी पुरानी उन ही नीतियों व उद्देश्यों के अनुरूप थी कि इस देश को अपनी गुलामी से मुक्त कराने अथवा अपने साम्राज्य को खत्म करने के लिए। बल्कि अपने साम्राज्यवादी हितों को

और सूक्ष्म व छलावे के आचरण मे सुरक्षित करने के लिए इसे देना समय की आवक्षयकता मान लिया गया। जिसका प्रमाण हमे अनेक साक्ष्यों से मिलता है, जो यह साबित करते हैं कि स्वतन्त्रता के बाद भी भारतीय लोग ब्रिटिश राजा की प्रजा रहे; कि उनकी अर्थात इस देश की सारी भूमि, संपत्ति, सिक्के, मुद्रा, आदि, बैंक के नोट इत्यादि वहाँ के राजा (His Majesty) की ही सुरक्षा में हैं – न कि एक स्वतंत्र सरकार की देखभाल मे। भारत की स्थिति भी बाकी अधिराज्यों की तरह थी, और कॉमनवेल्थ, कॉमनवेल्थ ऑफ नेशंस, या ब्रिटिश एंपायर - जैसे शब्दों मे मूलतः कोई अंतर नहीं है, जिनकी सदस्यता भारत ने स्वतन्त्रता के बाद ले ली। यह भी माना जाता है कि काँग्रेस ने इस सदस्यता को सहर्ष स्वीकार किया था, उस पर इसका सदस्य बनने का कोई दबाव नहीं था। इस बात पर विश्वास करना कठिन है कि उन भारतीय काँग्रेस वालों को इस सदस्यता के निहितार्थों का पता नहीं था। भारत की गणतांत्रिक व्यवस्था से संबंध रखती हुई कुछ बातों की जानकारी हमारे लिए आवश्यक है। उदाहरण स्वरूप, एक प्रस्ताव, जिसका शीर्षक था – *इज़ इंडिया रिएलि फ्री* – जिसको लोकसभा के सदस्यों के बीच बांटा गया था उस समय और जिससे संबन्धित कुछ प्रश्न श्री सिद्धेश्वर प्रसाद ने भी पूछे (संख्या 2067)[1]। उन प्रश्नो के जवाब श्री ल. न. मिश्र (जो कि उस समय डिप्टी होम मिनिस्टर थे) ने, 8 दिसंबर 1965 को दिये, जिसे सरकार के जवाब देने की विशेष शैली का परिचायक ही माना जा सकता था। अर्थात सरकार के पास उसका कोई जवाब नहीं था। Encyclopedia Britannica (1953 संस्करण) फिर पुनः इसका 1955 संस्करण; ब्रिटिश सरकार का एक पर्चा शीर्षक *वॉट इज़ दि कॉमनवेल्थ*1956; एक अन्य विल्लियम बेनेट व अचेरेस्ट द्वारा रचित *दि गवर्नमेंट ऑफ दि एंपायर*; मिस्टर के. सी. वियरे द्वारा लिखित *दि कोन्स्टीट्यूशनल स्ट्रक्चर ऑफ दि कॉमनवेल्थ 1960*; *ब्रित्तानिका* नामक वार्षिकी 1961 जैसे प्रकाशित व अप्रकाशित सामग्री इस कथन की पुष्टि करती है कि *कॉमनवेल्थ* शब्द को ब्रिटिश साम्राज्य के विकल्प के रूप मे स्वीकार किया गया।[2]

1961 मे रानी एलीज़ाबेथ द्वितीय ने भारत एवं पाकिस्तान का दौरा किया था, व इस बात पर प्रसन्नता ज़ाहिर की अपने देश लौटने पर मार्च 10, 1961 को, कि इन दोनों ही देशों मे ब्रिटेन के प्रति अभी भी बड़ा ही मैत्रीपूर्ण रवैया देखने को मिलता है। उनके शब्द थे, “The happiness and friendliness which were found throughout India and Pakistan was a triumphant vindication of the vision of the statesmen who changed the whole empire into a free association of equals".2a अतः यह तो स्पष्ट है कि अंग्रेजों के द्वारा अब एम्पायर से बदल कर कॉमनवेल्थ शब्द का प्रयोग शुरू किया गया 1776 के बाद, जब ब्रिटेन के नियंत्रण से अमेरिका मे बसे अंग्रेजों ने अपने को मुक्त करके वहाँ के देश को स्वतंत्र घोषित कर दिया। कुछ ब्रिटिश लोगों ने अपने विचार व्यक्त करते हुए यह कहा कि, "The emergence of the commonwealth from the old British empire began with Lord Durham's report of 1839 on the causes of discontent in the Canadian territories – discontent which was leading to fears that Canada might follow the example of the other British southern American colonies which had seceded sixty years earlier to form the United States of America."3

इसी प्रकार मिस्टर गार्डेन वाकर, जो कि पूर्व सचिव थे *स्टेट फॉर दि कॉमनवेल्थ रेलशन्स* के, उनके शब्दों में The American Revolution was indeed the major factor making for the ultimate conversion of Empire into Commonwealth. The evolution of the Empire into the Commonwealth came about because imperial rule increasingly assumed such a nature that it could fulfill itself only by annihilating itself; otherwise the normal historical process of the imperial disintegration would have taken place. Instead of becoming a Commonwealth, the empire would have extinguished itself in a trail of America, followed by a trail of Burmas. There would have been no commonwealth but for the negation, withdrawal and transformation of British imperialism.4

सारांश यह कि एंपायर शब्द को बदलना अब आवश्यक लगने लगा था, ताकि, शासित लोगों मे विरोध की भावना और बलवती न होने पाये; और कॉमनवेल्थ शब्द को प्रचलित किया गया – जिससे आशय था समानता, भ्रातत्व, सहयोग आदि पर आधारित एक संघ। सोच समझ यह भी थी इस शाब्दिक परिवर्तन के पीछे कि एंपायर शब्द का अर्थ लोग निकालेंगे सैनिकवाद से अर्थात एक एंपायर तो मिलिट्री या फौज का इस्तेमाल करेगा ही और इसका अर्थ होगा एक देश दूसरे देश पर ताकत का इस्तेमाल करते हुए अपना वर्चस्व, कायम कर सकता है। किन्तु

इसके ठीक विपरीत कौमनवेल्थ शब्द का प्रयोग करने से भाव जागृत होगा भ्रातत्व् का, बराबरी का, समानता का, जिससे जनता मे कोई असंतोष भड़कने की गुनजाइश खत्म हो जाएगी। अतः ब्रिटिश राजनीतिज्ञों के द्वारा *कॉमनवेल्थ* शब्द का प्रचलन किया गया इस तरह से कि अब *एंपायर* का अर्थ लोग लगाएँ *असोसियशन ऑफ इक्वल्स* से । लॉर्ड डरहम की यह सिफ़ारिश थी कि जैसे जैसे परिस्थितियाँ बदलें, ब्रिटिश साम्राज्य की अनेकानेक इकाइयों को स्वशासित बना देना चाहिए। और इसी तर्ज़ पर कालांतर मे कनाडा, ऑस्ट्रेलिया, न्यूजीलेंड, दक्षिणी अफ्रीका आदि को स्वशासित बना देने की नीतियाँ बनाई जाने लगीं। इस नीति को भारत व पाकिस्तान पर 1947 मे लागू किया गया और श्री लंका (Ceylon) पर 1948 मे। फरवरी 1969 तक इन स्वशासित इकाइयों की संख्या काफी बढ़ चुकी थी।

सबसे पहले कॉमनवेल्थ शब्द का इस्तेमाल 1884 मे लॉर्ड रोजेबेरी के द्वारा किया गया था। इस संदर्भ मे उनका एक भाषण महत्वपूर्ण है, जो उन्होने 1884 मे सामान्य स्वशासित देशों के प्रतिनिधियों के समक्ष दिया था इन शब्दों मे, "Does the fact of your being a nation imply separation from the empire? God forbid there is no need for any nation, however great leaving the empire, because the empire is a commonwealth of nations".[5] मिस्टर गार्डेन वाकर ने अपने पत्र *दि कॉमनवेल्थ* मे यह लिखा कि कॉमनवेल्थ शब्द का पहली बार सरकारी तौर पर ओपचारिक प्रयोग किया गया था ग्रेट ब्रिटेन एवं आयरलेंड के बीच संधि की शर्तों को तैयार करते समय (दिसंबर 6, 1921) – जब शब्द *ब्रिटिश एंपायर* का इस्तेमाल किया गया – *ब्रिटिश कॉमनवेल्थ ऑफ नेशंस* का प्रयोग करने के साथ ही साथ। प्रथम महायुद्ध के बाद उस समय के अधिराज्यों के द्वारा एक मांग उठाई गई थी, कि ब्रिटिश क्राउन का जहां तक सवाल है, सारे अधिराज्यों की सरकारों को उनके द्वारा बराबर का दर्जा दिया जाना चाहिए और सभी यूनाइटेड किंग्डम के समकक्ष मानी जानी चाहिए। उनकी इस मांग पर विचार करने हेतु 1926 मे एक कमेटी भी गठित की गई , जिसे इम्पीरेयल रेलशन्स कमिटी के नाम से जाना गया। और जैसा कि एक ब्रिटिश सरकारी दस्तावेज़ मे स्वीकार किया गया, "It was during the sessions of the Imperial Relations Committee that the conception of commonwealth as an association of equal states under the Sovereign was worked out and that the name of the commonwealth was accepted into political use."[6]। उस कमेटी के द्वारा *समानता* पर एक प्रस्ताव पास किया गया, जिसके बारे मे एक

अंग्रेज़ का यह कहना है कि कॉमनवेल्थ के मातहत आने वाली सभी सरकारों को बराबर का दर्जा ब्रिटिश क्राउन द्वारा दिया जाना स्वीकार किया गया। और "Henceforth the king was no longer in some special sense Head of the State of the United Kingdom but equally Head of the State of every commonwealth nation."[7]। उपरोक्त समानता पर पारित प्रस्ताव के अनुसार, एक नई उद्घोषणा की गई लॉर्ड बलफर के द्वारा, जिसके अनुसार ब्रिटेन व अधिराज्यों को ब्रिटिश साम्राज्य के अंदर स्वतंत्र समुदायों (Autonomous Communities) के रूप मे मान्यता प्रदान की गई, जो अपने दर्जे मे बराबर स्वीकार की गईं, व किसी भी अर्थ मे एक दूसरे से नीची नहीं मानी गई – चाहें मामला उनकी आंतरिक नीति का हो, अथवा विदेशी सम्बन्धों का हो। शब्द यह थे, "Though united by a common allegiance to the Crown and freely associated as members of the British commonwealth of nations."[8]। जिस समय यह उपरोक्त परिभाषा दी गई – कॉमनवेल्थ शब्द ऐसे समूह के लिए प्रयोग मे आया, जिसका अस्तित्व ब्रिटिश एंपायर के अंदर हो[8अ] । अर्थात कहीं न कहीं इन्होने यह स्वीकार कर लिया कि शब्द कौमनवेल्थ व ब्रिटिश एंपायर का भावार्थ एक ही है। इसी प्रकार से मिस्टर डंकन सेंडीज़ जो कि States for the Commonwealth Relations के पूर्व सचिव थे, कहते हैं इस पूरी कॉमनवेल्थ की अवधारणा पर प्रकाश डालते हुए, "The commonwealth as a product of history. This unique association of independent member-states has grown, step by step, out of the old British Empire. The process of evolution from the old colonial states to the national sovereignty has been growing on for a long time. Responsible government was first instituted in Canada, Australia and New Zealand over a hundred years ago. After the first war, they became separate members of the League of Nations and their sovereign independence was finally confirmed by the statute of Westminster of 1931. In the years that followed, it became clear that the constitutional evolution of Britain's other overseas territories would inevitably follow of along the same road. ..

"The most radical change of all took place in 1947 and 1948, when India and

Pakistan and Ceylon attained full nationhood. Quite suddenly the independent commonwealth was transformed from the association of about 70 million people of predominantly European stock to a multi racial association predominantly Asian, several hundred millions strong …"[9]

ऑक्सफोर्ड में मई, 1960 के दौरान ब्रिटेन के पूर्व प्रधानमंत्री लॉर्ड एटली इस विषय पर बोल रहे थे कि पिछले अर्ध शताब्दी में (या पाँच दशकों) ब्रिटिश साम्राज्य की अवधारणा एवं संरचना मे कैसे और क्या परिवर्तन आए। अपने प्रथम उद्बोधन मे उन्होने कहा कि एक एंपायर के एक *कॉमनवेल्थ* मे रूपांतरित होने की प्रक्रिया पिछले 6 दशकों मे देखी गई है, जिसे मैंने स्वयं अपने वयस्क होते-होते देखा भी है। और उसको एक सच्चाई का रूप देने मे अपनी पूरी कोशिश भी की है।[10] मिस्टर गार्डेन वोकर ने भी इसी तरह से कॉमनवेल्थ की अवधारणा के विकसित होने के विभिन्न चरणो की व्याख्या की है, और अपने पत्र "दि कॉमनवेल्थ "मे लिखते हैं, "आफ्टर दि सेकेंड वर्ड वार देयर वाज ए क्लेयर शिफ्ट ऑफ टर्मिनिलोजी इन दि प्राई मिनिस्टर्स कममुनिक्स इन रिसपोन्स टु दि अंडर लाइंग फोरसेस देट वर रिशेपिंग दि कॉमनवेल्थ "[11] इसी प्रकार से आगे हमे कई चर्चाओं से यह बात स्पष्ट हो जानी चाहिए कि *एंपायर* का कॉमनवेल्थ मे रूपान्तरण हमे जानना क्यों ज़रूरी है।[11a] यदि हाउस ऑफ कॉमन्स की चर्चाओं का अवलोकन किया, तो भी हम पाते हैं कि मिस्टर एटली (जो कि उस समय ब्रिटेन के प्रधान मंत्री थे) एक प्रश्न का उत्तर देते हुए 2 मई, 1949 को यह समझते हैं कि जब भी इन अलग-अलग शब्दों पर चर्चा होती रही है, तब *हीज मेजेस्टीज गवर्नमेंट* की तरफ से इन शब्दों मे से किसी पर भी एतराज़ व्यक्त नहीं किया गया है।[12] सो अब तक के वर्णन से यह तो बिलकुल स्पष्ट है कि *कॉमनवेल्थ* एक ऐसी संस्थान है जो *ब्रिटिश एंपायर* के ही संरूप है।[12a] दोनों मे तात्विक भेद शायद ही कुछ हो। किन्तु यहाँ पर अभी भी इस शब्द को लेकर लोगों को काफी भ्रम है। उदाहरण के लिए, कुछ सोचते हैं कि यह एक क्लब की तरह है जिसकी सदस्यता अपने मन के मुताबिक छोड़ी जा सकती है जब भी चाहें। यह ब्रिटिश लोगों की जायदाद थोड़े है। सितंबर 1965 मे कभी लोक सभा मे एक *कॉमनवेल्थ छोड़ो प्रस्ताव* पर काफी चर्चा हुई थी, जिसमें कुछ सदस्य यहाँ तक बोल उठे कि अंग्रेजों को तो इस क्लब के बाहर ही खदेड़ देना चाहिए। किन्तु यह बातें अतार्किक सी लगती हैं इतिहास के तथ्यों के आलोक मे। देखे एक विचारक का क्या कहना है इस विषय पर।[12b]

इसी तरह *डोमिनियन* शब्द का अर्थ है, ब्रिटिश साम्राज्य के मातहत स्वशासित इकाइयां। 1926 मे हुई इम्पीरियल कोन्फ्रेंस मे डोमिनियन को इन शब्दों मे परिभाषित किया गया था कि यह ब्रिटिश साम्राज्य के मातहत रहने वाली स्वतंत्र समुदाय है, जिनका आपसी स्तर एक दूसरे के बिलकुल बराबर है और जो अपने आंतरिक व वाह्य सम्बन्धों में या उनसे संबन्धित किसी भी पहलू मे एक दूसरे से नीचे नहीं हैं। यद्यपि कि यह भी सत्य है कि यह सारे *डोमिनियन्स* ब्रिटिश क्राउन के प्रति वफादार माने जाते हैं और *ब्रिटिश कॉमनवेल्थ ऑफ नेशंस* मे बराबर के सदस्य के रूप मे स्वीकार किए गए हैं। इस पूरे संदर्भ पर टिप्पणी करते हुए एक ब्रिटिश पुस्तिका[13] मे कहा गया कि उपरोक्त परिभाषा मे *क्राउन* शब्द से तात्पर्य है – *हीज मेजिस्टी* से, न कि, *हीज मेजिस्टीज गवर्नमेंट* से (जैसा कि सामान्यतया संवैधानिक कानून मे प्रयोग किया जाता है)। अर्थात यहाँ वफादारी एक व्यक्ति के प्रति बन रही है, न कि एक संस्था के प्रति। कॉमनवेल्थ शब्द के विकास के संदर्भ मे यह समझ मे आता है कि *डोमिनियन्स* को बड़े ही इज्ज़त के साथ *मेम्बर नेशंस* या *मेम्बर कंटरीज़* का ओहदा दिया गया। ब्रिटिश विश्वकोश का 1955 का संस्करण कहता है, "In July 1947, or say, in the middle of the twentieth century, 'member nations' or 'realms' were used in place of 'dominions' as the description of self governing units and the 'dominion office' was renamed as 'commonwealth relations office'."[14]

इसी प्रकार से एक ब्रिटिश लेख के अनुसार, "फॉर ए लॉन्ग टाइम दि सेल्फ-गोवार्निंग कंट्रीज़ (अदर देन दि यूनिटेड किंग्डम) वर कौल्ड *डोमिनिअन्स*। दिस टर्म हेज नाओ गिविन प्लेस टु *मेम्बर्स ऑफ दि कॉमनवेल्थ*।[15] मिस्टर गॉर्डन वौकर, जो कि कॉमनवेल्थ रिलेशन्स के पूर्व सचिव थे – ने भी इस बात को स्पष्ट कहा है कि, "In all the Prime Minister's communiqués after 1948, whether there were labour or conservative governments in office in Britain, 'dominion' disappeared altogether and in its place occurred such terms as 'commonwealth countries' and 'other commonwealth governments."[16] 1931 मे बनाया गया एक अधिनियम, जिसे अधिराज्यों के लिए बनाया गया था, वेस्ट मिनस्टर स्टेच्युट के नाम से जाना गया। इसे ब्रिटिश संसद द्वारा लागू किया गया, व इसकी प्रस्तावना में स्पष्ट किया गया कि 1926 एवं 1930 की इंपीरियल कोन्फ्रेंस में जो प्रस्ताव पारित किए गए थे, यह उन पर ही आधारित था। इस स्ट्च्युट को *दि*

कोन्स्टीतुशनल चार्टर ऑफ कॉमनवेल्थ या *दि चार्टर ऑफ लेजिस्लेटिव इंडिपेंडेंस ऑफदि सेल्फ गोवेर्निंग डॉमिनियनस* आदि नामों से भी जाना जाता है। इस अध्यादेश मे ब्रिटिश क्राउन को इस तरह से परिभाषित किया गया, “The Crown is the symbol of the free association of the members of the British commonwealth of nations”[17] इसी प्रकार से कॉमनवेल्थ के प्रधान मंत्रियों की भी समय-समय पर बैठकें होती रहती हैं, जिनका उद्येश्य होता है कॉमनवेल्थ देशों के सामान्य हितों पर चर्चा करना। इन बैठकों का स्वरूप पूर्णतया परामर्श देने वाली संस्था जैसा होता था, इससे आगे कुछ भी नहीं। इनके द्वारा पारित प्रस्तावों को, किसी भी मायने में प्रतिभागी सरकारों पर थोपा नहीं जा सकता। यह दूसरी बात है कि यह अपेक्षा अवश्य की जाती है कि सभी मेम्बर सदस्य इन प्रस्तावों का मान अवश्य रखने की आदत डालें, क्योंकि उन्हे सर्व सम्मति से पास किया गया। ब्रिटिश मंत्री परिषद के एक पूर्व सचिव ने (जिसका नाम सर नोरमनब्रूक था) कॉमनवेल्थ प्राइमिनिस्टर्स मे सचिव की हैसियत से कार्य किया था – उनका यह मानना था कि, “The purpose and object of discussion at commonwealth meetings has been not so much to consort a common policy or to plan a joint action but rather to ensure that all commonwealth governments have a common understanding of what may be at stake and that they appreciate the motives and purposes underlying the policies which it is separately pursuing.“[18]

इसी तर्ज़ पर शब्द *इकुयलिटी* यानि *समानता* को कैसे परिभाषित किया गया? बेलफर रिपोर्ट का कहना था, “Equality means equality of states and not of stature. Members differ in power and potential. Equality means also ‘no subordination’. Members are in no way subordinate to one another in any aspect of their domestic or international affairs.“[19] अर्थात इस शब्द का प्रयोग, साम्राज्य की अलग-अलग इकाइयों के परस्पर आंतरिक सम्बन्धों, के ही संदर्भ मे किया गया है। इसी तरह *इंडिपेंडेंस* यानि स्वतन्त्रता का इस्तेमाल भी विशिष्ट संदर्भ मे है। हाउस ऑफ लॉर्ड्स मे 1947 के भारतीय स्वतन्त्रता प्रस्ताव (*इंडिया इंडिपेंडेंस बिल*) पर जब लॉर्ड लिस्टोवेल (जो उस समय भारत के मन्त्री थे) 16 जुलाई, 1947 को एक चर्चा के दौरान बोल रहे थे।[19a] तो उन्होने इशारा किया था कि उस शब्द का मतलब कुल इतना है कि ब्रिटिश अधिराज्य अपने आपसी सम्बन्धों मे अपने आंतरिक व वाह्य मामलों के किसी भी पहलू मे एक दूसरे से नीचे नहीं है, बल्कि समकक्ष हैं। और यह बात

1947 के *इंडिया इंडिपेंडेंस एक्ट* के अनुचछेद प्रथम से भी स्थापित हो जाती है।

1949 मे कॉमनवेल्थ देशों के प्रधान मंत्रियों की एक बैठक हुई थी इस बात पर विचार करने के लिए कि नए गणतन्त्रों को कॉमनवेल्थ मे कैसे स्थान दिया जाएगा। बैठक के अंत मे हमे एक संदर्भ मिलता है। संयुक्त उद्घोषणा की गई जिसमें कॉ*मनवेल्थ* के सभी सदस्यों को परिभाषित किया गया *इंडिपेंडेंट मेम्बर नेशन्स* कहकर। अतः यह तो स्पष्ट है कि *इंडिपेंडेंस* या स्वतन्त्रता शब्द का प्रयोग सदस्य देशों के संदर्भ मे कुल इतना है कि वे अपने आंतरिक व वाह्य सम्बन्धों मे स्वतंत्र हैं। यहाँ यह भी समझ लिया जाए कि "इंडिपेंडेंस" की ही तरह "फ़्रीडम शब्द ने भी ब्रिटिश कूटनीतिज्ञों की दृष्टि मे एक खास राजनीतिक अर्थ इख्तियार किया । जैसा कि एक अमेरिकी लेखक लुई फिशर ने इंगित किया है,..........

"There is a British imperialistic lexicon and in that lexicon freedom means staying in the empire"[20] इसी तरह एक दूसरे लेखक का यह मानना है कि आखिर political freedom व national freedom का क्या अर्थ है? वे कहते हैं "Political freedom refers to the form of government in which the people as a whole have an effective voice. In this sense "free country" or "free government" means that the country has a representative government. National freedom refers to the country. It means that the country concerned is not under the yoke of an outside power."[21] क्योंकि भारत ने कॉमनवेल्थ की पूरी सहायता को स्वीकार किया और ब्रिटिश शासक को स्वतंत्र सदस्य राष्ट्रों के संघ के प्रतीक के रूप मे स्वीकार भी किया एवं कॉमनवेल्थ का सर्वोच भी माना, तो फिर यह बात तो स्पष्ट हो जाती है कि शायद भारत के संदर्भ मे फ्रीडम शब्द का अर्थ मात्र राजनीतिक स्वतन्त्रता से ही है। यदि इस बात पर भी कुछ चर्चा की जाए कि ब्रिटिश शासक को कॉमनवेल्थ के सदस्य देशों के प्रतीक या चिन्ह (symbol) के रूप मे माना गया है, तो समझ मे आता है कि "free association" और symbol of free association जैसे शब्दों को 1926 मे प्रचलित किया गया था – जब ब्रिटेन एवं डोमिनियन्स को इंपीरियल कोन्फ्रेंस द्वारा (जिसकी बैठक उसी वर्ष की गई) ब्रिटिश क्राउन के संदर्भ मे बराबर का दर्जा दिया जाना स्वीकार किया गया। क्योंकि राजा तो शारीरिक तौर पर हर अधिराज्य मे रह नहीं सकता था अतः उसे सारे अधिराज्यों के द्वारा अपने स्वतंत्र संगठन के प्रतीक स्वरूप स्वीकार किया गया। अब इन शब्दों "फ्री अस्सोसियशन" एवं "सिंबल" के निहितार्थ क्या थे – इस पर गार्डेन वॉकर महोदय बयान करते

हैं कि, "By free association of the members it was meant that all members were alike in every judicial respect and king is the symbol of free association of member nations implied that the king was in exactly the same way head of the State of each of his realms as he is considered as the head of the State of the United Kingdom and that each of the kings realms, including the United Kingdom, owed a separate, distinct and equal allegiance to the king in respect of its ownterritory"[22]

इसी प्रकार से ब्रिटिश प्रजा (British Subjects) की क्या परिभाषा होगी? ए. बी. कीथ जो कि राजनीतिक विज्ञान के ज्ञाता हैं, वे अपनी पुस्तक *डोमिनियन एज़ सौवेरन* मे कहते हैं कि British Subjects शब्द एक सामान्य तबके की तरफ इशारा करता है अतः उससे "ग्रेट ब्रिटेन की प्रजा" का अर्थ निकालना गलत है। उसका अर्थ है हिज़ मेजिस्टी की प्रजा, जो ब्रिटिश कौमनवेल्थ के किसी भी हिस्से की प्रजा हो सकती है? बाद मे एक शब्द प्रयोग में आता है "Commonwealth Citizen" – जिसका प्रचलन ब्रिटिश नीतिज्ञों ने ब्रिटेन की रिआया के स्थान पर किया। अतः जैसे "एंपायर की जगह अब "कॉमनवेल्थ आया, उसी तरह ब्रिटिश प्रजा की जगह कौमनवेल्थ सिटीजेन कह कर पुकारा जाने लगा। इसी के अनुसार ब्रिटिश राष्ट्रीयता अधिनियम (1948) के खंड 1 (2) मे प्रस्तावित था, "Any person having the status of a British subject may be known either as a British subject or as a commonwealth citizen; and accordingly in this Act and in any other enactment or instrument whatever, whether passed or made before are after the commencement of the Act, the expression "British subject" and the expression "commonwealth citizen" shall have the same meaning."[23] उपरोक्त से यह भी स्पष्ट है कि यहाँ एक "पदवी" अथवा 'स्थिति, का भी संकेत मिलता है। यानि 'कॉमनवेल्थ' नामक संस्था का नागरिक इसमे 'ब्रिटिश प्रजा' का मतलब अलग नहीं है, बल्कि वही है जो कि 'कॉमनवेल्थ सिटीजेन" का है।

यही स्थिति 'Foreign State' नामक शब्द की भी है। एक जगह यह कहा गया है कि "Subject to the provisions of any law made by Parliament, every country within the commonwealth is hereby declared not to be a foreign state for the purposes of the constitution"[24] इस अधिसूचना को चक्रवर्ती राजगोपालाचारी ने जारी किया था जो उस समय भारत के गवर्नर जनरल बने थे और जिनहे आधिकारिक तौर पर भारत के संविधान, अनुछेद 367 (3) व अनुछेद 392(3) के अनुसार यह अधिकार प्राप्त था। इसके द्वारा उस स्थिति मे परिवर्तन लाया गया जो अनुछेद 367(3) के अनुसार बनी हुई थी व जिसमें यह लिखा था, "For the purpose of this constitution 'foreign state' means any state other than India". ऐसी भी जानकारी मिलती है, कि भारत की नज़रों मे कॉमनवेल्थ देशों में से कोई भी देश foreign state नहीं माना गया, इस बात की संतुष्टि Extradition Act (1962) की धारा 2 (E) मे दी गई foreign state की परिभाषा से भी हो जाती है। भारत की संसद द्वारा इसे 18 सितंबर, 1962 मे यह कहते हुए लागू किया गया था कि "Foreign state means any state outside India other than a commonwealth country and includes every constituent part, colony or dependency of any such state'"[25]

1857 के बाद से हमे ब्रिटिश नीतिज्ञों की सोच समझ मे बदलाव के संकेत मिलते हैं जो कि उनके द्वारा लाये गए भारतीय परिषद अधिनियमों 1861, 1892, 1909 से स्पष्ट हो जाते हैं। इस बदलाव के कारण क्या थे, अंग्रेज़ सरकार के ऊपर क्या दबाव काम कर रहे थे, इन सभी ही पहलुओं पर एक विद्वान लेखक टी. आर मेटकाफ़[26] की बहुचर्चित पुस्तक *आफ़टर मैथ ऑफ दी रिवोल्ट* मे विस्तार से चर्चा की गई है। परिणामस्वरूप हम पाते हैं कि उत्तरोत्तर जहां एक ओर सरकारी काउंसिलों मे भारतीयों की संख्या बढ़ाए जाने पर गंभीर विचार विमर्श चलता है, वहीं दूसरी ओर उस बढ़ी संख्या से ब्रिटिश हितों को कोई नुकसान न पहुँच पाये इसकी भी पूरी तैयारी कर ली जाती है। जैसा कि हमे उनकी धाराएँ पढ़ने से स्पष्ट हो जाता है।

ब्रिटिश सरकार के अनुसार 1857 विद्रोह का एक प्रमुख कारण था – शासक व शासितों मे परस्परिक संपर्क का न होना। सैय्यद अहमद खान ने इस बात पर ज़ोर देते हुए कहा कि परिषदों मे किसी भारतीय सदस्य के न होने के कारण सरकार को जनमत जानने और सरकारी इरादों के प्रति जनता के भ्रमों के निवारण करने का कोई उपाय उपलब्ध नहीं था। इस बात का समर्थन सर वाल्टर फ्रेरर ने भी 1860 मे लिखे अपने एक पत्र मे किया था।[27] 1857 मे घटी घटनाओं के परिणामस्वरूप और उन अनुभवों के बाद एक विशिष्ट नीति के तहत हम पाते हैं – अंग्रेजों के द्वारा भारतीय सहयोगियों को ढूँढने की बात। जो भविष्य मे अंग्रेजों की हुकूमत के लिए एक रक्षाकवच बन सके [28] और भारतीय समाज मे 1857 की तर्ज़ पर किसी भी संभावित

बवंडरों से इन्हे न केवल आगाह करा सके, बल्कि उन्हे नियंत्रण मे रख सकने मे भी सक्षम साबित हो सके। इस संदर्भ मे विलियम वेडरबर्न द्वारा ए. ओ. हयूम की जो आत्मकथा लिखी गई है [29] उसमे विस्तार से चर्चा की गई है। इंडियन नेशनल कॉंग्रेस नामक संस्था का जन्म ही इस उद्येश्य से किया गया कि सरकार को व्यापक स्तर पर संभावित हिंसा का डर भारतवासियों की तरफ से बैठ गया था, अतः डफरिन ने भी इसकी स्वीकृति दे दी।[30] इसी प्रकार से श्री व्योमेश चंद्र बेनर्जी जो कि भारतीय राष्ट्रीय कॉंग्रेस के प्रथम अध्यक्ष हुए, इन शब्दों मे अपनी बात को व्यक्त करते हैं, "It will probably be news to many that the Indian National Congress as it was originally started and as it has since been carried on is in reality the work of Marquis of Dufferin and Ava .... But Lord Dufferin had made ita condition with Mr. Hume that his name should not be divulged as long as he remained in the country."[31]

साथ ही इन भारतीयों की संख्या मे बढ़ोतरी से ब्रिटिश हुकूमत को कोई खतरा न हो सके, इसकी भी संभावनाओं को कम करने के लिए इन्होने शुरू मे पारित 1861, 1892 आदि के अधिनियमों मे निम्नलिखित प्रावधानों के द्वारा चौकसी बरती। जैसे मुख्य तो यह कि अधिनियम के अंतर्गत परिषदों मे गैर सरकारी सदस्यों की व्यवस्था ज़रूर गई किन्तु वे निर्वाचित न होकर मनोनीत होते थे । इनमें से भी अधिकांश देशी नरेश, अवकाश प्राप्त सरकारी अधिकारी अथवा धनी वर्ग के लोग थे जो सरकारी नीति का विरोध करने का हौसला नहीं रखते थे। अतः जनता की आवाज़ यहाँ तक पहूँच पाना संभव था ही नहीं। इसी प्रकार से "सरकार का यह विचार नहीं था कि वे कानून निर्माण मे कारगर भाग लें। वे तो कानून निर्माण की प्रक्रिया के साक्षी भले ही थे।"[32] आर. कूपलेण्ड भी यह मानते हैं कि यह परिषदें देशी नरेशों की उन परंपरागत दरबारों की तरह होती थीं जिंनका आयोजन प्रजा के विचारों का ज्ञान प्राप्त करने के लिए किया जाता था"[33] साथ ही इसने गवर्नर जनरल को अध्यादेश जारी करने की शक्ति दे दी जिसने उसे अत्याधिक शक्तिशाली बना दिया। इसी प्रकार 1892 के अधिनियम में यद्यपि अपने पूर्ववर्ती की तुलना मे निश्चित रूप से कुछ प्रगति अवश्य दिखती है, पर स्वयं मे वो फिर भी अपूर्ण ही रहा – क्योंकि परिषदों मे भारतीयों के वास्तविक प्रतिनिधित्व का अभाव तो रहा ही, और विभिन्न वर्गों व क्षेत्र के प्रतिनिधित्व मे भी असमानता रही, विधान परिषदों का विस्तार संतोषजनक रहा एवं उनकी शक्तियाँ अत्यधिक सीमित रह गईं।[34]

बीसवीं शताब्दी की शुरुवाद आते आते अपने लिए सुरक्षा कवच खड़ा करने मे अंग्रेजों ने एक नई रणनीति का सहारा लिया जिसे पृथक निर्वाचक मण्डल के नाम से जाना गया। 1909 मे पारित भारत परिषद अधिनियम मे यह कहा गया कि 20वीं शताब्दी के प्रारम्भ से भारत मे राष्ट्रीयता की एक ऐसी लहर आई है कि जिसने अंग्रेजों के होश उड़ा दिये हैं। अतः ब्रिटिश शासन द्वारा प्रत्येक संभव तरीके से इस राष्ट्रवाद को कुचलने की चेष्टा की गई। 1909 से भारत की प्रतिनिधयात्मक संबंधी संस्थाओं के विकास की दिशा मे यद्यपि मौरले मिंटो सुधार कानून एक निश्चित कदम था किन्तु इससे जिस सांप्रदायिक निर्वाचन प्रणाली का प्रारम्भ किया गया (जो सीमित व भेदभाव पर आधारित मताधिकार के लिए जानी गई) शायद 20वीं शताब्दी का सबसे घातक कदम था। पी. ई. रोबट्र्स भी यह स्वीकार करते हैं कि सांप्रदायिक प्रतिनिधित्व ने विभिन्न समुदायों मे भेद उत्पन्न कर दिया और उनके हितो का मेल असंभव बना दिया।35" मताधिकार के अनुचित भेदभाव' ही 1909 के अधिनियम की विशेषता थी। जहां मुसलमानो मे मध्यम वर्गीय जमीदार, व्यापारियों व स्नातकों को मताधिकार प्रदान किया गया, लेकिन इसी श्रेणी के गैर मुसलमानो को इस अधिकार से वंचित कर दिया था। उदहरण के लिए पूर्वी बंगाल मे उसी हिन्दू को मताधिकार प्राप्त था जिसके द्वारा 5000 वार्षिक राजस्व दिया जाता हो, लेकिन 750 रुपये वार्षिक राजस्व देने वाले मुस्लिम को मतदान का अधिकार मिला था। पंडित मदन मोहन मालवीय के शब्दों मे तीस वर्ष पहले के हिन्दू, पारसी और ईसाई स्नातक गुरुदास बेनर्जी, डाक्टर भंडारकर, सर सुब्रमनियम अइयर और रास बिहारी बोस जैसे व्यक्तियों को मताधिकार नहीं दिया गया, जबकि 5 वर्ष पहले के प्रत्येक मुस्लिम स्नातक को मताधिकार प्राप्त था। उन्होने 1909 (लाहौर) मे इंडियन नेशनल काँग्रेस के समक्ष दिये अपने अध्यक्षीय उद्बोधन मे अपने एक लंबे भाषण मे उन सभी बिन्दुओं पर विस्तार से चर्चा की थी जो दो समुदायों के बीच पैदा की गई खाई को बिलकुल स्पष्ट करते थे। उनके शब्दों मे "We find that the regulations have been vitiated by the disproportionate representation which they have secured to Mohammedans and to the landed classes, and the small room for representation which they have left for the educated classes, also by the fact that they have made an invidious and irritating distinction between Muslim and non-Muslim subjects of His Majesty's, in the matter of protection of minorities and franchise and lastly in that they have laid down unnecessarily narrow and arbitrary restrictions in the choice of the elections … It looks more like a case of allowing the majority to be driven to a corner by a minority. What makes the matter worse; however is that the advantages have been reserved only to the favored minority of our Mohammedan fellow subjects. No such protection has been extended to the Hindu minorities in the Punjab and Eastern Bengal and Assam. The Hindu minorities in the said two Provinces have been left out severely in the cold".[36] इस प्रकार 1909 के एक्ट के द्वारा भारत के बहु संख्यकों के साथ अन्याय किया गया। हिन्दू बहुमत वाले प्रान्तों मे अल्प संख्यकों के हितों की सुरक्षा के नाम पर मुसलमानो को भारात्मक प्रतिनिधित्व प्रदान किया गया था, लेकिन मुस्लिम बहुमत प्रान्तों मे (पंजाब, पूर्वी बंगाल, असम, आदि) हिंदुओं को इस प्रकार का प्रतिनिधित्व नहीं मिला था। इसी तरह से 1909 के एक्ट से ही आरक्षण की अवधारणा पर अमल करना शुरू कर दिया गया, जिसका शिकंजा कालांतर मे भारतीय राजनीति मे इतना मजबूत हो गया कि 1947 के विभाजन हो जाने के बावजूद भी यह विष खत्म नहीं हुआ। और आज तक हम उसके बाहर नहीं आ पाये हैं।

प्रथम एवं द्वितीय विश्व युद्ध होने के बाद जब अंग्रेजों को यह स्पष्ट होने लगा कि भारत मे उनका राज्य निर्बाध गति से चलता नहीं दिख रहा है एवं उसके दिन गिने हुए हैं (जिसे कुछ विद्वानो ने *ब्रिटेन'स एक्सेलरेटेड एसकेप फ्राम दि एंपायर* की संज्ञा दी है) तब हम देखते हैं भारत मे तीव्र गति से संवेधानिक परिवर्तनों की शृंखला – 1909, 1919, 1935 और अंततः 1947 का अधिनियम – जिसने भारत की स्वतन्त्रता को सुनिश्चित किया। बल्कि शायद यह कहना ज़्यादा ठीक होगा कि स्वतन्त्रता को सुनिश्चित करने के लिए उसे बनाया गया था *इंडिया इंडिपेंडेंस एक्ट* के नाम से। इन अधिनियमो के तहत एक ओर तो भारतीयों के प्रतिनिधित्व को बढ़ाने की बात पर ध्यान दिया गया, दूसरी ओर उत्तरदायी शासन की स्थापना करने की बात कही गई।[37] 1919 का अधिनियम *प्रोग्रेस्सिव रियालिजेशन ऑफ सेल्फ गवर्नमेंट इन इंडिया* के लिए महत्वपूर्ण माना गया, किन्तु यहाँ पर भी बल दिया गया था भारत को ब्रिटिश साम्राज्य का एक अंतरंग हिस्स मानने पर – अर्थात *प्रोग्रेससिव रियलाइज़ेशन ऑफ सेल्फ गवर्नमेंट इन इंडिया एज़ एन इंटीग्रल पार्ट ऑफ दि ब्रिटिश एंपायर*। तो निचोड़ यह था कि ब्रिटिश राज्य के लिए सहयोगियों की तलाश की जाए। और यद्यपि उत्तरदायी सरकार की स्थापना की दिशा मे हर संभव कदम उठाया जाए, किन्तु भारत को ब्रिटिश साम्राज्य का अभिन्न हिस्सा मानते हुए ।

1857 के बाद की हर ब्रिटिश नीति, या नीतिगत फैसलों को हमे इस तथ्य की पुष्टि मे ही और इसी की पृष्ठभूमि मे समझना है, तभी हम बीसवीं शताब्दी के राष्ट्रीय आंदोलन के मर्म को समझ पाएंगे, और तभी हम यह भी समझ पाएंगे कि क्यो *भारत छोड़ो प्रस्ताव* अथवा *गो बेक साइमन* या फिर *तुम मुझे खून दो, मई तुम्हें आज़ादी दूँगा*- जैसे नारों को हम सुनते हैं।

ध्यान देने योग्य बात यहाँ पर यह है कि इस पूरी तथाकथित संवैधानिक प्रगति अथवा परिवर्तनों की दरियादिली के बावजूद महात्मा गांधी जैसे व्यक्ति भी 1942 मे अंग्रेजों से इस भाषा का इस्तेमाल करने पर मजबूर हो गए कि "भारत को ईश्वर के हाथों मे अथवा अराजकता के छोड़ दो। तभी सब दल कुत्तों की भांति लड़ेंगे और जब वास्तविक उत्तरदायित्व सर पर पड़ेगा तो स्वयं वास्तविक समझोता कर लेंगे।"[38] ऑल इंडिया कॉंग्रेस कमेटी ने भी 1942 मे इस बात पर बल दिया कि भारत मे अंग्रेज़ी राज्य का बने रहना भारत के लिए अपमान है, और उसे दिन प्रति दिन क्षीण कर रहा है एवं अपनी रक्षा के लिए असमर्थ बना रहा है।[39] मतलब यह कि ज्यों ज्यों संवैधानिक प्रगति/परिवर्तनों ने गति पकड़ी, त्यों त्यों भारतवासियों की स्वतन्त्रता का हनन एवं हास की संभावनाए भी प्रबल होती गईं। यूं तो गांधीजी ने बड़े ही विस्तार से वर्तमान संसदीय प्रणाली पर अपने विचारों को रखा है। इनको पढ़ने से व समझने से हमे वर्तमान राजनीतिक जीवन मे आ रही गिरावट के कारणो के स्पष्ट दर्शन होते हैं। देखें इन विचारों को यहाँ संक्षेप मे ही सही। 'संसद' के बारे मे उनकी यह मान्यता है कि यह एक "बांझ स्त्री" अथवा एक "वेश्या" के रूप मे ही समझी जानी चाहिए, क्योंकि एक सर्वोच, सम-प्रभु संस्था होने के बावजूद भी मौजूदा संसद अपने निर्णय के अनुसार कोई कानून पास नहीं कर सकती – बल्कि वाह्य दबावों के कारण वो लगातार प्रभावित होती दिखती है। इसी प्रकार एक वैश्य की ही भांति यह संसद भी अपनी वफादारी को कभी एक मन्त्रीमण्डल/समूह के प्रति दिखाती है, तो कभी दूसरे मंत्रियों के समूह के प्रति। उसकी वफादारी इस बात पर निर्भर करती है कि कौन सा समूह ज़्यादा प्रभावशाली है। किन्तु महात्मा गांधी इस प्रकार की 'राजनीति' अथवा 'सरकार' की अवधारणा को ही निरर्थन मानते हैं – क्योंकि इसमे प्रमुखता दी जाती है व्यक्तिगत स्वार्थों को जिनहे ध्यान मे रखकर लोग अमुक समूह/पार्टी का निर्माण करते हैं, और फिर यह पार्टियां भी एक दूसरे से निजी स्वार्थों की रक्षा करने हेतु गठबंधन करती हैं। और इस तरह से जनता को प्रभावित करके अपने अपने ढंग से सरकारी मशीनरी का दुरुपयोग करती हैं। इस पूरी प्रक्रिया मे जो अथवा जिस तरह के कानून बनाए जाते हैं, उन्हे सारे समाज के लिए हितकर बताते हुए

समाजिक मान्यता प्राप्त कानून घोषित कर दिया जाता है। उनके शब्दों मे, "It is generally acknowledged that members of parliament are hypocritical and selfish. Each thinks of his own little interest. It is the fear that is the guiding motive .... Members vote for their party without a thought. Their so called discipline binds them to it. If any member, by way of exception, gives an independent vote, he is considered a renegade ... the Prime Minister is more concerned about securing his power than about the welfare of Parliament. His energy is concentrated upon securing the success of his party. His care is not always that parliament should do right..."[39a]) इसी प्रकार से गांधीजी यह भी बताते हैं कि जिन तरीकों से किसी व्यक्ति अथवा पार्टी के पक्ष मे मदद जुटाई जाती है, वह भी इतने ही गंदे होते हैं । वे बताते हैं कि अंग्रेज़ी वोटरों के लिए तो उनके समाचार पत्र ही सब कुछ होते हैं। वे उनही की बात मान कर चलते हैं, जबकि यह सर्वमान्य सत्य है कि इन समाचार पत्रों मे बहुत कुछ काफी हद तक झूठ भी लिखा जाता था, इसी प्रकार एक ही तथ्य को अलग-अलग अखबार, अपनी अपनी पार्टी के हितों को ध्यान मे रखकर पेश करते हैं। अतः वहाँ के लोग भी अपने विचारों को समय समय पर बदलते रहते हैं, या तो किसी ताकतवर नेता के भाषण सुनकर, या फिर, उस व्यक्ति के पक्ष मे – जो उन्हे तरह तरह से अपनी ओर आकर्षित करने के हथकंडे अपनाएं। निष्कर्ष यह कि गांधीजी के विचार हमे आज भी संसदीय प्रणाली का सच दिखाते हैं, जिनका इतिहास हम समझने का प्रयास ऊपर करते आ रहे हैं।

अतः हमने जो 15 अगस्त, 1947 को पाया, वह स्वतन्त्रता, स्वाधीनता व संप्रभुता की उस कल्पना से बिलकुल भिन्न था, जिसका स्वप्न अनेकों लोगों एवं देश के युग-पुरुषों ने देखा होगा। और देश की आज़ादी के इतने दशक बीत जाने के बाद भी जिस स्वतन्त्रता एवं प्रजातांत्रिक प्रणाली पर हम गर्व कर रहे है, यह कहीं अधिक विकृत रूप ले चुकी है। एक आम आदमी तो 15 अगस्त को झण्डा फैराके बहुत खुश होता है क्योंकि उसके अनुसार यह एक ऐतिहासिक दिन है, जब हमारा देश अंग्रेजों की लंबी गुलामी से आज़ाद हुआ, और रास्ता खुल गया अपना एक स्वतंत्र संविधान, राष्ट्राध्यक्ष, राष्ट्रीय ध्वज, राष्ट्रीय गान, राष्ट्रीय संसद, राष्ट्रीय न्यायालय, स्थापित करने के लिए। जिनको गुप्त अथवा प्रकाशित दस्तावेज़ों मे छुपी वास्तविक

जानकारी अल्प है, वे इस बात पर बेहद गर्व करते हैं कि 'स्वतंत्र भारत' संयुक्त राष्ट्र संघ की सदस्यता पा चुका है, व बाकी अंतर्राष्ट्रीय संस्थाओं की भी; उसकी विदेशों मे दूतावास हो गए हैं; उसने अपने लिए स्वतंत्र क़ानूनों का निर्माण कर लिया, उसकी अपनी स्वतंत्र विदेश नीति संभव होगी – इत्यादि। किन्तु 'वर्तमान प्रजातांत्रिक स्वरूप' को समझने के लिए यह शब्द 'स्वतंत्र' व 'स्वतन्त्रता' सिर्फ समझने योग्य ही नहीं हैं, बल्कि छानबीन करने योग्य भी हैं।

अगर हम प्रजातांत्रिक प्रणाली (जिसके लिए अंग्रेज़ी मे *डेमोक्रेसी* शब्द का प्रयोग किया जाता है) की सामान्य परिभाषा देखें तो यह है "*गवर्नमेंट ऑफ दि पीपल, फॉर दि पीपल, बाई दि पीपल*" – जिसका तार्किक निष्कर्ष निकलता है "*गवर्नमेंट बाई डिस्कशन*" – एक ऐसी सरकार जो लोगों की है, और लोगों के द्वारा है, तथा बातचीत के द्वारा सरकार को चलाया जाना है।

लोकतान्त्रिक ढांचे मे यद्यपि लोगों की प्रशासन मे ही भागीदारी नहीं, बल्कि उन्हे किन रूपों मे या किन तरीकों के जरिये हासिल किया जाए – यह भी एक अहम प्रश्न माना जाता है। किन्तु फिर भी एक सफल प्रजातन्त्र को अमल मे लाने की दृष्टि से यह बात उतनी महत्वपूर्ण नहीं है, जितना कि यह मूल विश्वास कि 'मनुष्य एक विवेकशील प्राणी है' और उसकी 'गरिमा' एवं 'व्यक्तित्व' का किसी भी कीमत पर ह्यस नहीं होने देना है। शायद इसी मान्यता के चलते – विचार एवं अभिव्यक्ति की स्वतन्त्रता (Freedom of thought and expression); न्यायालय की सर्वोचता/स्वतन्त्रता (independence of judiciary); एवं स्वचछ व स्वतंत्र निर्वाचन प्रणाली (Fair and free elections) - इन तीनों को ही एक स्वस्थ लोकतन्त्र के आधारभूत स्तम्भ के रूप मे देखा जाता है।तीनों ही एक दूसरे से इतनी अंतरंगता से जुड़े हुए हैं कि यदि कोई गड़बड़ी आई, तो लोकतन्त्र का पूरा भवन ही चरमरा के गिर सकता है। किसी भी देश मे लोकतन्त्र की सफलता एवं उसका जीवित बने रहना – इनही तीन ढांचों की निर्मलता पर आश्रित है। इसलिए ही लोकतन्त्र को एक जीने का तरीका माना जाना चाहिए, न कि 'सरकार का स्वरूप' (Form of government)।

यदि हम आधुनिक भारत मे प्रजातांत्रिक ढांचे के विकास का अवलोकन करें, तो एक बात यह स्पष्ट होती है कि जिन संसदीय संरचनाओं के माध्यम से हमारा लोकतंत्र कार्यरत है, वे सभी ब्रिटिश मोडेल पर निर्मित हैं, एवं ब्रिटिश संसदीय परम्पराओं एवं व्यवहारों से संचालित हैं। जबकि शायद भारत मे बस्ने वाले लोगों का राजनीतिक मानस कुछ भिन्न संस्कारों से

संचालित रहा है, जिसे *दंड नीति* के नाम से प्राचीन भारत मे जाना जाता था। यहाँ पर दंड नीति[39b] का अर्थ है *साइन्स ऑफ गवर्नमेंट एंड पॉलिटिक्स* (न कि दंड देने के तरीके)। अपनी पुस्तक *कौटिल्य की शासन पध्दति* मे निवेदन करते हुए लेखक भगवनदास केला लिखते हैं, "कई राष्ट्र इस बात का बहुत अभिमान किया करते हैं कि हमने बड़े-बड़े साम्राज्यों का निर्माण किया है। परंतु स्मरण रहे कि वह महान तेजस्वी और परम त्यागी आचार्य कौटिल्य भारतवासी ही था, जिसने अब से सवा दो हज़ार वर्ष पूर्व संसार में उस समय का संभवतः सबसे बड़ा विलक्षण साम्राज्य स्थापित करने में विलक्ष्ण सहायता दी थी, जबकि कितने ही देशों के निवासी राज्य संबंधी स्थूल ज्ञान से भी वंचित थे। कौटिल्य के अर्थशास्त्र ने पाश्चात्य विद्वानों की दृष्टि मे भारतीय सभ्यता और संस्कृति को, विशेषतया यहाँ की अर्थ-नीति और शासन पद्धति संबंधी ज्ञान को, उच्च स्थान देने के लिए बाध्य किया है।[40] भारतवर्ष मे लोकतान्त्रिक प्रणाली मे उस समय से प्रयोग होते रहे जब प्राचीन यूनान एवं रोम ने इसका नाम भी नहीं सुना था।[41] इसलिए विल दुरेंट नामक विद्वान ने 'मदर ऑफ डेमोक्रेसी' कह कर संबोधित किया था।[42]

भारत मे चौथी शताब्दी के बाद गणतांत्रिक राज्य लुप्त होते अवश्य दिखते हैं, किन्तु भारतीय समाज की जनतांत्रिक परंपरा वैसे ही बरकरार बनी रही।[43] उत्तर एवं दक्षिणी भारत के अनेक अभिलेखों से धरातल के स्तर पर लोकतान्त्रिक के प्रचलित होने की पुष्टि होती है। चाणक्य द्वारा रचित अर्थशास्त्र मे यह स्पष्ट बताया गया कि यह दंडनीति अर्थात साइन्स ऑफ गवर्नमेंट सदैव ही 'धर्म, व्रत, एवं अनविवशी' से संचालित रही।[44] यहाँ पर 'व्रत' से तात्पर्य है सामान्य जन के हितों की रक्षा और ''अनविवशी'' का मतलब है जीवन दर्शन। इन बातों से यह भी समझ मे आता है कि भारत के 'राजनीति सिद्धान्त' मे राज्य के सर्वे-सर्वा होने की कल्पना तक नहीं की जा सकती थी। यहाँ राज्य (State) का अर्थ पश्चिम के ईसाई जगत मे व्याप्त अर्थ से या, मध्य-पूर्व के इस्लामिक राज्यों के स्वरूप से बिलकुल भिन्न था – उसी तरह से भारतीय राज्य के संदर्भ मे *सेकुलर* शब्द का अर्थ सर्वमत सर्वधर्म सम्भाव के मायने मे स्वीकार्य था, न कि धर्म निरपेक्ष के अर्थ से (जैसा कि आज कल कहा जाता है)। अपनी इन्ही अवधारणाओं की वजह से प्राचीन भारत मे 'सरकार" उसे समझा जाता रहा होगा जो सबसे कम हुकूमत करे। दूसरे शब्दों मे "Principle of government which governs the least", और भारतीय समाज का संचालन स्वधर्म" स्वराज्य" जैसे शब्दों से होता था। गाँव की पंचायतें एवं अन्य स्थानीय संस्थाएं

भारतीय प्रजातन्त्र के अंश (Instruments) थे और अपनी परम्पराओं को आदर करने एवं महत्व देने के कारण ही इन संस्थाओं ने भारतीय समाज को उस कठिन समय मे अपनी अस्मिता बचा पाने मे सफलता दिलाई, जब हिंदुस्तान पर अरबों, तुर्कों, एवं मुग़ल शासकों द्वारा इस्लामिक शासन थोपा गया था, जो एक लंबे समय तक बरकरार रहा।

बड़े ही प्रभावशाली ढंग से परिवर्तन आना शुरू हुआ अंग्रेजों के आने के बाद। उनकी इस नीति "We must use all the power and the authority in our hands, until India becomes the bulwark of Christianity in Asia के विरोध मे हम पाते हैं 1857 का विद्रोह – जो कि अनेक कारणों से विफल रहा/कर दिया गया। और उसके बाद जो भर्तियों का कठोर दमन शुरू हुआ, उसने बहुत से भर्तियों को अंग्रेजों को अपना स्वाभाविक प्रतिनिधि मान लेने की ओर उद्यत किया इसी बीच अंग्रेज़ी शिक्षा के प्रभाव से राजा राम मोहन रॉय सरीके लोगों ने यूरोपिय एवं ब्रिटिश सांस्कृतिक संस्थाओं के श्रेष्ठ होने की बात उठाई, जिसे आगे चलकर मोतीलाल नेहरू, सर तेज बहादुर सप्रू, जवाहरलाल नेहरू व अन्य व्यक्तियों ने भारतीय राजनीति के क्षितिज पर पूरी तरह स्थापित करने मे कोई कसर नहीं छोड़ी। अर्थात 1857 के अपने कड़वे अनुभव के बाद अंग्रेजों ने भारत पर अपने नियंत्रण को और पुख्ता करने की दृष्टि से भारतीय सहयोगियों की खोज का एक मुहिम छेड़ा, ताकि उनके माध्यम से वे वृहत भारतीय समाज की प्रतिक्रियाओं पर नज़र रख सकें, और उनकी इच्छाओं को अपने उदयेशों के अनुरूप दिशा दे सकें, इसी ने बीसवीं शताब्दी आते-आते आधुनिक प्रजातांत्रिक प्रणाली की भारत मे नीव डाली। भारतीय परिषद अधिनियम 1861 (Indian Councils Act1861) से यह मुहिम शुरू हुई; और जैसे जैसे अंग्रेज़ी शिक्षित भारतीय वर्ग तैयार होते गए, वैसे वैसे इन परिषदों के माध्यम से उन्हे प्रशासन मे भागीदारी का भी भ्रम दिया जाता रहा। और हम पाते हैं 1892 का भारतीय परिषद अधिनियम; तत्पश्चात 1909 का भारतीय परिषद अधिनियम और फिर 1919 एवं 1935 का भारत सरकार अधिनियम भी इसी क्रम मे आए। तो एक तरफ तो नए किस्म के प्रजातांत्रिक ढांचे की स्थापना (जिसका भारतीय मानस अभ्यस्त नहीं था) और दूसरी ओर जैसे जैसे देश मे अंग्रेजों की कुटिल नीतियों के कारण राजनीतिक विरोध की भावना प्रबल होती गई, जागरण फैलने लगा, वैसे-वैसे वह जागरण आंदोलन का स्वरूप न ले पाये – इसके लिए ब्रिटिश हुकूमत द्वारा बंगाल का विभाजन, भारतीय विश्वविद्यालय अधिनियम (Indian Universities

Act) से और हिंदुओं के खिलाफ मुस्लिमों को खड़ा करने की नीति का प्रत्यक्ष व परोक्ष समर्थन सरकार के द्वारा किया गया। बीसवीं शताब्दी मे लॉर्ड मिण्टो, मिस्टर आर्कबोल्ड (जो कि मुस्लिम ओरियंटल कॉलेज के प्रिन्सिपल थे और जो आगे चलकर अलीगढ़ मुस्लिम यूनिवर्सिटी बनी) आदि के द्वारा भारतीय राष्ट्रीय चेतना पर बड़ा कुठराघात करने के उद्येश्य से जल्द ही भारत के राजनीतिक क्षितिज पर राष्ट्रीय कॉंग्रेस के समकक्ष अखिल भारतीय मुस्लिम लीग (All India Muslim League) जैसी संस्था की नीव डाली गई। इसका पहला अधिवेशन वर्ष 1906 मे ढाका मे किया गया। 1909 के अधिनियम मे मिण्टो एवं मोरले ने व्यवस्थित निर्वाचन के साथ मुसलमानो के लिए पृथक निर्वाचन मण्डल (separate electorates) का भी प्रावधान किया। संक्षेप मे इन सभी बातों से इस पढ़े-लिखे मध्यम-वर्गीय भारतीय समाज को ब्रिटिश मोडेल की संसदीय संस्थाओं से परिचित करवाया गया – हलाकि वास्तविक अधिकार अंग्रेजों ने अपने ही पास रखे। 1919 के अधिनियम के द्वारा (जिसने पहली बार – द्वैध-शासन (Diarchy) के माध्यम से प्रान्तों मे भारतीय राजनीतिक सभ्रान्त वर्ग को, संसदीय प्रणाली के अधीन सत्ता के रसास्वादन का मौका दिया) भारत की मिट्टी मे ब्रिटिश मोडेल अपनी जड़ें जमाने मे सफल रहा। 1929 मे इसका पुनर्मूल्यांकन करने के लिए साइमन कमीशन भारत भेजा गया और फिर दो गोल मेज़ सम्मेलनो (Round Table Conferences) जो 1930 और 1931 मे लंदन मे आयोजित की गईं – उनके माध्यम से भारतियों को स्वशासन कैसे दिया जाए इस पर ब्रिटिश सरकार ने विचार किया। जैसा कि उम्मीद की गई थी, इस पूरी समस्या के निदान मे सबसे बड़ी अड़चन और कुछ नहीं बल्कि यह उभर कर आई – कॉंग्रेस व मुस्लिम लीग के बीच सत्ता की आपसी होड़ ।

1932 के मेकडूनल्ड अवार्ड ने पृथक निर्वाचन मण्डल की उस राजनीति (जिसे 1909 के अधिनियम मे कानूनी तौर पर स्थापित किया गया था) का दायरा और विस्तृत कर दिया।[45] 1935 के अधिनियम मे ज़्यादा प्रतिशत प्रतिनिधित्व अंग्रेजों ने मुस्लिम समाज को दिया। ब्रिटिश संसद द्वारा पारित 1935 के इस संविधान ने, भारत मे तथाकथित प्रजातांत्रिक संस्थाओं (जो कि पूरी तरह से ब्रिटिश मौडेल पर आधारित थीं) के विकास मे एक लंबी छलांग लगायी।[46] बीसवीं शताब्दी मे जैसे जैसे राजनीतिक घटनाएँ घटीं खासतौर पर वे, जिनका इशारा यहाँ किया जा रहा है, जैसे 1930 के इलाहाबाद अधिवेशन मे अखिल भारतीय मुस्लिम लीग के

अपने अध्यक्षीय उद्बोधन में मुहम्मद इकबाल द्वारा खुले रूप से पाकिस्तान का प्रस्ताव रखना; उत्तर प्रदेश के ख़ालिक़ –उ-ज़मन द्वारा भारत के विभाजन की मांग; 1940 के लाहौर अधिवेशन मे उसे प्रमुख मुद्दा बनाकर पेश करना; और द्वितीय विश्व युद्ध के विरोध मे कॉग्रेस सरकार का तत्काल इस्तीफा देना – इन सबसे एक बात स्पष्ट हो गई, वह यह कि ब्रिटिश मोडेल की प्रजातांत्रिक प्रणाली ने सत्ता मोह एवं सत्ता प्राप्ति के रास्ते तो उजागर किए, किन्तु इससे गवर्नमेंट फॉर दि पीपल, ऑफ दि पीपल, बाई दि पीपल की बातें कोसों दूर चलीं गईं, जिसका भारतीय मानस कभी भी अभ्यस्त नहीं रहा होगा। एक ऐसी प्रणाली की अब भारत मे नीव पड़ गई जिसमे राजनीति को राष्ट्रनीति के ऊपर वरीयता प्राप्त हुई।

निष्कर्ष स्वरूप दो तीन बातें स्पष्ट रूप से हमारे सामने आती हैं। पहला तो यह कि यद्यपि भारत की स्वतन्त्रता (जो हमे 15 अगस्त, 1947 को मिली) हमारे इतिहास मे *रेड लेटर डे* के रूप मे देखी जाती है, किन्तु इसकी शुरुआत हुई है कॉग्रेस के द्वारा भारत विभाजन को स्वीकार करके, और अंग्रेज़ी मंसूबों की पूर्ति की बुनियाद पर। दूसरा, संविधान सभा के लिए जो चुनाव किए गए थे, वे भारत के अखंड स्वरूप को बरकरार रखा जाए इस भावना से प्रेरित थे। और उस समय बिना जाति, पार्टी आदि का ध्यान दिये देश के लोगों ने कॉग्रेस पार्टी को यह कार्य सौंपा था, जिसका इसने वादा भी किया था। किन्तु अपने सितंबर, 1945 के कॉग्रेस वर्किंग कमेटी के प्रस्ताव[47] द्वारा यह वादा भी ताक पर रख दिया गया, जिसे जनता के साथ किए गए विश्वासघात की संज्ञा देना शायद कोई अतिशयोक्ति न हो। तीसरा यह, कि स्वतन्त्रता प्राप्ति होते ही किस तरह सरदार वल्लभ भाई पटेल (जिन्हे कॉग्रेस के सर्वोच्च पद के लिए जनाधार प्राप्त हुआ) के नाम को पंडित जवाहरलाल नेहरू से नीचा कर दिया गया।[48] यह सारी बातें हमे स्पष्ट करती हैं कि वह स्वतन्त्रता एवं प्रजातांत्रिक ढांचा जिसे हम आज तक बरकरार बनाए हुए हैं – उसकी नीव क्यों ओर कैसे पड़ी? यह बड़ी बात है कि अधिकांश लोग आज राजनीतिज्ञों एवं नौकरशाहों के भ्रष्टाचार पर रोकथाम लगा पाना मुश्किल मान रहे हैं। यदि इस कथन मे थोड़ी भी सत्यता है, तो हमे देखना होगा कि अंग्रेजों के जाने के बाद कौन से वे कारण भारत मे अभी भी विद्यमान हैं, जो हमारी इस आकांक्षा *गवर्नमेंट फॉर दि पीपल, बाई दि पीपल, ऑफ दि पीपल* का लगातार ह्यस करते जा रहे हैं?

संदर्भ सूची:

1. लोक सभा डिबेट्स (13वां सेशन) जिल्द XLIX, नंबर्स 21-27, लोक सभा सेक्रेटेरियट, न्यू दिल्ली। ओरल आन्सर्स टु स्तर्ड क्वेश्चन्स नंबर 716 द्वारा श्री सिद्धेश्वर प्रसाद।

2. As a synonymous of Empire with the modern day connotation, the term Commonwealth of Nations has come into general use to denote the 'British Empire' as a whole". (Encyclopedia Britannica 1933 edition)

   "British Commonwealth is the name given to the whole aggregate of territory at the head of which is the British Crown. This territory comprises the United Kingdom of Great Britain and Northern Ireland, the self-governing Dominions or Realms, the Republic of India and also colonies still administered to a greater or lesser extent by the Government of the United Kingdom as well as the Protected States, Protectorates and Trust Territories (formerly Mandated States) over which the United Kingdom or one of its self-governing partners exercise more or less control". (Encyclopedia Britannica 1955 edition).

   "The British Empire or "Commonwealth" is the name used to cover that extraordinary agglomeration that is usually colored red in the maps of the world". (William Bennet and Ayeres, The Governments of Empire)

   "For a long time the term 'Empire' was used. This term has now given place to 'Commonwealth' or 'Commonwealth of Nations' ". (What is the Commonwealth? 1956, pp. 1-2)

   "The word 'Commonwealth' has come to be accepted as the new name for the 'British Empire'. The parts of the Commonwealth are called 'Commonwealth countries'."(The Constitutional Structure of the Commonwealth, K.C. Wheare, 1969) With regard to the Indian Citizenship Bill placed before the Lok Sabha in

May 1955, Sri Datar (the then Deputy Minister for Home Affairs) said on August 8, 1955, "Commonwealth, which is otherwise called the 'British Commonwealth of Nations". (Lok Sabha Proceedings Volume V, No. 11, Column 9636)

2a. ब्रिटेन, जिल्द 2, अंक 6, मार्च 15, 1961। ब्रिटिश सूचना सेवाओं द्वारा जारी किया गया। नई दिल्ली

3. दि कॉमनवेल्थ इन ब्रीफ़, फरवरी, 1965 संस्करण ब्रिटिश सरकार द्वारा तैयार पर्चा।

4. गार्डेन वौकर, दि कॉमनवेल्थ, लंदन, 1962, पृष्ट 15

5. वही, पृष्ट 189

6. कॉन्सटिटुशनल डेव्लपमेंट इन दि कॉमनवेल्थ, फरवरी 1964, लंदन, ब्रिटिश इन्फोर्मेशन सर्विस, पृष्ट 16

7. गार्डेन वौकर, दि कॉमनवेल्थ, पूर्व उद्धृत, पृष्ट 103

8. वही।

8.अ वही, पृष्ट 189

9. डंकन सेंडीज़, दि मॉडर्न कॉमनवेल्थ, सेंट्रल ऑफिस ऑफ इन्फोर्मेशन, लंदन, 1962 द्वारा जारी किया गया।

10. एंपायर इंटू कॉमनवेल्थ, ए कलेकषन ऑफ लॉर्ड एटलीज़ लेक्चर्स, ऑक्सफोर्ड यूनिवर्सिटी प्रैस, 1961

11. गार्डेन वौकर, पूर्व उद्धृत, पृष्ट 193

11a. "After the Second World War there was a clear shift of terminology in the Prime Minister's communiqués in response to the underlying forces that were reshaping the Commonwealth.

"The decisive change in the usage of the Prime Ministers occurred in the final communiqué after their 1946 Meeting and before the membership of the Asian nations. There was a marked departure from the vocabulary that had been common before and during the Second World War. The word 'Empire' did not appear at all, 'Dominion' once only its last bow in such documents, 'British Commonwealth' five times; and 'Commonwealth' once.

"From 1948 when the Asian Prime Minister were sitting side by with their colleagues, the change became more pronounced. In all the Prime Minister's communiqués after that date, whether there were Labour or Conservative Governments in office in Britain, 'Empire' still made no appearance. Apart from one use of 'British Commonwealth' (in the 1949 declaration) the term "Commonwealth" came to be regularly used. 'Dominion' disappeared altogether and in its place occurred such terms as 'Commonwealth Countries' and 'other Commonwealth governments'. (Gordon Walker, The Commonwealth, 1962, 193)

Mr. Attlee, the then Prime Minister of British Empire – in reply to a question in the House of Commons whether any decision on the use of any of the terms has been taken, said on May 2, 1949, "All constitutional development in the three terms deliberately have been subjects of consultations between His Majesty's Governments and there have been no agreement to adopt or exclude the use of any of these terms, nor any decision on the party of His Majesty's Government in the United Kingdom to do so". (House of Commons Debates, Hansard Report, Volume 644, No. 644)

12. उस ऑफ कॉमन्स डिबेट्स, हंसर्ड रिपोर्ट्स , ग्रंथ ६४४, संख्या ६४४।
12a. The process of transformation of an Empire into Commonwealth – an association of free and equal States has taken place during the last sixty years – a period which covers my adult life. I have seen it happen and have taken some share in

bringing it about". (Empire into Commonwealth, Collection of Lord Attlee's Lectures, OUP, 1961)

12b. The transformation coincided in time with the membership of the Asian Nations. But the Asian Nations were not the specific cause of transformation. Every one of the post-war constitutional changes would have come without the membership of the Asian nations. Each was a development of elements that already existed in the concept of Commonwealth". (Gordon Walker, op.cit. p. 186)

13. दि मोनारकी एंड दि कौमनवेल्थ, 1955 संस्कारण ब्रिटिश सरकार द्वारा तैयार पर्चा।

14. एनसाइक्लोपीडिया ब्रिटेनिका, 1955 संस्करण से उद्धृत।

15. वॉट इज़ दि कौमनवेल्थ, 1956 संस्कारण, ब्रिटिश सरकार द्वारा जारी, पृष्ट 1-2

16. गार्डेन वॉकर, पूर्व उद्धृत, पृष्ट 193, 1960

17. वही।

18. कॉमनवेल्थ इन ब्रीफ़, पृष्ट 14-15, ब्रिटिश सरकार द्वारा जारी 1965 संस्कारण।

19. के. सी. वियरे, दि कोंस्टीटुशनल स्ट्रक्चर ऑफ दि कॉमान्वेथ, 1960 (न्यू एडिशन, isbn-13-978-0313236242, 1982, प्रेगर पब्लिशेर्स इंक)।

19a. देखें 1947 का भारत स्वतन्त्रता अधिनियम, जिसे 18 जुलाई 1947 को ब्रिटिश संसद के द्वारा लागू करने का आदेश पारित हुआ, और जो 15 अगस्त 1947 से प्रभावी माना गया। इस अधिनियम के द्वारा अपने साम्राज्य को समाप्त करने की बात इनहोने नहीं की थी, बल्कि जैसे लॉर्ड लिसटोवेल ने कहा था जब वह भारत मंत्री थे (एक चर्चा के दौरान हाउस ऑफ लॉर्ड्स मे जुलाई 1947 को) कि इस अधिनियम का उद्येश्य था " to carry a step further the progressive enlargement of the commonwealth within the empire and the steady replacement of responsibility of trusteeship by the no less weighty responsibility of partnership".

20. लुई फिशर, दि ग्रेट चेलेंज,प्रकाशित दउएलल, स्लोन & पियर्स, 1946
21. आर एन गिलक्रिस्ट, प्रिंसिपल ऑफ पॉलिटिकल साइन्स,
22. गार्डेन वॉकर, पूर्व उद्धृत, पृष्ठ 103
23. वही।
24. ऑर्डर सी ओ 2, तिथि 23 जनवरी 1950। श्री राजगोपालाचारी गवर्नर-जनरल ऑफ इंडिया की हैसियत से जारी, शीर्षक दि कोन्सटिटुशन (डिक्लेरेशन एज़ टु फ़ॉरेन स्टेट्स) ऑर्डर, 1950।
25. न्याय मंत्रालय द्वारा प्रकाशित, 23 जनवरी 1950
26. थॉमस आर मेटकफ़, आफ्टर्मेथ ऑफ दि रिवोल्ट, इंडिया 1857-1870, प्रिन्स्टन यूनिवर्सिटी प्रेस, 1964
27. पी. मुखर्जी, इंडियन कोंस्टीटुशनल डेवलपमेंट, जिल्द, 1, पृष्ठ 19
28. एस. आर. महरोत्रा, दि पॉलिटिक्स बिहाइंड दि मोंटेग्यु डिकलरेशन ऑफ 1917 उद्धृत – सी. एच. फिलिप्स द्वारा संकलित पॉलिटिक्स एंड सोसाइटी इन इंडिया, लंदन, 1963, पृष्ठ 71
29. विलियम वेदरबर्न, लाइफ ऑफ ह्यूम,लंदन,1913
30. सर अल्फ्रेड लायल, लाइफ ऑफ दि मारकीस ऑफ डफ़्फरिन एंड आवा, लंदन, 1965
31. डब्लू. सी. बेनर्जी, इंडियन पॉलिटिक्स: ए कलेक्शन ऑफ एस्सेयस एंड अड्रेसेस, मद्रास, 1898
32. श्री राम शर्मा, ए कोंस्टीटुशनल हिस्टरी ऑफ इंडिया, 1949, पृष्ठ 11
33. आर कुपलेंड, दी इंडियन प्रॉब्लेम्स, ऑक्सफोर्ड यूनिवरसिटि प्रैस, 1944, पृष्ठ 65

34. चिंतामणि एंड मसानी, इंडियाज़ कोंस्टी टु शन एट वर्क,एलाइड पब्लिशर, 1940, पृष्ट 3

35. पी. ई. रॉबर्ट्स, हिस्टरी ऑफ ब्रिटिश इंडिया, अक्षत पब्लिकेशन,1990, पृष्ट 403।

36. सेंट्रल सेक्रेटेरियट लाइब्ररी, मिनिस्टरी ऑफ कल्चर, पी डी एफ – 25687 मे पूरा अध्यक्षीय भाषण उपलब्ध है। इसके अतिरिक्त अन्य पुस्तक तुलसी वत्सल, इंडियन पोलिटिकल हिस्टरी फ्रोम मराठास टु मॉडर्न टाइम्स, दिल्ली, 1982, पृष्ट 168 मे भी उद्धृत।

37. देखें परिशिष्ठ 2

38. महात्मा गांधी द्वारा ऑल इंडिया कॉँग्रेस कमेटी बंबई अधिवेशन अगस्त 8, 1942 मे हिंदुस्तानी मे उदबोधन । क्रिप्स ने टिप्पणी करते हुए कहा "Quite recently he has said, "Anarchy is the only way. Someone asked me if there would be anarchy after British rule. Yes. It will be there, but I tell the British to give us chaos". (Sir Stafford Cripps' broadcast on India (1) Text of the broadcast. Cripps, Nehru & Gandhi, www.national archives.gov.uk

39. पट्टाभि सीतारमइया, हिसटरि ऑफ कॉंग्रेस, ग्रंथ 2 ,मद्रास, 1935।

39a. मोहनदास करमचंद गांधी, कलेकटिड वर्क्स, जिल्द 10, पृष्ठ 17-18।

39b. दंड नीति अर्थात राजशास्त्र। आचार्य कौटिल्य ने इसे विशेष महत्व दिया है, और यह कहा कि अन्य तीन विद्याओं (अन्वीक्षकी, त्रयी, वार्ता) का भी दंडनीति ही है। शस्त्र ज्ञान पूर्वक प्रयुक्त भूल की हुई दंड नीति जीव धारियों के योग और प्रेम का कारण होती है। यहाँ पर यह भी कहना समीचीन होगा कि कौटिल्य ने जिस शासन पद्धति का विवेचन किया है, उसके अनुसार यहाँ लोगों को स्थानीय प्रबंध संबंधी यथेष्ट स्वाधीनता थी तथा राजा पर भी विविध प्रकार के नियमों के भी नियंत्रण थे जिससे वह स्वेच्छापूर्वक राजकार्य नहीं कर सकता था।

40. भगवानदास केला, कौटिल्य की शासन पद्धति, प्रयाग, 2005।

41. वही।

42. विल दुरेंट, इन केस ऑफ इंडिया

43. वही।

44. भगवानदास केला, पूर्व उद्धृत।

प्रज्ञा सुखे सुखम राग्यह प्रजानाम च हिते हितम। नात्म प्रियं हितम राग्यह प्रजानाम तु प्रियं हितम॥ कौटिल्य, अर्थशास्त्र, 1/19 इस पुस्तक को पढ़ने से यह समझ मे आता है कि प्राचीन भारतवासी केवल आध्यात्मिक चिंतन मे ही नहीं लगे रहते थे (जैसा कि उनके बारे मे भ्रम फैलाया जाता है बहुत से पाश्चात्य तथा कुछ भारतीय विद्वानो के द्वारा) बल्कि उन्होने अर्थ शास्त्र और राजनीतिक, सामाजिक जैसे ऐहिक विषयों का भी उतना ही चिंतन-मनन किया और इन विद्याओं का प्राचीन काल मे ही काफी विकास किया। पुरातत्व या प्राचीन इतिहास संबंधी खोज हमे इस विषय पर कौटिल्य के अर्थ शास्त्र की महत्ता को समझा पाने मे सहायक है। यह एक ही ग्रंथ इस बात का साक्षी है के जन्म से न जाने कितने पहले से ही भारत मे धन-धान्य, खनिज विद्या, शासन प्रबंध, सैन्य संचालन, नगर-निर्माण, भू-गर्भ विद्या, अंतरिक्ष विद्या और रसायन शास्त्र आदि अनेक विषयों मे अद्भुत उन्नति हुई थी। जैसी कि संसार के अन्य देशों ने अब कहीं जाकर आधुनिक काल मे प्राप्त करने मे सफलता पायी है। अपने अर्थ शास्त्र के दूसरे अध्याय के पहले प्रकरण मे ही कौटिल्य लिखते हैं कि विद्या चार हैं – आंविक्षिकी (दर्शन और तर्क), त्रयी (धर्माधर्म का विषय अथवा वेदों का ज्ञान), वार्ता (कृषि, व्यापार आदि अर्थशास्त्र का विषय) और दंड-नीति (राजशास्त्र)।

दंडनीति अर्थात राजशास्त्र। आचार्य कौटिल्य ने इसे विशेष महत्व दिया है, और यह कहा कि अन्य तीन विद्याओं (आन्वीदकी, त्रयी, वार्ता) का भी दंडनीति से ही संबंध है। शास्त्र ज्ञानपूर्वक प्रयुक्त भूल की हुई दंडनीति जीवधारियों के योग और प्रेम का कारण होती है। यहाँ पर यह कहना समीचीन होगा कि कौटिल्य ने जिस शासन पद्धति का विवेचन किया है, उसके अनुसार यहाँ लोगों को स्थानीय प्रबंध यथेष्ट स्वाधीनता थी तथा राजा पर भी विविध प्रकार के नियमो के भी नियंत्रण थे जिससे वह स्वेच्छापूर्वक राजकार्य नहीं कर सकता था।

45. मैकडोनल्ड अवार्ड अथवा कम्यूनल अवार्ड, या सांप्रदायिक पंच-निर्णय। कूपलेंड, पूर्व उद्धृत।

अगस्त 1932 मे भारत मे सांप्रदायिक प्रतिनिधित्व के प्रश्न का समाधान देने के लिए ब्रिटिश प्रधानमंत्री रेमज़े मेकडूनल्ड ने प्रांतीय विधान सभा मे अल्प संख्यकों के संदर्भ मे अपना

सांप्रदायिक पंच निर्णय प्रस्तुत किया। मुस्लिम, यूरोपीय , सिक्ख, भारतीय इसाइयों तथा आंग्ल-भारतियों के लिए पृथक चुनाव क्षेत्र स्थापित करने का निर्णय लिया गया, और बाकी लोगों के लिए सामान्य चुनाव क्षेत्रों के अंतर्गत मतदान की व्यवस्था की गई। दलित वर्ग के लिए कुछ जटिल चुनाव-प्रणाली की व्यवस्था की गई और अछूतो को हिंदुओं से पृथक प्रतिनिधि भेजने का अधिकार दिया गया। और इस प्रकार से राष्ट्रिय एकता पर एक गंभीर कुठराघात हुआ।

46. 1935 का भारत सरकार अधिनियम। ए बी कीथ, ए कोन्सटिटूश्नल हिसटरि ऑफ इंडिया 1600-1935, इलाहाबाद, 1936।

1935 के अधिनियम के द्वारा प्रान्तों मे द्वि सदनीय विधान मंडलों की व्यवस्था की गई। और निर्वाचन प्रणाली मे भिन्न भिन्न संप्रदायों को सुविधाएं देने के कारण चुनाव पद्धति के द्वारा सांप्रदायिकता को और अधिक भड़काया गया।

47. मौलाना आज़ाद, इंडिया विंस फ़्रीडम, बंबई, 1959।
48. के एल पंजाबी, दि इंडोमिटेबल सरदार, भारतीय विद्या भवन, 1977।

परिशिष्ट - 1

इंडिया इंडिपेंडेंस अधिनियम 1947 का उद्येश्य था भारत मे दो स्वतंत्र अधिराज्यों की स्थापना करना एवं 1935 के भारत सरकार अधिनियम के उन उपबंधों (जो इन अधिराज्यों के बाहर के मामले से संबन्धित हैं) को अन्य दूसरे आवश्यक उपबंधों से पूरा करना। इस अधिनियम का उद्येश्य कहीं भी भारत मे ब्रिटिश साम्राज्य की समाप्ती नहीं था बल्कि लॉर्ड लिस्टवेल के अनुसार एंपायर के अंदर तैयार की जा रही कॉमनवेल्थ नमक संस्था को और पुख्ता करना था, ताकि पहले जो ब्रिटिश शासकों ने ट्रस्टीशिप समझ कर भारत की ज़िम्मेदारी उठाई थी, उसे अब पार्टनर्शिप के नाम से पूर्वव्रत ही चलाया जा सके। और यह शब्द इंडिपेंडेंस भी उस डोमिनिओन्स शब्द की प्रसिद्ध परिभाषा के ही अनुरूप था जिसे 1926 की इंपीरियल कोन्फ्रेंस मे तय किया गया था। इस अधिनियम के कुछ प्रमुख अनुच्छेद इस प्रकार से थे:

Section 1: "As from the fifteenth day of August 1947 two independent Dominions shall be set up in India, to be known respectively as India and Pakistan".

Section 6: It is said in sub-section (1) of this section that "The legislature of each of the new Dominions shall have full power to make laws for that Dominion including laws having extra-territorial operations". But in the sub section (2) of this very Section a limit is put on the power of repeal of the Dominion Legislatures as under, "The Legislatures of both the Dominions have the powers to repeal or amend the Indian Independence Act of 1947 or any existing or future Act of the Parliament of the United Kingdom or any order, rule or regulation made under any such Act in so far as it is part of the law of the Dominion".

Section 7: Deals with the ending of responsibility of His Majesty's Government in the United Kingdom over the territories of British India, and with the lapse of suzerainty of His Majesty over the Indian States. It also deals with the charge in the Royal style and Titles in the following words, "The assent of the Parliament of the United Kingdom is hereby given to the omission from the Royal Style and

Titles of the words "India Imperator" and the words "Emperor of India" and to the issue by His Majesty for that purpose of His Royal Proclamation under the Great Seal of the Realm".

Section 8: Deals with "Temporary provisions as to the Government of each of the new Dominions". Sub-section (1) of this Section gives double status and function to the Constituent Assemblies of both India and Pakistan. "In the case of each of the new Dominions, the powers of the Legislature of the Dominion shall, for the purpose of making provision as to the Constitution of the Dominion, be exercisable in the first instance by the Constituent Assembly of that Dominion, and reference to this Act to the Legislature of the Dominion, and reference in this Act to the Legislature of the Dominion shall be construed accordingly."

Sub-section (2) of the same section says: "Except in so far as other provision is made by or in accordance with a law made by the Constituent Assembly of the Dominion under sub-section (1) of this section, each of the new Dominions and all provinces and other parts thereof shall be governed as nearly as may be in accordance with the Government of India Act 1935, and the provisions of that Act and of the Orders in Council, rules and other instruments made there under, shall as far as applicable, and subject to any express provision of this Act, and with such omissions, adaptations and modifications as may be specified in the orders of the Governor-General under the next succeeding section, have effect accordingly".

(स्थानाभाव के कारण यहाँ कुछ ही उदाहरण दिये गए हैं)

परिशिष्ठ – 2

यहाँ पर यह भी समझना ज़रूरी है कि भारत मे रिपब्लिकन फॉर्म ऑफ गवर्नमेंट का आना भी ब्रिटिश नीति से प्रभावित रहा है, और इससे संबन्धित कुछ प्रमुख बातें इस प्रकार हैं। 1774 मे जब अमेरिकी उपनिवेशों ने ब्रिटिश क्राउन से अपने संबंध विच्छेद करने की मुहिम छेड़ दी, तब ब्रिटिश सरकार ने लॉर्ड डरहम को नियुक्त किया गया इस मुद्दे पर विचार करने के लिए कि ऐसा क्या किया जाए भविष्य मे, जिससे इस प्रकार के नुकसान को रोका जा सके, जैसे कि अमेरिकी उपनिवेशों के स्वतंत्र होने के कारण हुआ। सो 1839 मे लॉर्ड डरहम ने अपनी रिपोर्ट प्रस्तुत की जिसमे उन्होने इस बात पर बल दिया कि उन क्षेत्रों को, जिनमे थोड़ा भी असंतोष दिख रहा हो, उनके आंतरिक मामलों मे स्वशासन का अधिकार दे दिया जाना चाहिए। ब्रिटिश सरकार ने डरहम की इस रिपोर्ट को स्वीकार करते हुए अपनी उपनिवेशों के प्रति भावी नीति का आधार बनाया और इसी क्रम मे 1840 मे कनाडा को उत्तरदायी सरकार व स्वशासन के अधिकार से नवाजा गया। आगे चलकर इसे हर उस क्षेत्र मे भी लागू किया गया जहां मुख्य तौर पर ब्रिटिश व यूरोपीय नस्ल के लोगों का वास था। तदनुसार, 1855 मे औस्ट्रेलिया को एक स्वशासित उपनिवेश का दर्जा प्राप्त हुआ; न्यू जीलेंड को इसी तरह 1865 मे, एवं दक्षिणी अफ्रीका को 1900 मे यह दर्जा दिया गया। 1907 मे इन स्वशासित उपनिवेशों को *डॉमिनियन* के नाम से संबोधित किया गया।

अगस्त 1914 मे जब विश्व युद्ध शुरू हुआ तब 1917 मे एक युद्ध परिषद (War Cabinet) का गठन किया गया और इंपेरियल वार कोन्फ्रेंस का आयोजन किया गया। इसका उद्येश्य था ब्रिटिश साम्राज्य का पुनः निर्माण एवं पुनः गठन कर्णा। अपने एक लेख मे श्री बिपिन चंद्र पाल (बिपिन चन्द्र पाल, *दि न्यू एकोनोमिक मिनेस टु इंडिया*, मद्रास, 1920) ने इस उपरोक्त सम्मेलन के द्वारा तय की गई बातों पर प्रकाश डाला है, जिसका निचोड़ इस प्रकार है:

1. डोमिनियन्स को इंपेरियल कॉमन वेल्थ के मातहत स्वतंत्र राष्ट्र का दर्जा देना
2. भारत को इंपीरियल कॉमन वेल्थ के एक अभिन्न हिस्से के रूप मे देखना
3. डोमिनियन्स एवं भारत के अधिकारों की स्वीकृति उनके विदेश नीति एवं विदेश सम्बन्धों के

संदर्भ मे

4. साम्राज्यवादी हितों को ध्यान मे रखते हुए इन अधिराज्यों के साथ लगातार विचार विमर्श की नीति को अपनाना, व अगले क्रिया कलापों की रूप रेखा तैयार करना।

इसी तरह से एक ब्रिटिश सरकार की पुस्तिका जिसका शीर्षक था कनसलतटेशन्स एंड कौप्रेशन इन दि कौमनवेल्थ – के 1960 व 1962 संस्कारण मे इस पंक्ति को पाया गया, "The War Conference adopted a resolution in favor of India being fully represented at all Imperial Conferences".

उन्ही दिनो भारत के संदर्भ मे ब्रिटिश सरकार के द्वारा एक और कदम बढ़ाया गया। 20 अगस्त, 1917 को हाउस ऑफ कौमन्स मे उस समय के भारत मंत्री लॉर्ड मोंटेग्यु के द्वारा हीज मजेस्टीज गवर्नमेंट की तरफ से निम्न शब्दों मे एक घोषणा की गई, "The policy of His Majesty's Government, with which the Government of India are in complete accord, is that of increasing the association of Indians in every branch of administration and the gradual development of self-governing institutions with a view to the progressive realization of responsible government as an integral part of the British empire. "Progress in this policy can only be achieved by successive stages. The British Government and the Government of India on whom the responsibility lies for the welfare and advance of the Indian peoples, must be judges of time and measure of such advance, and they must be guided by the cooperation received from those upon whom new opportunities of service will thus be conferred and by the extent to which it is found that confidence can be reposed in their sense of responsibility". और अपनी इस नीति को लागू करते हुए एक नए संवैधानिक परिवर्तन का संकेत दिया गया 1919 के भारत सरकार अधिनियम के माध्यम से। जब केन्द्रीय व्यवस्थापिका सभा का उदघाटन होना था, तो उस मौके पर ड्यूक ऑफ केनौट ने हीज मेजिस्टीज गवर्नमेंट की तरफ से यह रौयल संदेश दिया, "For years, it may be for generations, patriotic and loyal Indians have dreamt of Swarajya for their motherland. Today you have the beginning of Swarajya within our Empire and the widest scope and ample opportunities for progress and liberty which my Dominions enjoy".

उसी के अनुसार भारत के वाइसरॉय को एक इन्स्ट्रुमेंट ऑफ इन्स्ट्रकषन भेजा गया मार्च 15, 1921 को – जिसके द्वारा उन्हे निर्देशित किया गया कि वे कैसे ब्रिटिश प्रस्ताव "the progressive realization of responsible government in India as an integral part of the British Empire" की तरफ ले जाएँ। 1929 तक भी यह बिलकुल स्पष्ट नहीं था कि जिस स्वशासन को भारत को दिया जाना था, उसका स्वरूप क्या होगा। अगस्त 1917 की उद्धोषणा एवं 1919 का जो अधिनियम बना था उसकी प्रस्तावना दोनों ही इस विषय पर पूरी तरह मौन थे। अतः इस असमंजस को विराम देते हुए 1929 मे भारत के वाइसरॉय लॉर्ड इरविन विचार विमर्श के लिए लंदन रवाना हुए और वहाँ से वापस लौटने पर उन्होने 31 अक्तूबर 1929 को यह घोषणा की कि 1917 मी अपनी उद्धोषणा मे भारत मंत्री ने जिस बात पर बल दिया था उस संदर्भ मे वे ब्रिटिश सरकार की तरफ से यह उद्धोषणा जारी करने के लिए अधीकृत हुए हैं कि उससे निहितार्थ है भारत के लिए डोमिनियन स्टटस की संस्तुति। और यह डोमिनियन स्टेटस क्या है? इस बात को लॉर्ड बेलफर अपनी 1926 की उद्धोषणा मे बिलकुल स्पष्ट कर चुके थे (जिसे लेख मे पहले ही वर्णित किया जा चुका है)।

आगे चलकर एक नया कमीशन ब्रिटिश सरकार की ओर से भेजा गया भारत मे हो रही संवैधानिक प्रगति का जाएजा लेने के लिए जिसे हम साइमन कमीशन के नाम से जानते हैं। इस दिशा मे प्रगति का आश्वासन देते हुए इंग्लैंड मे गोलमेज़ सम्मेलन भी किए गए जिसके फलस्वरूप 1935 का भारत सरकार अधिनियम भारत को दिया गया। इसे 1935 मे ब्रिटिश संसद से स्वीकृत करवाया गया और 22 अगस्त 1935 को इसने कानून का रूप धारण किया। किन्तु इसमे भी वही हुआ था जिसकी उम्मीद की गई थी या जिस बात का अंदेशा था भारतियों को। इसकी प्रस्तावना मे कुछ भी स्पष्ट नहीं था, और इसके कारण इंग्लैंड और भारत मे असंतोष की स्थिति बनी रही। उन शंकाओं को विराम देते हुए फरवरी 1935 मे उस समय के भारत मंत्री सैमुएल होर ने पुनः इस बात को दोहराया कि भारत को एक अधिराज्य का दर्जा देना ही ब्रिटिश सरकार का उद्येश्य है, जिससे वो पीछे नहीं हटेगी। 1939 मे दूसरे विश्व युद्ध के छिड़ जाने पर पुनः भारतियों के द्वारा दबाव बनाए जाने पर 17 अक्तूबर 1939 को तत्कालीन वाइसरॉय लॉर्ड लिनलिथगो ने ब्रिटिश नीति को इन शब्दों मे स्पष्ट किया, "I cannot do better in reply to that question than to refer to the statement on behalf of His Majesty's Government, and with their full authority, by the late Secretary of State for India in the House of Commons on February 6, 1935. The statement makes the position clear beyond a shadow of doubt. It refers to the pledge given in the Preamble of the Act of 1919, and it makes it clear that it was no part of the plan of His Majesty's Government to repeal that pledge. It confirms equally the interpretation placed in 1929 by Lord Irwin, as Viceroy, again on the authority of the Government of the day, on that Preamble, that the natural issue of India's progress as there contemplated is the attainment of Dominion Status. I need not dilate on the words of that statement. They stand as a definite and categorical exposition of the policy of His Majesty's Government today, and of their intention today in this end – the future constitutional development and position of India. I would add only that the instrument of instructions issued to me as Governor-General by His Majesty the King Emperor in May 1937 lays upon me as Governor-General a direction so to exercise the trust which His Majesty has reposed in me that the partnership empire may be furthered to the end that India may attain its due place amongst our Dominions".

कालांतर मे जो भी घटनाएँ घटीं उनसे यह तो स्पष्ट हो गया कि बहुत लंबे समय तक भारत मे अंग्रेज़ी राज्य का बने रहना संभव नहीं दिखता। 1945 तक प्रश्न यह बन गया कि यहाँ पर एक नया अधिराज्य स्थापित करने के लिए एक नए संविधान की जरूरथ पड़ेगी। और इस उद्येश्य की पूर्ति के लिए 1946 मे ब्रिटिश सरकार द्वारा केबिनेट मिशन का भेजा जाना एक निश्चित कदम था, जिसने भारत के विभाजन की रूपरेखा को भी पुख्ता किया। इसके अनुसार जो भारतीय संविधान सभा बनी, उसने दिसंबर 9, 1946 मे अपनी पहली मीटिंग की और 22 जनवरी 1947 को अपने एक प्रस्ताव मे भारत को एक Sovereign Independent Republic घोषित किया। बाद मे इसे बदल कर Sovereign Democratic Republic कहा गया। इसी क्रम मे आगे चलकर तत्कालीन वाइसरॉय लॉर्ड माउण्टबेटन ने अपनी जो उद्घोषणाएँ कीं उनके

परिणामस्वरूप इंडिया इंडेपेंडेंस एक्ट 1947 ब्रिटिश पार्लियामेंट द्वारा स्वीकृत किया गया। और भारत व पाकिस्तान दोनों ही अधिराज्यों को कौमनवेल्थ की सदस्यता से नवाजा गया। यहाँ पर यह जानने योग्य है कि कौमनवेल्थ के प्रधान मंत्रियों की जो बैठक लंदन मे 22 अप्रेल 1949 मे हुई थी उसके परिणामस्वरूप एक संयुक्त उद्घोषणा जारी की गई थी, जो इस प्रकार थी:

"The Governments of the United Kingdom, Canada, Australia, New Zealand, South Africa, India, Pakistan and Ceylon whose countries are united as Members of the British Commonwealth of Nations and owe common allegiance to the Crown, which is also the symbol of the free association, have considered the impending changes in India.

The Government of India have informed the other Governments of the Commonwealth of the intention of the Indian people that, under the new Constitution which is about to be adopted, India shall become a Sovereign Democratic Republic. The Government of India, however, declared and affirmed India's desire to continue her full membership of the Commonwealth of Nations and her acceptance of the King as the symbol of the free association of its independent Member Nations and as such the Head of the Commonwealth.

The Governments of the other countries of the Commonwealth, the basis of whose membership of the Commonwealth is not hereby changed, accept and recognize India's continuing membership of the Commonwealth in accordance with the terms of this Declaration.

Accordingly, the United Kingdom, Canada, Australia, New Zealand, South Africa, India, Pakistan and Ceylon hereby declare that they remain united as free and equal members of the Commonwealth of Nations, freely cooperating in pursuit of peace, liberty and progress."

Section 1 of this Act is the operational Section. It is reproduced in full as under: 1-(1) "On and after the date of India's becoming a republic, all existing law, that is to say, all law which, whether being a rule of law or a provision of an Act of Parliament or of any other enactment or instrument whatsoever, is in force on that day or has been passed or made before that date and comes into force thereafter shall, until provision to the contrary is made by the authority having power to alter that law, and subject to the provisions of sub-section (3) of this Section, have the same operation in relation to India, and to persons and things in any way belonging to or connected with India, and to persons and things in any way belonging to or connected with India, as it would have had if India had not become a Republic.

(2)"This Act extends to the law of, or of any part of the United Kingdom, a colony, a protectorate or a United Kingdom trust territory, and also, but so far only as concerns law which cannot be amended by a law of Legislature thereof, to law of southern Rhodesia or of any part thereof.

The reference in this sub-section to a colony, to a protectorate and to a United Kingdom trust territory shall be construed as if they were references contained in the British Nationality Act, 1948.

(3) "His Majesty may, by Order-in-Council, make provision for such modification of any law to which this Act extends, as may appear to him expedient in view of India's becoming a Republic while remaining a member of the Commonwealth, and sub-section (1) of this section shall have effect in relation to any such law as modified be such an Order save in so far as the contrary intention appears in this Order.

इस प्रकार से उस संयुक्त उद्घोषणा को भारत की संविधान सभा की स्वीकृति व अनुमोदन मिल गया 1949 मई मे; और इंडियन कोंसिकुएंशल प्रोविज़न एक्ट 1949 के गजेट ऑफ इंडिया मे प्रकाशित हो जाने के बाद, और भारत के संविधान मे अनुच्छेद 366 (10) व 372(1) आदि की मौजूदगी से, भारत मे ब्रिटिश सरकार ने गणतांत्रिक सरकार को शुरू करवाया जिसका

उदघाटन 26 जनवरी 1950 को माना गया। इस प्रकार की सरकार के विवरण स्से तो यह स्पष्ट ही है कि ब्रिटिश साम्राज्य की नज़र मे भारत 1947 के बाद भी उनका हिस्सा ही माना गया। ऐसी गणतांत्रिक सरकार निम्नलिखित बातों को सदैव मानने के लिए बाध्य है:

1. ब्रिटिश सोवेरन को कौमनवेल्थ के प्रतीक के रूप मे और इस तर्क से उसके अध्यक्ष के रूप मे स्वीकार करने के लिए बाध्य है।

2. कौमनवेल्थ के बाकी सदस्यों के साथ, सदैव ही कंधा से कंधा मिलाकर शांति, स्वतन्त्रता व प्रगति के आदर्शों को पूरा करने के लिए बराबर की हिस्सेदारी करने के लिए बाध्य है।

3. उपरोक्त बातों पर अपनी सहमति जताने के बाद, कौमनवेल्थ की सदस्यता को पूरी तरह निभाने के लिए बाध्य है।

भारत मे इस गणतन्त्र की उद्घोषणा व उदघाटन को लंदन मे खुशियां माना कर स्वीकृति दी गई। हीज मेजिस्टी दी किंग की तरफ से भारत के राष्ट्रपति को जनवरी 26, 1950 मे एक संदेश भेजा गया। लंदन मे भी 26 जनवरी को *रिपब्लिक डे* के नाम से मनाया गया और वहाँ की एक सभा मे प्रधान मंत्री एटली ने कहा, “On the occasion of the inauguration of the Indian Republic, I send my warmest good wishes – May you and the people of India enjoy the blessing of peace and prosperity in the years to come. The foundation of the India Republic within the Commonwealth has been well laid. I am confident that the strong ties of friendship which link our peoples will be maintained and consolidated and they will continue to work together steadfastly for the common good”.

“We are meeting to celebrate the inauguration of the Indian Republic as a Member State of the free and equal fellowship of the British Commonwealth. It will always be pride to us that the Indians have learned the principles of Democracy from Britain and they have, to a large extent, modeled their institutions upon those which we have worked out in practice in this country”.

अतः यह तो बिलकुल स्पष्ट है कि भारत की इस गणतांत्रिक व्यवस्था का ब्रिटिश साम्राज्य की योजनाओं से कहीं बहुत गहरा रिश्ता है। और इसी प्रकार से उन अधिनियमो एवं कानूनों से भी, जिनहे अंग्रेजों ने अपने साम्राज्य की सुरक्षा के लिए भारत मे लागू किया था।

परिशिष्ट - 3

The Gazzette of India (Extraordinary) Regd. No. D-28. New Delhi, Friday, January 13, 1950. Government of India, Ministry of Law Notification. No. F.13/50-P. Regd. No. D-28

India (Consequential Provision) Act, 1919 (12, 13&14 GEO. 6, on CH. 92) CHAPTER 92:

An Act make provision as to the operation of the law relation to India, and persons and things in any way belonging to or connected with India, in view of India's becoming a Republic while remaining a member of Commonwealth. (16th December 1919)

Whereas on the twenty-sixth day of January, nineteen hundred and fifty, India is to become a Republic while remaining a member of the Commonwealth.

Be it enacted by the King's most Excellent Majesty, by and with the advise and consent of the Lords Spritual and Temporal, and Commons, in this present Parliament assembled, and by the authority of the same, as follows:-

(1) Operation of the existing law in relation to India in view of India's becoming a Republic. –(1) On and after the date of India's becoming a Republic, all existing law, that is to say, all law which whether being a rule of law or a Provision of an Act of Parliament or of any other enactment or instrument whatsoever, is in force on that date or has been passed or made before that date and comes into force thereafter, shall until provisions to the contrary is made by the authority having power to alter that law and subject to the provisions of the subsections (3) of this section, have the same operation in relation to India, and to persons and things, in any way belonging to or connected with India, as it would have had if India had not become a Republic.

(2) This Act extends to law of, or of any part of, the United Kingdom, a colony, a protectorate or a United Kingdom trust territory, and also, but so far only as concerns law which cannot be amended by a law of the legislature thereof, to law of Southern Rhodesia, or of any other part thereof.

The references in this subsection to a colony, to a protectorate, and the United Kingdom trust territory shall be construed as if they were references contained in the British Nationality Act, 1918 (11&12 Geo.G,c.56)

(3) His Majesty may by Order in Counci make provision for such modification of any existing law to which this Act extends as may appear to him to be necessary or expedient in view of India's becoming a Republic while remaining a member of the Commonwealth, and sub-section (1) of this section shal have effect in relation to any such law as modified by such an Order save in so far as the contrary intention appears in the Order.

An Order in Council under this section –

(a) may be made either before or after India becomes a Republic, and may be revoked or varied by a subsequent Order in Council; and

(b) shall be subject to annulment in pursuance of a resolution of either House of Parliament.

(4) Any increase to an attributable to an Order in Council under this section in sums payable out of moneys provided by Parliament or out of the Consolidated Fund of the United Kingdom or the growing produce thereof shall be defrayed out of moneys so provided, or our of that Fund of the growing produce thereof, as the case may be.

2. Short title. – This Act may be cited as the India (Consequential Provision Act, 1949.

अपेक्षित परिवर्तन का मार्ग : गांधी, विवेकानंद, श्री अरविंद की दृष्टि

एक त्रिदिवसीय संगोष्ठी (4 से 6 जनवरी 2008, वाराणसी) में भागीदारी करने का सुअवसर प्राप्त हुआ था। सुदूर प्रांतों से एकत्रित हुए देशवासियों ने, जब अपने-अपने प्रकल्पों के बारे में बताया, तो लगा - इतनी मेधा, इतनी लगन, इतनी वृहद समाज के प्रति निष्ठा (जिसमें कहीं मजहबवाद, भाषावाद, प्रांतबाद एवं निजी स्वार्थ का स्थान न हो), इतना राष्ट्र समर्पण - क्या आज के भारत में इतना कुछ, इतना नष्ट भ्रष्ट हो जाने के बाद भी बचा हुआ है? बहुत ही साधारण से कपड़ों में साधारण लगने वाले यह लोग, इतने कल्पनाशील, सृजनात्मक, एवं राष्ट्र निष्ठ? अगर इस तरह के लोग हैं, अगर वे प्रत्यक्ष प्रयोग करके इतना कुछ समाज के लोगों को दे सकते हैं - जिसे कोई भी व्यक्ति, संस्था, समूह अथवा सरकार, स्वयं देख सकती है तो फिर आज हमें देश में रहने वाले लोगों की भूख मिटाने, उन्हें शिक्षित करने, उन्हें रोजगार उपलब्ध कराने, सामाजिक मजहबी सामंजस्य बैठाने एवं शारीरिक मानसिक रूप से स्वस्थ रखने के लिए *किसकी आवश्यकता है?*

एक दृष्टि से तो यह ठीक लगता है कि जिस देश के हर नागरिक का पेट भरा होगा, शरीर स्वस्थ होगा, रोजगार उपलब्ध होगा जिससे उसकी बुनियादी जरूरतें पूरी हो सकें, तो वहां चोरी, कत्ल तथा अन्य जुर्म एवं आतंकवाद का पनप पाना यदि असंभव नहीं, तो कुछ कठिन जरूर है। किंतु ठीक इसके विपरीत, जब हम आज की शिक्षा व्यवस्था, राजनीतिक व्यवस्था, आर्थिक व्यवस्था पर नजर दौड़ाते हैं, तो दिखता है केवल असंतोष? जो जहां पर है, वह अपनी उस परिस्थिति से असंतुष्ट है। जहां कॉलेज, विश्वविद्यालयों में पदोन्नति को लेकर असंतोष है, वही बाकी क्षेत्रों पर भी नजर डालें तो यह असंतोष रोजमर्रा की हड़तालों में, अधिकारियों को बंधक बनाने, सरकार के खिलाफ धरना प्रदर्शन, एवं पुतले फूंकने के रूप में दिखता है। चारों तरफ अराजकता, भ्रष्टाचार, महंगाई एवं आतंकवाद का तांडव है। राजनीतिक व्यवस्था की हालत यह है कि देश को आतंकवाद की लपटों से कैसे बचाया जा सके, इसके लिए इन तथाकथित नेताओं में कोई सहमति नहीं बन पा रही, क्योंकि एक खास वर्ग के वोटों के जरिए वे अपने राजनीतिक भविष्य को उज्जवल रखना चाहते हैं - भले ही इसके लिए

निर्दोष लोगों एवं देश के बड़े बड़े प्रतिष्ठानों की बलि देनी पड़े। "विकास योजनाओं" के नाम पर उन "विनाश योजनाओं" को थोपने की बात होती है, जिनके बारे में लोगों को कुछ बताया ही नहीं जाता। क्योंकि एक बार सत्ता में आने का मतलब है उसी कुचक्र को कुछ ज्यादा कामयाबी एवं चमक के साथ लागू करना।

इस त्रिदिवसीय सम्मेलन में कुछ मुद्दों पर चर्चा हुई बड़े खुले शब्दों में - जिससे यह बात तो बिल्कुल स्पष्ट तौर पर समझ में आई, कि "विकल्पों" की तलाश तब तक व्यर्थ है, जब तक यह स्पष्ट न हो कि विकल्प किसका चाहिए? यानी अंग्रेजी भाषा में इसे कह सकते हैं Alternative to What? दूसरे शब्दों में यू कहे कि बात व्यवस्थाओं के परिवर्तन की नहीं है; बात आर्थिक नीतियों या सामाजिक समरसता को तोड़ने वाले तत्वों की भी नहीं है; बात है एक विशेष जीवन दर्शन की - जिसमें "दानवता" का निषेध हो और "मानवता" का सम्मान। इस जीवन दर्शन का संबंध न तो किसी मजहब से है, और न ही किसी भाषा, प्रांत, अथवा सामाजिक वर्ग से। इसमें ना कोई सवर्ण है, ना कोई अवर्ण; न कोई अगड़ा, न कोई पिछड़ा; न कोई बहुसंख्यक, न कोई अल्पसंख्यक। "संघर्ष" तो वहां होगा जहां "हितों" का टकराव है। पर जहां हितों को वृहत्तर समाज के भरण-पोषण, प्रकृति एवं पशु जगत के प्रति प्रेम भाव से परिभाषित किया जाए, वहां संघर्ष नाम का शब्द ही अप्रासंगिक हो जाता है। अतः बात बिल्कुल साफ है।

भारत के जीवित रखने के लिए "भारतीय चिंतन" ही आवश्यक है। 18वीं शताब्दी के बाद से इस देश का,"देश" के रूप में "अवमूल्यन" हुआ है। इसलिए नहीं - क्योंकि अंग्रेजी हुकूमत के अधीन हो गया, इसकी सामाजिक आर्थिक संस्थाओं का रूपांतरण होने लगा, और इसका भौगोलिक नक्शा भी विदेशी हुकूमत ने अपनी सुविधा अनुसार बदल डाला। बल्कि इसलिए, कि, भारत में बसने वाले लाखों लोगों ने घटनाओं को देखने एवं होने वाले इन नए बदलावों को समझने का अपना नजरिया ही छोड़ दिया। पश्चिमी दुनिया में "विकास" के नाम पर की जा रही नई-नई गतिविधियों, और चकाचौंध कर देने वाले उनके नतीजे जैसे-जैसे इन पिछड़ते हुए समाजों के सामने आने लगे, वैसे वैसे, यहां के लोगों (ध्यान दें - सिर्फ वे लोग जो पाश्चात्य शिक्षा में दीक्षित होकर उन परिवर्तनों के मुरीद हो गए) ने अपने "देशों" एवं "समाज" का भला भी उन्हीं के द्वारा थोपे हुए मापदंडों में ढूंढना शुरू कर दिया।

यहां पर यह नहीं भूलना चाहिए कि यूरोपीय देशों में यह समूचा परिवर्तन (चाहे वह रेनेसा, रिफॉर्मेशन, इनलाइटनमेंट, राशनलिटी, साइंटिफिक रिवॉल्यूशन या फिर "विकास" के

नाम पर ही) मूलतः व्यक्तियों के जीवन में भौतिक स्तर पर हो रही वृद्धि से ही संबद्ध था। रेनेसा, रिफॉर्मेशन आदि के बाद जो साइंटिफिक रिवॉल्यूशन संभव हो पाया, उसका भी मूल उद्देश्य यूरोपियनों के भौतिक जीवन को खुशहाल बनाना था। यानी "खुशहाली" की परिभाषा थी, वह जो शारीरिक स्तर पर अबाध्य आराम एवं उपभोग को उपलब्ध कराए। एक बार जब उन देशों को तथाकथित "उपनिवेशों" का चस्का लग गया, फिर तो सोने में सुहागा। इसी शब्द "उपनिवेशों" ने "उपनिवेशीकरण" को जन्म दिया, और उसी "उपनिवेशकरण" से एक नई श्रेणी के राष्ट्रों का जन्म हुआ, जिन्हें कालांतर में "तीसरी दुनिया" की संज्ञा दी गई। पिछली दो शताब्दियों का इतिहास इन घटनाओ को अपने में समाहित किए हुए है। इसी माहौल से उस युक्ति का जन्म हुआजिसे राजनीति शास्त्र की भाषा में "Utilitarianism" अथवा उपयोगितावाद कहा जाता है, और साधारण लोगों को समझाने के लिए "ग्रेटेस्ट ऑफ द ग्रेटेस्ट नंबर" की संज्ञा दी जाती है। बात के अधिकांश सामाजिक, राजनीतिक, आर्थिक सिद्धांत यहां तक के इतिहास को देखने, समझने के मॉडल भी इसी परिवेश की उपज थे। वर्तमान में प्रचलित यह शब्द जैसे "Liberalization" (उदारीकरण), अथवा "Globalization" (भूमंडलीकरण), "Privatization" (निजीकरण) आदि भी उनही शब्दों का पर्याय है, जिन्हें 19वीं शताब्दी में हमने "फ्री" (मुक्त) "ट्रेड (व्यापार), "इंडिविजुअल लिबर्टी" (व्यक्तिगत स्वतंत्रता) और बाद में "कंसेंशुअल डेमोक्रेसी" (सहमति लोकतंत्र) के नाम से पढा है।

स्वतंत्रता प्राप्ति के बाद का इतिहास अगर पढ़ा जाए (दुर्भाग्यवश अधिकांश विश्वविद्यालयों में इसे इतिहास का पाठ्यक्रम बनाने की आवश्यकता ही नहीं समझी गई। अभी किसी ने यह भी बताया कि *आईसीएचआर* की सोच भी यही है कि इतिहास वह है जो 1947 के पहले घटा) - तो यह "अंधानुकरण" आंखों में चुभता है। यहां तक कि "राष्ट्रीय आंदोलन की विरासत" के रूप में हर उस स्वप्न को साकार करने की बात उठ खड़ी हुई, जिसे "औपनिवेशिक मानसिकता" से भरे पड़े राजनीतिक नेताओं ने संजोया था। नेहरू ने रूसी क्रांति से प्रभावित होकर देश में बात उठाई "सोशल जस्टिस" यानी सामाजिक न्याय की, और इसके लिए दलील दी "औटोनोमी ऑफ दि स्टेट" की - क्योंकि उनका मानना था कि सभी मनुष्यों के लिए सामाजिक न्याय उपलब्ध कराना पुराने ढांचे में संभव नहीं है, इसलिए कि वह पुरातन, पतनोन्मुख एवं किसी भी गतिशीलता के लायक नहीं है। जरूरत इस बात की है कि संस्थाओं का एक नया ढांचा खड़ा किया जाए जो अपने में प्रगति एवं आधुनिकता को दर्शाएं। अपने इसी

मन्तव्य की खोज में नेहरू ने देश पर उन संस्थाओं को थोप डाला, जिनकी परिणति स्वतंत्रता प्राप्ति के 60 वर्षों के बाद हम देख रहे हैं - इस देश में किसान एवं गरीबों द्वारा की जा रही आत्महत्याओं, बढ़ती हुई राजनीतिक अराजकता एवं संसदीय प्रणाली का माखौल, वोट की राजनीति का अति विकृत स्वरूप, भ्रष्टाचार का अति विकराल स्वरूप, जातिवाद का मुह फाड़ता भस्मासुर और संकीर्ण सांप्रदायिक विचारधारा का प्रकोप, सत्ता पाने की भूख एवं शिक्षा तक के व्यवसायीकरण, बेरोजगारी, प्रकृति का शोषण, प्रदूषण एवं टेहरी बांध जैसे प्रोजेक्ट्स से गंगा का अवरुद्ध किया जाना इत्यादि।

भौतिक सुख पर आधारित "सोशल जस्टिस" की इस मान्यता में अगर 50% भी भारतीय चिंतन का पुट होता तो शायद आज हमारा देश इस विभीषिका से बच गया होता। आज जब देश लगातार विश्व में घट रही भीषण घटनाओं (नेपाल, पाकिस्तान, इराक का मामला इसका सबसे ताजा उदाहरण है) का दृष्टा मात्र ही बनकर रह गया है (क्योंकि अमेरिका जैसे बलशाली देश का कुछ बिगाड़ पाना आसान नहीं है, भले लाख निंदा प्रस्ताव पारित कर लिए जाएं। यहां तक कि जब संयुक्त राष्ट्र संघ जैसी विश्व संस्थाएं भी इसके सामने प्रभावहीन हैं) इस नई पीढ़ी के सामने यह सोचने का अहम मुद्दा है कि भारत को आखिरकार कौन ? गांधी का तो पुनः अवतरण होने से रहा। श्री अरविंद, स्वामी विवेकानंद, अथवा दयानन्द सरस्वती या पंडित मदन मोहन मालवीय भी मोक्ष प्राप्त कर चुके होंगे।

क्या इन बढ़ती हुई समस्याओं चाहे वह गरीबी की हो या फिर गरीबों की, पर्यावरण की, गंगा जी की, भ्रष्टाचार की, आतंकवाद की, बेरोजगारी, अश्लीलता की पराकाष्ठा - इन सभी के पीछे कुछ ऐसा नजर आता है जो निरंतर क्रियाशील है। अगर शुद्ध भारतीय चिंतन की दृष्टि से समझा जाए तो हमें समझने में देर नहीं लगेगी कि यह परिस्थितियां उन वृतियों का परिणाम है जिन्हें पिछले 500 सालों के यूरोपिय विश्वव्यापी प्रसार के दौरान बढ़ावा मिला है। सामाजिक, राजनीतिक, सांस्कृतिक क्षेत्रों में नई नई व्यवस्थाएं स्थापित कर के उनका पोषण किया गया है। अभी पिछली शताब्दी में गांधीजी, श्री अरविंद एवं स्वामी विवेकानंद जैसे महापुरुषों ने इन विसंगतियों की तरफ संकेत करते हुए हमें यह याद दिलाया कि भारतवासी यदि इन पहलुओं से अनभिज्ञ बने बैठे रहे, तो समाज व देश का विनाश निश्चित है (यहां तो अब बात समाज, देश से भी आगे बढ़ चुकी है)। पर्यावरण, महामारी, आतंकवाद, भ्रष्टाचार, परमाणु बम, रासायनिक और जैविक हथियार इत्यादि। स्थिति इतनी गंभीर है कि सार्स का प्रकोप चीन

में था और उसका डर एवं उससे बचने की तैयारियां भारत को करनी पड़ी। आज करोना का उदाहरण भी हमारे सामने है – जिसने पूरे विश्व को अपनी गिरफ्त में ले लिया है।

भारत की राष्ट्रीय आंदोलन की विरासत यह कतई नहीं है कि देश में पाश्चात्य शिक्षा प्रणाली में पारंगत, अंग्रेजों को उन्हीं के पढ़ाएं पाठ के बल पर मात दे दी गई। भले ही उसे हम इतिहास के पाठ्यक्रम के माध्यम से कितना ही क्यों ना पढ़ाएं और उसको अपनी विरासत मानकर वर्तमान आर्थिक व राजनीतिक संस्थाओं का महिमामंडन क्यों न करें। शायद इस प्रकार की मानसिकता ने ही हमारी 1947 की स्वतंत्रता को पुनः पहले से भी भीषण परतंत्रता में बदल डाला है। बड़े अरमान से जिसे हमने "डिकॉलोनाइजेशन" कहा, उसने कितनी शीघ्र हमें "नव-उपनिवेशवाद" के युग में ढकेल दिया बिना हमारे समझे। विसंगति यह है कि आज तक पढ़े-लिखे तबके के लोग भी इसे "विकास" का ही नाम दे रहे हैं। "स्वतंत्रता" की लड़ाई "परतन्त्रता" की भाषा अथवा मुहावरों से लड़ी ही नहीं जा सकती। छीना झपटी अथवा बाहुबल या तर्कों से हम कुछ अस्थाई अधिकार तो प्राप्त कर सकते हैं, पर स्वतंत्र होकर स्वाभिमान से जी सकें - यह तो तभी संभव हो पाएगा जब जीवन जीने अथवा उसके उद्देश्यों की हमारी अपनी परिभाषा हो। समाज में हर व्यक्ति को "न्याय" मिल पाए, इसी को अंग्रेजी भाषा में "सोशल जस्टिस" कहते हैं; किंतु अगर "सोशल जस्टिस" का तात्कालिक/प्रचलित मतलब देखा जाए (नेहरूवादी भी कह सकते हैं) तो इसका आशय होगा एक व्यक्ति को उपभोग करने का उतना ही असीमित अधिकार जितना उसके पड़ोसी को है। यहां पर "न्याय" का मतलब "नीतिगत" या "धर्मसम्मत" से नहीं बल्कि "उपभोग" करने की क्षमता से है। राष्ट्रीय आंदोलन की सबसे बड़ी विरासत भारत की स्वतंत्रता बरकरार बनाए रखने के लिए सबसे पहली शर्त के रूप में स्वीकार किया जाना चाहिए था - वह थी गांधी जी की सोच जो कि अपनी भारतीय चिंतन धारा की उपज होने के कारण व्यक्ति, समाज, प्रकृति, स्वदेशी, विदेशी, राष्ट्रीय, तथा अंतर्राष्ट्रीय मे कैसे संतुलन बना रहे, इस पर आधारित थी। इसके केंद्र में मनुष्य से ज्यादा "मनुष्यता" पर बल था। इस बात पर बल देते हुए कि कैसे "आधुनिक सभ्यता" (जिसको अनेकानेक पर्यायों से पुकारा जाता है, मसलन "औद्योगिक, वैज्ञानिक, तकनीकी") के मूल में मानव मस्तिष्क को अनियंत्रित छोड़ देने की प्रवृत्ति है, ताकि वह अपने मनोविकारों की परीपूर्ति कर सकें। वे कहते हैं कि मस्तिष्क एक बेचैन पक्षी है, जिसे जितना ज्यादा मिलता है यह उससे ज्यादा चाहता है और फिर भी अतृप्त ही रह जाता है (हिन्द स्वराज)।[1] मानव मस्तिष्क की अपनी इस मनोवैज्ञानिक समझ के चलते ही उनका यह कहना था कि कुछ हद तक शारीरिक सुख और उसके लिए किए जा रहे उपाय

जरूरी है, किंतु एक सीमा के बाद वह मनुष्य के लिए "मदद" की जगह "मुसीबत" बन जाते हैं, और इसलिए व्यक्ति के लिए असीमित इच्छाओं को पैदा करना और फिर उनकी परिपूर्ति के साधन जुटाना मात्र एक जाल फंदा है, एक भ्रांति है। उनके अपने शब्दों में "The satisfaction of one's physical needs, even the intellectual needs of one's narrow self must meet at a certain point a dead stop, before it degenerates into physical and intellectual voluptuousness".[2] यूरोपिय देशों द्वारा किए जा रहे साम्राज्यवादी अत्याचारों के मूल में भी यही तथ्य निहित है, "हमेशा बढ़ते हुए उत्पादन एवं उसका अधिक से अधिक उपभोग के सुख लेने की असीमित इच्छा" जो जन्म देती है क्रूर प्रतियोगिता एवं द्वंद को, जिसके फलस्वरूप एशिया, अफ्रीका आदि के उपनिवेश अपनी वर्तमान स्थिति को प्राप्त हुए। इस संदर्भ में वे उस समय के प्रसिद्ध अर्थशास्त्री एडम स्मिथ को उद्धृत करते हैं जिन्होंने अपनी प्रसिद्ध पुस्तक *वेल्थ ऑफ नेशंस* में कुछ आर्थिक नियमों को "सारविक" और "निर्बाध" कह दिया है, और फिर उन परिस्थितियों की चर्चा की है जिसके फलस्वरूप यह तथाकथित "सार्विक और निर्बाध" नियमों के फलीभूत होने में अड़चन पैदा होती है। उदाहरण के तौर पर मानव स्वभाव, और उसमें निहित भलमनसाहत, सादगी व अच्छाई। दूसरे शब्दों में एडम स्मिथ के अनुसार शुद्ध "फायदे एवं नुकसान" पर आधारित पश्चिमी अर्थशास्त्र को अगर सफल बनाना है, तो मानव स्वभाव की इन "प्रकृति- दत्त अड़चनों"(जैसे सादगी, संतुष्टि, दया) को हटा देना ही इस आधुनिक सभ्यता का मूल उद्देश्य है।

अस्तु भारत की खुशहाली के लिए जिस आर्थिक क्रियाकलाप कि गांधीजी ने बात की, उसके केंद्र में थी "खादी" जो मनुष्य एवं मनुष्यता को सर्वोपरि मानते हुए पश्चिमी अर्थशास्त्र के उन तथाकथित सारविक और निर्बाध नियमों जैसे "इंडिविजुअल प्रॉपर्टी", "सोशल डिविजन ऑफ लेबर", "इंपर्सनल लॉस ऑफ द मार्केट", "कंपटीशन" आदि को पूरी तरह नकारती थी। गांधीजी की इसी दृष्टि से निकली थी उनकी राजनीति जिसमें मनुष्य वह मनुष्य को सर्वोपरि बनाए रखने के लिए वर्तमान राजनीतिक संस्थाओं, जैसे संसद अथवा राजनीतिक पार्टियां, या आधुनिक चुनाव प्रणाली, का कोई महत्व नहीं था, क्योंकि यह मानव जीवन की उन संकल्पनाओं पर आधारित थी, जिनका पोषण एडम स्मिथ या मैकियावेली जैसे विद्वानों के चिंतन ने किया था। इसका उदाहरण देते हुए एक जगह वे बताते हैं "मैं ज़्यादा खा लेता हूं। मुझे अपच हो गया। मैं डॉक्टर के पास गया जिसने मुझे दवा दी और मैं ठीक हो गया। मैं दुबारा

सादा खाता हूं, मैं उनकी दवा पुनः लेता हूं। अगर मैंने पहली बार दबाना खाई होती तो मुझे अपने असंयमित खान-पान की आदत की सजा पहले ही मिल जाती जो मिलनी चाहिए भी थी और फिर मैं उस गलती को नहीं दोहराता। किंतु इसअसंयमित व्यवहार के परिणामों को भुगतने से डॉक्टर के कारण मैं बच गया। अतः एक अर्थ मे डॉक्टर ने मुझे असंयमित होने की राह दिखा दी”[3]

इसी प्रकार 'पाश्चात्य सभ्यता' (जिसे कालांतर में 'आधुनिक सभ्यता' कहा जाने लगा) के स्वरूप पर विस्तार से समझाते हुए वे कहते हैं – “पहले यह समझे कि सभ्यता शब्द से कौन सी दशा, कौन सी बात समझी जाती है। उसकी खरी पहचान यह है कि जो लोग सभ्य कहलाते हैं, अपने शरीर को सुखी रखने में ही सबसे बड़ा पुरुषार्थ समझते हैं। इस बात को यूं समझिए, सौ बरस पहले फिरंगी लोग जैसे घरों में रहते थे, अब उनसे अच्छे मकानों में रहते हैं| यह सभ्यता का लक्षण समझा जाता है और इससे शरीर को सुख भी है| पहले जानवरों की खाल पहनते ओढ़ते और भाले बरछी चलाते थे| आज लंबे पजामे पहनते हैं और भांति- भांति के पहनावे पहनकर अपनी देह संवारते है, और भाले बरछी के बदले पन्चनली बंदूक चलाते हैं| किसी देश के लोग, जो अभी तक फिरंगियों की तरह कोट, बूट नहीं पहना करते थे, आज पहनने लगे तो यह समझा जायेगा कि वह पहले जंगली थे अब सभ्य हो गए। पहले के फिरंगी अपने हाथ से काम करते और शरीर की मेहनत से खेती करते थे। आज सैकड़ों बीघा जमीन कल इंजन के सहारे एक आदमी जोत के धर देता है और अधिक धन पैदा कर लेता है। यह सभ्यता की निशानी है। पहले जमाने में बहुत कम लोग पोथियां लिखते थे, पर यह पोथियां होती थी बड़े काम की। अब तो आप जो चाहे पोथी लिख कर छपवा लें, जो जी में आए लिखें और जैसे चाहे वैसे ही लोगों का मन बिगाडें और बहकावे। पहले लोग गाड़ियों, डोलियों पर चलते थे। आज लोग रेलों पर दिन रात में दो दो सौ कोस उड़ते रहते हैं। सभ्यता का बड़ा ऊंचा दर्जा समझा जाता है। कहते हैं कि अब बढ़ते बढ़ते वह दिन आएगा कि लोग विमानों पर सवार हो दो चार घड़ी में ही जिस देश में जाना चाहेंगे पहुंच जाएंगे। बटन दबाया और कपड़े पास आ गए। दूसरी गुंडी दवाई, ताजा खबर सामने आ गए। तीसरे बटन पर उंगली रखी और हवा गाड़ी आकर खड़ी हो गई। उंगली के ही इशारे पर छप्पन प्रकार के स्वादिष्ट व्यंजन परोसे हुए सामने आ जाएंगे। मशीनों के बल से छोटे-बड़े सारे काम सहज ही हो जाएंगे। पहले जब लोग आपस में लड़ते थे तो गुत्थम गुत्था होता था। आज पहाड़ की आड़ में तोप के पीछे खड़ा एक आदमी

हजारों की जान ले सकता है। क्या यही सभ्यता है? पहले खुले मैदान में लोग जब तक चाहते थे, मजदूरी करते थे। अब हजारों आदमी रोटी के लिए दिन-रात कल कारखानों में पसीना बहाते रहते हैं। उनकी दशा पशुओं से भी गई गुजरी होती है। अपनी जान हथेली पर रखकर बड़े जोखिम के काम में उन्हें पिसते रहना पड़ता है और वह भी करोड़पतियों की जेब भरने के लिए। पहले लोग मार मार कर जबरदस्ती गुलाम बनाए जाते थे, पर अब लोग अपने आप गुलामी की जंजीर पहन लेते हैं धन के लोभ से और उस ऐसो आराम के लोभ से जो धन से मिलता है। आजकल ऐसे ऐसे लोग फैल रहे हैं जिन्हें पहले सपने में भी न देखा था और उनके इलाज के लिए डॉक्टरों की फौज खड़ी की गई है, इसी से अस्पताल भी बढ़ गए हैं। यह सभ्यता की एक परख है, पहले चिट्ठी भेजने को खास आदमी हरकारे रखे जाते थे और बहुत खर्च होता था। आज जो चाहे एक पैसे की कार्ड में घर बैठे अपने सैकड़ों कोस पर रहने वाले भाई को भला-बुरा लिख सकता है, गालियां दे सकता है, और आशीर्वाद भी भेज सकता है। पहले लोग हाथ की पक्की रोटी और साग दिन में दो-तीन बार खा कर रहते थे। अब लोगों को दो-दो घंटे पर कुछ ना कुछ खाने को चाहिए, फिर और काम के लिए फुर्सत कहां। ज्यादा क्या कहूं, यह सब बातें आपको कई पोथीओं में लिखे मिलेंगी जो प्रमाण मानी जाती है। यही सब सभ्यता की सच्ची पहचान है और अगर कोई इन बातों को काटे तो समझो कि वह निरा अनाड़ी है। यह सभ्यता ना तो धर्म का विचार करती है और ना आचार पर ध्यान देती है। सभ्यता के हिमायती चोखी बात तो यह कह डालते हैं किधर्म सिखाना हमारा काम नहीं है। कुछ लोग तो धर्म को एक ढोंग मानते हैं। बहुतेरे तो धर्म का भेष बनाकर आचार और नीति पर खूब बकवास करते हैं। परंतु बीस बरस के अनुभव से हमने तो यह नतीजा निकाला है कि नीति के नाम से लोग अनीति सिखाते हैं। एक बच्चा भी यह समझ सकता है कि जो कुछ हमने कहा है उसमें नीति का कोई दखल नहीं है। सभ्यता शरीर का सुख बढ़ाना चाहती है, उसके लिए मेहनत करती है पर फिर भी वह सुख बढा नहीं सकती।

  यह समस्या अधर्म है। पर इसने फिरंगीयों पर ऐसा रोब गांठ रखा है कि सभ्यता के पीछे दीवाने हो रहे हैं। न शरीर में सचमुच बल है और दिल में हिम्मत है। उनका सारा जोर नशे के सहारे रहता है। अकेले में उन्हें सुख नहीं मिलता। स्त्रियोंको घर की रानी बनकर रहना चाहिए सो गली-गली मारी फिरती है या कारखानों में कड़ी मेहनत करती है। अकेले इंग्लिशतान में ही सूखी रोटी के लिए 40 लाख स्त्रियां कारखानों और ऐसे ही और खानों में पेट के लिए गंदा धंधा करके मुसीबत से दिन काटती हैं। वहां जो आए दिन स्त्रियों के अधिकार पाने

का हलचल मचा रहता है उसका कारण भी यही भयंकर दशा है।

यह सभ्यता ऐसी है कि चुपचाप धीरज से हम देखते रहे तो अंत में इस सभ्यता की आग सुलगाने वाले इसमें जल मरेंगे। मोहम्मद साहब पैगंबर की सीख माने तो इसे शैतानी राज्य समझना चाहिए। हिंदू धर्म इसे घोर कलयुग का रूप बताता है। मैं आपके सामने इस सभ्यता का सही चित्र नहीं खींच सकता। पर आपको यह बता देना चाहता हूं कि इस सभ्यता ने अंग्रेजी राष्ट्र में घुन लगा दिया है। यह सभ्यता नाशकारी और स्वयं नाशमान है। इससे हटकर रहने में ही कल्याण है। इसी सभ्यता की बदौलत अंग्रेजी और दूसरी पार्लमेंट गई बीती हो गई। इसमें शक न समझिए की वे पार्लिमेंट वहां की प्रजा की गुलामी की निशानी है। पढ़िए, विचारिये, आपका भ्रम दूर हो जाएगा। इसके लिए अंग्रेजों को दोषी ठहराने की आवश्यकता नहीं है। उन पर तो दया दिखानी चाहिए "।4

"हिंदुस्तान की इस समय बुरी हालत है। उसे कहते मेरी आंखें भर आती हैं और जबान बंद होने लगती है। मुझे शक है कि मैं आपको उसे पूरी तरह समझा भी सकूंगा या नहीं। मेरा पक्का विश्वास है कि हिंदुस्तान अंग्रेजों से नहीं बल्कि आजकल की सभ्यता के बोझ से दबा हुआ है। उससे बचने की अभी तदबीर हो सकती है जरूर; लेकर यह दिनों दिन गिरता जा रहा है। मुझे धर्म प्यारा है, इसलिए पहला दुख तो यह है कि हिंदुस्तान का धर्म नष्ट होता जा रहा है। यहां धर्म से मेरा मतलब हिंदू, मुसलमान या पारसी से नहीं है बल्कि इन सभी धर्मों का जो सार है, वह जाता रहा है। हम ईश्वर से विमुख हो गए हैं....... सभ्यता की आग में जो मनुष्य जल मरे हैं उनकी तो हद ही नहीं है। इसकी खूबी तो यह है कि लोग इसे बुरा मान कर भी इसमें कूद पड़ते हैं। न वे दीन के रहते हैं न दुनिया के, सत्य को वे बिल्कुल ही भूल जाते हैं। सुधार चूहे की भांति कुतरता जाता है, पर हमें गुदगुदी लगती है, भला लगता है।"5 आगे उसी बात को विस्तार देते हुए हिंदुस्तान की हालत पर चर्चा करते हैं। सारांश यह कि हिंदुस्तानी सभ्यता का झुकाव नीति को दृढ़ करने और पश्चिमी सभ्यता का झुकाव अनीति को दृढ़ करने की ओर है। पश्चिमी सभ्यता में नास्तिकता और हिंदुस्तानी सभ्यता में आ सकता है। इसे समझ कर हिंदुस्तान के हितैषियों को हिंदुस्तानी सभ्यता से इस तरह चिपटेरहना उचित है, जैसे बालक अपनी माता से चिपटा रहता है।6

गांधी के विचारों से मूल बात यह निकली कि"स्वयं गुलाम रहकर दूसरे को मुक्त करने की चर्चा बेकार है"7 क्योंकि "डूबता दूसरे को नहीं तार सकता, पर तैरता तार सकता है"8 भारतीय चिंतन में "धर्म बोध" का स्थान प्रधान रहा है, जिसका मतलब है 'नैतिकता से

आप्लावित'। यदि कोई बात 'नीतिगत' नहीं है तो उसका यहां कोई स्थान नहीं है, और यही है मर्म गांधी जी के राजनीतिक, आर्थिक, सामाजिक चिंतन का। इसमें न समझ में आने वाली कोई बात है ही नहीं। सभी राजनीतिक, सामाजिक, आर्थिक बदलाव की शुरुआत इसलिए ही 'व्यक्ति' से होती है। यानी एडम स्मिथ के किसी निरवैयक्तिक कानूनों (impersonal laws) से जीवन का कारोबार नहीं चलता, बल्कि उत्कट निजी प्राथमिकताओं (*इंटेंसली पर्सनल प्रायरिटी*) से ही जीवन को सुचारू व संतुलित बनाया जा सकता है। यदि व्यक्ति का अपना ही बोध खत्म हो गया, तो वैसा व्यक्ति समाज या देश के किसी काम का नहीं। गांधीजी ने इसी को 'नैतिकता' का नाम दिया था, और इसलिए देश की गुलामी का कारण वे अंग्रेजों को नहीं, बल्कि भारतीय समाज में बढ़ती जा रही अनैतिकता को मानते थे, जिसे वे भारतीय समाज में भटकन भी कहते थे। स्वतंत्रता के मात्र 65 साल के अंदर देश को जिस अनियंत्रित भ्रष्टाचार एवं मर्यादा हीन "विकास" के भंवर जाल में फंसा दिया गया है - उसमें सब का डूबना तो निश्चित है ही, किंतु अगर उबरना है तो "भारतीयता" एवं "भारतीय चिंतन" का मनन परम आवश्यक है।

गांधीजी के वर्तमान व्यवस्था पर दिए गए विचारों को पढ़ने से यह बिल्कुल स्पष्ट था कि वे उस तरह की व्यवस्था को तत्काल बदल डालने के लिए सदैव तत्पर रहे। उनके 'अहिंसा' व 'शांति' तथा 'सत्याग्रह' के संदेश में हमें उनका'निष्क्रिय विरोध' नहीं बल्कि एक उद्देश्य-परक स्पष्ट रणनीति के दर्शन होते हैं, जिसका उद्देश्य किसी भी तरह के अनैतिक आचरण को दूर रखते हुए, अपने स्वस्थ व नैतिक समाज की स्थापना के आदर्श को मूर्त रूप प्रदान करना था; इसके लिए उन्होंने अपनी राजनीतिक, सामाजिक, आर्थिक, व जीवन संबंधी दृष्टिकोण को अपने द्वारा रचित वृहत साहित्य में विस्तार से स्पष्ट भाषा में प्रस्तुत किया है।

विश्व इतिहास में हमने अब तक अमुक अमुक देशों में कैसे प्रचलित व्यवस्था को बदला गया, इसके काफी उदाहरण देखे, और सभी में जो एक सामान्य बाद दिखी वह थी 'हिंसा' व 'बल' का प्रयोग (चाहे वह बात रही हो फ्रांस की, इटली की, जर्मनी की, रूस की, ब्रिटेन की, चीन की, अथवा विश्व के किसी भी देश की। किंतु जब आधुनिक काल में हमारे भारत में व्यवस्था परिवर्तन की बात करते हैं, हर जगह महात्मा गांधी का उदाहरण उद्धृत किया जाता है और शायद इसलिए प्रसिद्ध वैज्ञानिक अल्बर्ट आइंस्टाइन ने बीसवीं शताब्दी में यह लिखा था कि आज से 50 साल के बाद शायद कोई भी यह विश्वास नहीं करेगा कि संसार में गांधी जी जैसा कोई व्यक्ति हाड-मास में अवतरित हुआ था।

किंतु उनके राजनीतिक प्रयोग के इस नवीन आयाम को समझने के लिए हमें उनके जीवन दृष्टि को या उनके व्यक्तित्व के आधारभूत पक्षों को समझना आवश्यक होगा। सर्वप्रथम यह कि वे अपने को किस रूप में देखते व समझते हैं। बावजूद इसके कि सामान्यतया किसी व्यक्ति का सीधे अपने बारे में कथन इतना महत्वपूर्ण नहीं माना जाता, गांधी जी द्वारा कही गई बातें किसी लापरवाह व्यक्ति की बातें नहीं थी, बल्कि एक तपस्वी की, एक सतत क्रियाशील व्यक्ति की, विचारक की, और उनके मुख से निकली थी। अस्तु उनके द्वारा व्यक्त यह शब्द जैसे "ऐसा व्यक्ति जो अपने समय का सबसे अधिक निडर और वीर व्यक्ति माना जाता था"[9] मेरा जीवन नितांतअसहय हो जाता यदि मैं धर्म के उन्मूलन और दमन की इस प्रक्रिया का निष्क्रिय साक्षी बना रहता हूं"।[10]"मैं स्वयं को अपने समय का सबसे बड़ा क्षत्रिय मानता हूं"[11] "मैं अपने समय का सबसे बड़ा भंगी हूं"[12] "मैं किसान हूं"[13] "हम सब शूद्र है"[14] "मोक्ष ही मेरा जीवन लक्ष्य है"[15] "सत्य की खोज ही मेरा जीवन लक्ष्य है"[16] "मैं धर्म में जीवन जीना चाहता हूं, स्वधर्म पालन मेरा लक्ष्य है"।[17]

"स्वराज्य की लड़ाई तो छोटी है, गौ रक्षा का बड़ा उद्देश्य मेरे सामने है"[18] "स्वराज या रामराज्य की बातें और लक्ष्य तथा अन्य दूसरी बातें सब भारत के तेजस को फिर से जगाने का ही एक माध्यम है। यदि भारत का तेजस जग जाए तो फिर स्वराज्य और रामराज्य जैसे लक्ष तो बहुत छोटी चीजें रह जाएंगी"[19]

"मैं उस प्रकाश के अनुरूप आचरण करता हूं जो मुझे प्राप्त होता है। यह प्रकाश कभी मंद होता है और कभी अधिक प्रखर, यह मेरी आंतरिक शुद्धि और साधना पर निर्भर है"[20] "मैं राजनीति और धर्म को अलग नहीं मानता। मेरी दृष्टि में दोनों का अलगाव असंभव है"[21] अंततः "मैं ऐसी प्रौद्योगिकी चाहता हूं जो एक अल्पसंख्यक वर्ग का वृहत समाज पर एकाधिपत्य स्थापित करने के स्थान पर वृहत समाज को स्वावलंबी बनाये रखने और सच्चे अर्थों में समृद्ध बनाने में सहायक सिद्ध हो"[22]

अतः निष्कर्ष यह कि शायद गांधी जी के व्यक्तित्व के इन आधारभूत पक्षों -वीर सेनापति, राष्ट्रभक्त, राजनेता, न्याय पसंद व न्याय सेवी, धर्म वेत्ता, प्रौद्योगिकी विद, मोक्ष साधक, व योग साधक को समझे बिना उनके द्वारा बताए गए व्यवस्था परिवर्तन के हेतु उस मार्ग का अवलंबन करना चुनौतीपूर्ण तो है ही, किंतु उनकी एक और मान्यता थी जो कि विशेष ध्यान देने योग्य है कि इतिहास में नया भी घटता है।[23] अर्थात जहां एक ओर समकालीन विश्व

के समाजों में मुख्यतः परस्पर भय, अविश्वास, प्रलोभन, प्रतिस्पर्धा, अविश्वास पर आधारित संस्थाएं ही प्रमुख है, जिनमें राज्य सत्ता सर्वोपरि है वहां एक सर्वथा नई क्रियाशीलता की संभावनाओं को भी नकारा नहीं जा सकता। उनके अनुसार हिंदुस्तान का बल असाधारण है, यद्यपि स्वाधीन भारत अभी तक इसका परिचय दे नहीं पाया है। यहां पर मुख्य बिंदु तो बिल्कुल स्पष्ट दिखता है वह यह है कि यदि किसी उपाय से भारतीय जीवन में प्रचलित बौद्धिक अध्यात्मिक अनुशासनो से हटकर गांधी दृष्टि को समकालीन अनुशासन का अंग बनाया जा सके, तो शायद वह संभव हो पाए जिसकी एक स्वस्थ समाज अपेक्षा रखता है।

इसी क्रम में स्वामी विवेकानंद के विचारों की चर्चा करना भी समीचीन है जिनका यह मानना था कि "भारत और केवल भारत ही पृथ्वी का मार्गदर्शन करेगा"। आज के दिन स्वामी विवेकानंद को कोई साधारण से व्यक्ति या एक जीवन से भागे हुए सन्यासी कहकर दरकिनार करना व्यवस्था परिवर्तन के संदर्भ में अपने पैरों पर कुल्हाड़ी मारने जैसी बात होगी। लेकिन वह व्यक्ति जिसके शिकागो सम्मेलन 1893 में सिर्फ कतिपय शब्द कह देने से हलचल मच गई वहां के समाज में, तो आज हम उनकी बात कहने या सुनते ही इतना चौक क्यों जाते हैं? इन युगदृष्टाओं के लिए हमारे मन में इतना विपरीत भाव क्यों है? उनके द्वारा कही गई बातों में ऐसी कौन सी अव्यावहारिकता हमें दिखती है, जिसके कारण विवेकानंद की चर्चा का फैशन शैक्षणिक संगोष्ठी में जोर नहीं पकड़ पाता? आएं सीधे-सीधे उनके विचारों पर। "हम लोग हिंदू हैं। मै "हिन्दू" शब्द का प्रयोगकिसी बुरे अर्थ मे नहीं कर रहा हूं और न मैं उन लोगों से सहमत हूं जो समझते हैं कि इस शब्द का कोई बुरा अर्थ है। प्राचीन काल में इस शब्द का अर्थ केवल इतना था- सिंधु तट के इस ओर बसने वाले लोग। आज भले ही हम से घृणा रखने वाले अनेक लोग इस शब्द पर कुत्सित अर्थ आरोपित करना चाहते हो, पर केवल नाम मे क्या धरा है? यह तो हम पर निर्भर करता है कि 'हिंदू' नाम ऐसी प्रत्येक वस्तु का द्योतक हो जो महिमा में है, आध्यात्मिक है, अथवा वह केवल कलंकित,पद दलित, निकम्मी और धर्म भ्रष्ट जाति का प्रतीक ह। यदि आज 'हिंदू' शब्द का कोई बुरा अर्थ लगाया जाता है, तो उसकी परवाह मत करो। आओ (!) हम सब अपने आचरण से संसार को यह दिखा दे कि संसार की कोई भी भाषा इससे महान शब्द का अविष्कार नहीं कर पाई है।

मेरे जीवन का यह सिद्धांत रहा है कि मुझे अपने पूर्वजों को अपनाने में कभी लज्जा नहीं आई। मैं सबसे गवीर्ले मनुष्यों में से एक हूं। किंतु मैं तुम्हें स्पष्ट रूप में बता दूं यह गर्व मुझे अपने कारण नहीं अपितु अपने पूर्वजों के कारण है। अतीत का मैंने जितना ही अध्ययन किया है,

जितनी ही पहले भूतकाल पर दृष्टि डाली है,यह गर्व मुझमें उतना ही बढ़ता गया है। उसने मुझे साहस पूर्ण निष्ठा और शक्ति प्रदान की है। उसने मुझे धरती की धूल से उठाकर ऊपर खड़ा कर दिया और अपने महान पूर्वजों के द्वारा निर्धारित उस महायोजना को पूर्ण करने में जुटा दिया। उन प्राचीन आर्यों की संतानों (!) भगवत कृपा से तुम भी उस गर्व से परिपूर्ण हो जाओ। तुम्हारे रक्त मे भी अपने पूर्वजों के लिए उसी श्रद्धा का संचार हो जाए (!)वह तुम्हारे रग रग मे व्याप्त हो जाए और तुम संसार के उद्धार के लिए आगे बढ़ो - बढ़ते ही जाओ। (स्वामी विवेकानंद)[24]

स्वामी विवेकानंद के उपरोक्त संदेश से पहली एक बात निसंदेह हमारे सामने आती है, वह यह कि, इतिहास को भुलाने वाले इतिहास का निर्माण नहीं कर सकते। किंतु आज स्थिति ठीक इसके विपरीत है और जैसा कि एक चिंतक ने कहा,“भारत एक प्राचीन राष्ट्र है। स्वतंत्रता की प्राप्ति से इसके चिर कालीन इतिहास में एक नए अध्याय का प्रारंभ हुआ। किसी नवीन राष्ट्र का जन्म नहीं। नया राष्ट्र बनाने की चर्चा का परिचय - जीवन मूल्यों की अवहेलना और आत्म-विस्मृति में हुआ है। फलतः हमारे राष्ट्रीय मानस में एक गांठ पड़ गई है और द्वैत भाव की सृष्टि हुई है....... भारत के ऋषि महर्षियों,स्मृतिकारों, पुराण निर्माताओं, साधू सन्यासियों, कवि - कलाकारों, सम्राटों - सेनापतियों और संतों तथा सुधारकों ने जिस एकात्मक जीवन के ताने-बाने कोबुना था आज वह उपेक्षा तथा उपहास का विषय बनाया जा रहा है। जिन उपादानों ने हमें हजारों साल तकएक बनाए रखा, जिनके कारण हम बाहरी आक्रमण और आंतरिक विघटन के बावजूद अपने अस्तित्व को कायम रख सके, उन्हें आज तिरस्कृत किया जा रहा है। यह एकता की प्राप्ति का नहीं बचीकुची एकता को भी खतरे में डालने का मार्ग है । अतः आवश्यकता है कि हम अपने राष्ट्र की प्राचीनता को मान्य करें और उसके सही स्वरूप को समझें”।[25]

स्वामी विवेकानंद का एक और विचार जो हमारे लिए महत्वपूर्ण है, वे कहते हैं “हमारी जनता हिंसक नहीं है। अमेरिका और इंग्लैंड में मैं बहुत बार केवल अपनी वेशभूषा के कारण भीड़ द्वारा प्रायः आक्रांत किया गया हूं। पर भारत में मैंने ऐसी बात कभी नहीं सुनी कि भीड़ किसी मनुष्य की वेशभूषा के कारण उसके पीछे पड़ गई हो। अन्य सभी बातों में हमारी जनता यूरोप की जनता की अपेक्षा कहीं अधिक सभ्य है ।[26]

आगे वे कहतेहैं- ‘समाज सुधार’ की समस्या पर मनन करते हुए कि “आधुनिक सुधारकों को पहले भारत के धर्म का नाश किए बिना सुधार का और कोई दूसरा उपाय ही नहीं सूझता। उन्होंने इस दिशा में प्रयत्न भी किया है, पर असफल हो गए। इसका क्या कारण है?”[27] कारण यह है उनमें से बहुत ही कम लोगों ने अपने धर्म का अच्छी तरह अध्ययन और मनन किया, और

उनमें से एक ने भी उस प्रशिक्षण का अभ्यास नहीं किया जो सब धर्मों की जननी को समझने के लिए आवश्यक होता है। मेरा यही दावा है कि हिंदू समाज की उन्नति के लिए हिंदू धर्म के विनाश की कोई आवश्यकता नहीं और यह बात नहीं कि समाज की वर्तमान दशा हिंदू धर्म की प्राचीन रीति एवं नीतियों और आचार अनुष्ठानों के समर्थन के कारण हुई, वरन ऐसा इसलिए हुआ कि धार्मिक तत्वों का सभी सामाजिक विषयों में अच्छी तरह उपयोग नहीं हुआ है। मैं इस कथन का प्रत्येक शब्द अपने प्राचीन शास्त्रों में प्रमाणित करने को तैयार हूं। मैं वही शिक्षा दे रहा हूं और हमें इसी को कार्य रूप में परिणत करने के लिए जीवन भर चेष्टा करनी होगी।[28] पर इसमें समय लगेगा - बहुत समय और इसमें बहुत मनन की आवश्यकता है। धीरज धरो और काम करते जाओ। उद्धेरेदात्मनात्मनाम!!! अपने ही द्वारा अपना उद्धार करना पड़ेगा।

हिंदूओ को अपना धर्म छोड़ने की आवश्यकता नहीं है। उन्हें चाहिए कि धर्म को एक उचित मर्यादा के भीतर सीमित रखें और समाज को उन्नति शील होने के लिए स्वाधीनता दे दे। भारत के सभी समाज-सुधारकों ने पुरोहितों के अत्याचारों और अवनति का उत्तरदायित्व धर्म के मत्थेमढ़ने की एक भयंकर भूल की और एक दुर्भेद्य गढ़ को गिराने का प्रयत्न किया। नतीजा क्या हुआ? असफलता(!) बुद्धदेव से लेकर राममोहन राय तक सबने जाति भेद को धर्म का एक अंग माना और जाति भेद के साथ ही धर्म पर भी आघात किया लेकिन असफल रहे।

भारत के 'पुनर्निर्माण' के संदर्भ में स्वामी जी ने इस बात को बिल्कुल साफ कहा था कि किसी भी कोशिश को करने के पहले हम सभी को यह अवश्य सोचना पड़ेगा कि हम आखिर कैसे भारत का निर्माण करना चाहते हैं। जिस तरह से एक चित्रकार चित्र बनाने के पहले ही यह सोच लेता है कि उसका चित्र कैसा होगा, उसी प्रकार से जैसे एक इंजीनियर किसी भवन को बनाने के पहले ही उन सभी सूचनाओं को एकत्रित कर लेता है कि उस भवन का निर्माण किस उद्देश्य से किया जा रहा है, इसके बाद ही फिर वह उस भवन के नक्शे को तैयार कर निर्माण का काम आरंभ करता है। ठीक इसी प्रकार से हमें भी इस बात पर बिल्कुल स्पष्ट होना पड़ेगा कि आप भारत का भविष्य कैसा होना चाहिए?

उसी प्रकार से तत्कालीन भारत एक गरीब देश था जहां भूखों को भोजन उपलब्ध कराना हमारी पहली प्राथमिकता होनी चाहिए। किंतु इसके साथ ही हमें यह भी तो सोचना पड़ेगा कि क्या सिर्फ लोगों को भोजन या भौतिक सुविधाएं उपलब्ध करा देने से हम एक मजबूत देश का निर्माण कर पाएंगे? शायद नहीं। क्योंकि अगर ऐसा संभव होता तो, अब तक पश्चिम के उन्नत देशों में, जहां हम से कहीं अधिक भौतिक सुविधाएं उपलब्ध है, लोगों में इतना आक्रोश व निराशा व्याप्त ना होती। जिसके लिए वे पूर्वी देशों में आकर और विशेषकर भारत में

बसना पसंद कर रहे हैं। वहां के युवा वर्ग की ओर यदि देखें तो उनके जीवन में एक विशेष खालीपन दिखही रहा है, जिसे मारने के लिए वह तरह तरह की चीजों व कृत्रम सुखो का सहारा लेते हैं। अतः यह तो जरूरी हो जाता है कि हम अपने देश के अतीत एवं इतिहास की ओर दृष्टि दौड़ आएं और यह भी समझने का प्रयास करें कि आंखें चंद्रगुप्त, समुद्रगुप्त, अशोक, कनिष्क व अन्य राजाओं/सम्राटों के समय देश में ऐसा क्या था, जिसने भारत को शक्ति, धन,'खुशहाली' में इतना समृद्ध बनाया था। और फिर कालांतर में ऐसा क्या हुआ जिसने उसी महान देश को पतोंमुख कर दिया। अतः कहने का तात्पर्य यह है कि भारत का भविष्य बनाने में हमें उन आदर्शों और मूल्यों व मान्यताओं का तो आदर करना ही पड़ेगा, जिन्होंने भारत को अतीत में महान बनाया था।

व्यवस्था परिवर्तन के अपेक्षित मार्ग को समझने के इसी क्रम में एक अन्य विचारक, जिनकी बातें हमें लक्ष्य की प्राप्ति में बैठी अड़चनों का आभास कराती है, वे हैं श्री अरविंद। इन्होंने भारत में 19वीं शताब्दी में आए परिवर्तन के संबंध में बड़ी स्पष्टता से कहा था, कि, क्या कारण है कि जापान तो पश्चिमी विचारों और यूरोपीय सभ्यता से काफी हद तक प्रभावित होकर एक बहुत ही छोटे से राष्ट्र के रूप में होते हुए भी, दुनिया की महान शक्तियों के रूप में गिना जाने लगा; किंतु उसकी तुलना में कहीं अधिक प्राचीन, भव्य, गौरवशाली, और दुनिया को उत्कृष्ठ संदेश देने वाला राष्ट्र भारत - कालांतर में दुर्बल, उद्विग्न और अकालों का शिकार होता गया। ऐसा क्यों हुआ? इस बात की यदि तहकीकात की जाए, तो सामान्यतया लोग यह जवाब दे देंगे - क्योंकि जापान ने पूरी तरह पश्चिमी विज्ञान को आत्मसात करके अपना सुधार कर लिया, और आधुनिकता के साथ मेल न खाने वाले विचारों व प्रथाओं को पीछे छोड़ने के लिए तैयार हो गया। जबकि भारत अभी भी अपने जीर्ण-शीर्ण अतीत के साथ चिपके रहने पर जोर देता है। किंतु यहां प्रश्न आता है कि क्या भारतीय मूल्य(जिनकी बदौलत भारत आज तक अपनी आत्मा से जीवित रहा) एवं आदर्श आज के लिए एकदम व्यर्थ है? क्या हमारी संस्कृति इतनी जड़ है कि उसका आधुनिक जीवन शैली से तालमेल नहीं बैठाया जा सकता? श्री अरविंद के अनुसार "इस प्रकार के प्रश्नों का उत्तर यंत्रों में नहीं, मनुष्यों में ढूंढना होगा। मनुष्य की आत्मा उसके भाग्य का निर्माण करती है, उसी तरह देश की आत्मा उसके इतिहास का निर्माण करती है।" अपनी इस बात को समझाते हुए वे कहते हैं, "अमुक काल की अमुक परिस्थितियों में किसी राष्ट्र के मानव चरित्र का अवलोकन करने से हम उससे उस समय के इतिहास के बारे में बहुत

कुछ जान सकते हैं। जापानी राष्ट्रीय चरित्र को वहां की उत्कृष्ट संस्कृति ने रूप दिया था। जब पाश्चात्य प्रभाव आया तो जापानी अपनी प्राचीन आत्मा के प्रति वफादार रहे। उन्होंने यूरोप के सामाजिक और राजनीतिक संगठनों के कुछ तत्व अपनाएं जो उसकी संस्कृति के पूरक थे। जापान मे उनकी प्राचीन सांस्कृतिक चीज है सामुराई की भावना। 19वीं शताब्दी में यही भावना प्रधान रही है।

इधर भारत में सामान्य जनता का बहुत बड़ा भाग सोया पड़ा रहा। पाश्चात्य प्रभाव ने उसे केवल तोड़ा फोड़ा और विघटित किया है, उसे नया जीवन देने में पूरी तरह असमर्थ रहा है। लेकिन यहां के ऊँचे वर्गों में विदेशियों के हित साधने और उनकी सेवा करने के लिए एक नई जाति ने जन्म लिया। इसे हम भारतीय नहीं कह सकते, यह भारत में विदेशी है। परंतु प्राय: सभी कामों में - सामाजिक, राजनीतिक, शैक्षिक, साहित्यिक, धार्मिक, सभी क्षेत्रों में इस नए विदेशी वर्ग का बोलबाला रहा है। इसी ने हमे राह दिखाई है। ईसी वर्ग को हम 'बुर्जुआ' कहते हैं। 19वीं शताब्दी में जापान का नेतृत्व समुराई और भारत का नेतृत्व बुर्जुया लोगों के हाथों में रहा है। इसी तथ्य ने इन दोनों देशों की गतिविधि में इतना बड़ा अंतर पैदा कर दिया।

बुर्जुआ कौन है? यद्यपि पिछले दिनों के भारतीय समाज में इनका इतना अधिक महत्व रहा है फिर भी यह शब्द भारत के लिए नया है। बुर्जुया है मध्यम वर्ग का औसत संतुष्ट आदमी। यह वर्ग सभी देशों में एक जैसा होता है, इसका मौलिक आधार, इसके विचार एक से होते हैं, चाहे अलग-अलग देशों में इसके बाहरी रूप भिन्न हों। इसका व्यक्तित्व बहुत उथला होता है।29 वह अपने आप को प्रबुद्ध मानता है पर उसमें ज्यादा बोध नहीं होता। उसे अपने जीवन से, अपने ऐश आराम से, अपनी सुविधाओं से प्रेम होता है, और अपने सभी कामों में अपनी राजनीति और अपने सामाजिक जीवन में वह इन चीजों की सुरक्षा पर सबसे अधिक बल देता है... लेकिन इस सराहनीय प्राणी की अपनी कमजोरियां भी होती हैं। वह साहस कार्यों, बड़े उद्यमों, महान उपलब्धियों, के लिए राष्ट्रीय जीवन के महान संघर्षों और तूफानों के लिए अनुपयुक्त होता है। यह चीजें वीरो, शहीदों, अपराधियों बहुत उत्साह वालों,खिसके दिमागों के लिए, बढ़े चढ़े गुणों और योग्यताओं वाले लोगों, के लिए होते हैं । बुर्जुआ उन पागलों, सन्कियों के परिश्रम का फल भोगने में पीछे नहीं रहता। लेकिन जब वह परिश्रम किया जा रहा हो तो उसका विरोध करता और उसमें बाधा देता है। वह महान आदर्शों को स्वप्न और उन्हें चरितार्थ करने का प्रयास करने वाले को मूर्ख और सनकी मानता है। वह हर नई चीज को शंका की दृष्टि से देखता है जो पहले नहीं हुआ, जिसमें से सफलता नहीं झांक रही उसे पागलपन मानता है।

उसके लिए विद्रोह पागलपन है और क्रांति दुख स्वप्न।[30] 19वीं शताब्दी भारत में ऐसे ही लोगों की प्रधानता थी। बर्जुआ लोगों ने समाज और देश के क्रियाकलापों को इसी रंग में रंग डाला - यह श्री अरविंद के अनुसार अंग्रेजों की ही देन है "। प्राचीन भारत की हवा में अभिजात्य था। उसके विचार और जीवन उच्च, गरवीले, उदात्तता के सांचे में ढले थे । जीवन में कठोरता के साथ-साथ कर्मण्यता भी उच्च कोटि की थी। विचारों में उच्चतम, क्रियाकलाप में उच्चतम, आचार व्यवहार और आचरण में उच्चतम, साहित्य, संगीत, कला, धर्म सभी में उच्चतम और श्रेष्ठतम स्तर ही वांछनीय माना जाता था।

ब्राह्मण दारिद्रय को अपनाकर, ज्ञान और धार्मिक संयम को पाने के लिए अपनी सभी कामनाओं को कुचल देता था। क्षत्रिय बड़ी वीरता के साथ युद्ध की अग्नि मे अपने सर्वस्व की बलि दे देता था। उसके लिए अपनी आन बान और क्षात्र धर्म के आगे जीवन, पत्नी, बच्चे, धन, संपदा, सुख, ऐश्वर्य सभी धूल के समान थे। उसके लिए अपनी आन की रखवाली, दुर्बल की रक्षा ही, सबसे बढ़कर थी। वैश्य जीवन भर धनसंपदा इकट्ठी करने में खून पसीना एक करता था और फिर अपने आप को भूल कर अपना सब कुछ परोपकार के लिए अर्पित कर देता था। वह अपने आपको धन का स्वामी नहीं भंडारी मानता था। शूद्र बड़ी निष्ठा के साथ हर तरह की, भले नीची से नीची सेवा क्यों ना हो, सेवा में लगा रहता था। औरों को धकिया कर आगे बढ़ने की जगह अपने धर्म पर स्थित रहना ही उसे अभीष्ट था। यही थे प्राचीन भारत के सामाजिक आदर्श। यह केवल पूजने के लिए नहीं बल्कि व्यवहार में लाने के लिए बने थे।

भारत की कल्पना हमेशा महान, विशाल और दीर्घाकार को पसंद करती थी। उसके विचार हों या नैतिकता, सभी में अत्यंत महान आदर्श अपनाए गए। सत्यवादी हरिश्चंद्र अपना वचन तोड़ने की अपेक्षा अपने सर्वस्व की बाजी लगा देना पसंद करते थे; भक्त प्रल्हाद भगवान का नाम जपने के लिए कौन-कौन सी यातना का सामना नहीं करते थे; बुध मानव जाति की भलाई के लिए अपना राजपाट पुत्र कलंत्र सभी को ठुकरा देते हैं, निर्वाण तक से लौट आते हैं ; शिवि एक छोटे से कबूतर की प्राण रक्षा के लिए अपना मांस काटकर तराजू में रख देते हैं; करण किसी याचक को खाली हाथ न लौटाने के प्रण की रक्षा करने के लिए हंसते-हंसते अपने शरीर से चीर कर कुंडल प्रदान कर देते हैं; दुर्योधन अपनी "सू चुग्रन नैव दास्यामि" का वचन रखने के लिए इतना बड़ा युद्ध मोल लेते हैं। सीता और सावित्री के उदाहरण भी हमारे सामने हैं। आर्य मानस ऐसे सांचों में ढला था, उसे इसी दिशा में आगे बढ़ने की शिक्षा दी गई थी।

इतना ही नहीं दार्शनिक और यति की इंद्रियों पर विजय, सन्यासी का सर्वस्व त्याग, वीरों का रणक्षेत्र में पराक्रम और बलिदान,वैशयों की असीम उदारता - हर चीज अपनी पराकाष्ठा पर पहुंची हुई थी। उसके पीछे दैवीय प्रेरणा की बहुलता, सारे जगत से लोहा लेने का उत्साह था। हम यह नहीं कहते कि उस जमाने में 'बुर्जुआ' का अभाव था। नहीं, ऐसे लोग हर काल में, हर समाज में, होते आए हैं, परंतु उनकी प्रधानता न थी। उस सूक्ष्म, पवित्र वातावरण में सांस लेना, और पनपना ही उनके लिए कठिन था। विकसित होने या प्रधानता पाने की तो बात ही अलग है, उसका उष्मा भरा सुख-सुविधा का प्रेमी व्यक्तित्व वहां अपने पांव फैलाने के लिए कोई अवकाश न पाता था ।[31]

बुर्जुआ समाज का पहला चरण आएगा अंग्रेजी राज की दी हुई शांति के साथ। अंग्रेजी राज कभी सच्चे राजनीतिक निपुण नेता या वीर सिपाही को पसंद ना करता था; निर्भय, साहस, ओजस्वी पौरुष, नए क्षेत्रों में घुसने का साहस, गरुण की दृष्टि, सिंह का हृदय, महान अभीप्सा, दूरदर्शिता, राजसी भाव आदि ऐसी विशेषताएं थी, जिनकी भारत में कमी नहीं हुई। लेकिन अब अंग्रेजी शांति छा जाने पर इन चीजों की जरूरत ही नहीं रही। इन्हें यत्न पूर्वक दबाया गया। यह चीजें नए राज्य के लिए संकट खड़ा कर सकती थी।

संक्षेप में कहें तो नए राज्य में सच्चे क्षत्रिय के लिए कहीं जगह न थी और साथ ही शुद्ध ज्ञान के प्यासे सन्यासी के लिए भी स्थान न था। राज को विद्वानों की नहीं लिपिकों की जरूरत थी। ऐसे विचारको की जरूरत न थी, जो मनुष्य को सीधे सत्य तक जाने का रास्ता बताएं और उसे अपने जीवन में उतारने का तरीका सुझाएं। उन्हें जरूरत थी ऐसे लोगों की, जो चैन से रहते हुए व्यक्तिगत सुख सुविधा से ही संतुष्ट रहें ।

अंग्रेजी शिक्षा ने हमारे समाज को यह सिखलाया कि अनासक्ति और आत्म त्याग, आलस्य के पर्यायवाची हैं, ढोंग या फिर पागलपन है। उसने बताया कि सफल व्यापारी, समृद्ध पेशेवर आदमी ही समाज का मुकुट मड़ी है। *रामायण और महाभारत* का स्थान 'स्माइल्स' की 'self-help 'ने ले लिया ।

यहाँ सच्चे वैश्य के लिए भी जगह न थी, जो उद्योग धंधों को नए शिखरों पर पहुंचा सकें। जरूरत थी छोटे-मोटे दुकानदारों और बड़े दलालों की, जो अंग्रेजों के व्यापार को भारत के बाजारों को हथियाने में मदद दें।

इस भांति युद्ध, उद्यम, राजनीति, चिंतन मनन, आध्यात्मिकता, क्रियाशीलता, सशक्त

स्वस्थ राष्ट्रीय जीवन, से पैदा होने वाले मानव पुष्पों की उस समय के भारत मे आवश्यकता न थी। उन्हें दबाया जाता था, उनकी कमर तोड़ दी जाती थी, और उनको गायब किया जा रहा था ।उनकी जगह बुउजुया गुणो की बड़ी मांग थी।32

इन 'बुर्जुया गुणो' की बढ़ती बाढ़ के कारण, समाज में बढ़ने लगी अक्षमता, संकीर्णता और सबसे ज्यादा सांस्कृतिक मिथ्याचार। यानी दिमाग में तो 'आजादी' भरी है परंतु जीवन खाली है, 'राजनीतिक अधिकारों' के बारे में तो पढ़ लिया पर दायित्व बोध से अपने को पूरी तरह मुक्त मान लिया। भारत में रहते हुए यूरोपीय अर्थशास्त्र को अपना लिया, व 'मुक्त व्यापार' की पूजा करनी शुरू कर दी, जो वस्तुतः राष्ट्रीय जीवन को चूस रहा था। सामाजिक पुनर्व्यवस्था था पर भाषण दे डाले पर समाज से बिल्कुल अपरिचित रहे। शक्ति और प्रेरणा के लिए उन स्रोतों को देखा, जो हमारी पहुंच से ही बाहर नहीं थे, बल्कि भारतीय मानसिकता से भी अनजान थे। सबसे बड़ी भूल यह मान लेने की करदी कि "जो हमारी सेवा से पनपते हैं वही हमें स्वाधीनता के लिए तैयार करेंगे"।33

'सूत्रपात,' नेतृत्व, शौर्य, के जलवायु के अभाव में, क्षात्र धर्म की सहज मृत्यु हो गई। जब राजनेता और सिपाही, क्षत्रिय के लिए ही जगह न बची, तो भला इस देश में ब्राह्मण, संत, एवं विद्वान के लिए जगह कहां थी? अंग्रेज राज बहुत पढ़े-लिखे का तो मान करता था, लेकिन विचारक से घबराता था। अंग्रेजी शिक्षा सन्यासी को नीचे दृष्टि से और धन बटोरने वाले को तिरस्कार भरी दृष्टि से देखती थी। व्यास और वाल्मीकि व्यर्थ की कहानियां सुनाने वाले बन गए और युवकों की प्रेरणा देने का काम सैमुअल स्माइल्स को मिल गया। हमारे बच्चों के उर्वर मनों में विषके बीज बो दिए गए ।34

इसलिए ही उपरोक्त स्थिति आकलन से तो, यही निष्कर्ष निकलता है, कि राष्ट्र के उद्धार के लिए अपेक्षित व्यवस्था परिवर्तन की पहली शर्त है - शिक्षा की दिशा में सम्यक विचार एवं व्यायाम। अपनी पुस्तक *ब्रेन ऑफ इंडिया* में श्री अरविंद ने समझाया कि मनुष्य के अंदर अवस्थित शक्ति को बढ़ाने की सबसे आवश्यक शर्त है ब्रह्मचर्य का अभ्यास। क्योंकि जीवन में प्राण शक्ति का मूल स्रोत 'भौतिक' नहीं बल्कि 'आध्यात्मिक' है, जबकि यूरोपिय जड़वाद के द्वारा की गई भूल यह है कि वह 'भौतिक' आधार को ही सब कुछ मान लेता है, और उसी को 'शक्ति' का मूल स्रोत समझाने की भूल करता है। अतः भौतिक तत्वों का आध्यात्मिक सत्ता में ऊपर उठना ही ब्रह्मचर्य है।

इसी से जुड़ी दूसरी बात यह कि प्राचीन हिंदू धर्म का यह मत था कि समूचा ज्ञान अंदर समाया हुआ है, और शिक्षा का काम उसे भीतर से बाहर लाने का है; किंतु आज की शिक्षा बाहर से भीतर डालने का काम कर रही है और उस मानसिक जड़ता व निष्क्रियता की वाहक बन रही है जो अंततः स्थित ज्ञान को धूमिल कर देती है और विस्मृति, अध्ययन के प्रति अरुचि, वस्तुओं को समर्थन एवं उनके भेद को पहचानने की असमर्थता, को जन्म दे रही है। श्री अरविंद का मानना थाकि सच्ची व सजीव शिक्षा केवल वही कही जा सकती है, जो मनुष्य के अंदर की छुपी शक्ति को अभिव्यक्त करें, और मनुष्य जीवन का जो संपूर्ण उद्देश्य है उसकी स्थिति के लिए उसे तैयार करें। "भारतीय विचारधारा में मनुष्य को इस रूप में नहीं देखा गया है कि वह भौतिक प्रकृति द्वारा विकसित किया हुआ एक जीवंत शरीर है"।

भारत के मन का झुकाव उस तरह का भी नहीं रहा है कि वह मनुष्य को प्रधानतया एक तर्कशील पशु समझे, अथवा परिचित परिभाषा को विस्तृत करके यूं कहें कि चिंतन शूल, अनुभव शील, और इच्छा संपन्न एक प्राकृतिक सत्ता समझे; भौतिक प्रकृति का मनुमय पुत्र माने, और उसकी शिक्षा को मानसिक क्षमताओं का ही अनुशीलन समझे; अथवा मनुष्य का वर्णन एक राजनीतिक, सामाजिक और आर्थिक सत्ता के रूप में करे, तथा उसकी शिक्षा को एक ऐसी शिक्षा माने जो उसे समाज और राज्य का एक सुयोग्य उत्पादन शील और श्रेष्ठ सदस्य बना दे। नि:संदेह यह सब चीजें मानव प्राणी के ही अलग-अलग स्वरूप है और भारत ने अपनी विशाल दृष्टि के अधीन इन सब को भी यथेष्ट प्रधानता दी पर यह सब बाहरी चीजें हैं, सच्चे मानव का संपूर्ण स्वरूप नहीं है।

भारत ने हमेशा ही व्यष्टि- मानव के अंदर एक अंतर आत्मा को, भगवान के एक अंश को देखा है जो मन और शरीर से ढका है, प्रकृति के अंदर विश्वात्मा व परम देव का प्रकाश है। "... राष्ट्र के इतिहास में ऐसे समय आते हैं जब भगवान उसके सामने एक ऐसा कर्तव्य एक ऐसा लक्ष्य रख देते हैं जिसके लिए शेष सभी चीजों को न्योछावर कर देना पड़ता है चाहे वह अपने आप में कितनी महान और उत्कृष्ट क्यों न हो। हमारी मातृभूमि के लिए ऐसा समय आ गया है जब उसकी सेवा के सिवाय कोई और चीज प्यारी नहीं है, जब सबकुछ को उसी उद्देश्य की ओर मोड़ना है। अगर तुम अध्ययन करो तो उसके लिए अध्ययन करो(!), उसकी सेवा के लिए अपने तन मन और आत्मा को प्रशिक्षित करो। तुम अपनी रोज़ी कमाओ ताकि उसकी सेवा के लिए तुम जी सको। तुम विदेश जाओ तो इसलिए कि वह ज्ञान ला सको जिसके द्वारा तुम उसकी सेवा

कर सको। काम करो ताकि वह समृद्ध बने। कष्ट सहो ताकि वह सुख पाए ..."³⁵

हमारा आदर्श वह आध्यात्मिकता नहीं है जो जीवन से पीछे हट जाती है, हमारा आदर्श है आत्मा की शक्ति द्वारा जीवन परविजय। यह है जगत को भगवान की अभिव्यक्ति के लिए एक प्रयास के रूप में स्वीकार करना और साथ ही मानव जाति को अभिव्यक्ति के ज्यादा बड़े प्रयास द्वारा रूपांतरित करना, अभी तक जो कुछ प्राप्त हुआ है उससे ज्यादा बड़ी अभिव्यक्ति के रूप में; जिसमें मनुष्य और भगवान के बीच का पर्दा हट जाएगा, वह दिव्य मानवता जन्म लेगी जिसके हम योग्य हैं और हमारा जीवन आत्मा की ज्योति, शक्ति, और सत्य में पुनर्गठित होगा। निष्कर्ष स्वरूप यूं कहें कि यह है वह संदेश जिसे हम सदा उच्चारित करते रहेंगे, और यह है वह आदर्श जिसे हम उठते हुए युवा भारत के आगे रखेंगे।³⁶

संदर्भ सूची:

* देखें परिशिष्ट 1

1. महात्मा गांधी, *हिंद स्वराज* (पूर्व प्रकाशित 1977) पुनः प्रकाशित वाराणसी, 2006
2. महात्मा गांधी, *कलेक्टेड वर्क्स*, जिल्द 63, पृष्ठ 24
3. महात्मा गांधी, *कलेक्टेड वर्क्स*, जिल्द 90, पृष्ठ 35
4. महात्मा गांधी, *हिंद स्वराज*, पृष्ठ 25 - 28
5. वही, पृष्ठ 33–35
6. वही
7. वही
8. वही
9. महात्मा गांधी, *कलेक्टेड वर्क्स* 14/63-64; 14/366-379; 13/485; 15/335-336; 18/155-156
10. इंडिया डे टुडे विथ गांधी, सर्वसेवा संघ प्रकाशन, वाराणसी, 1968, 1/67
11. वही, 3/23
12. कलेक्टेड वर्क्स, 64/86-88; 64/156-157; 87/360; 84/417
13. वही, 78/356-358., 20/4-5। *हिन्द स्वराज*, अध्याय 17

14. वही, 54/132; 54/107,203;82/12
15. वही, 1/27-28; 13/33 -34; 13/43
16. वही, 8/61; 14/385; 18/1; 22/209
17. वही, 29/332;31/400
18. वही, 14/58-59; 14/300; 20/34-35; 21/74-75;23/474
19. वही, 83/52
20. वही, 77/382; 36/296-99; 83/107-08; 234-236
21. वही, 10/248; 13/66-67; 14/201-202; 15/159-60; 51/206-07
22. वही, 34/310; 59/439-40;63/77-78; 63/95; 78/70; 83/46
23. वही, *हिंद स्वराज* (पूर्व उद्धृत), पृष्ठ 61
24. स्वामी विवेकानंद पत्रावली, चतुर्थ संस्करण, नागपुर, रामकृष्ण मठ, मई, 1982
25. वही, पृष्ठ 29
26. स्वामी विवेकानंद पत्रावली, चतुर्थ संस्करण, नागपुर, रामकृष्ण मठ, मई 1982
27. वही
28. वही
29. आर्काइव्स में प्रकाशित श्री अरविंद के विचार 'बुर्जुआ और सामुराई' के आधार पर।
30. वही
31. वही
32. वही
33. वही
34. वही
35. 'शिक्षा' पर श्री अरविंद के विचार, वंदे मातरम।
36. 'हमारा लक्ष्य' पर श्री अरविंद के विचार।

परिशिष्ट - 1

(पहल और प्रयोग विशेषांक, वर्ष 5, अंक 1, जनवरी 2008, दिल्ली से प्रकाशित 'भारतीय पक्ष' (दशरथ मांझी को समर्पित)

प्रस्तुत विशेषांक पर हम उस भारत की एक छोटी सी झांकी प्रस्तुत कर रहे हैं जो प्रतिकूल व्यवस्था से हताश ना होकर उसे चुनौती देने में लगा है। उसमें पहल करने की इच्छा शक्ति है और प्रयोग करने का साहस भी है। आज जिस प्रकार का माहौल है उसे देखकर लगता है कि समाज में ऐसे लोग बहुत कम है लेकिन वास्तव में ऐसा है नहीं। बड़े-बड़े महानगरों से लेकर छोटे-छोटे गांवों यहां तक कि दूरदराज के जंगलों में भी ऐसे लोग बिखरे हैं जो वर्तमान व्यवस्था की चुनौतियों से घबराते नहीं है। बड़े दृढ़ निश्चय के साथ वह समाज में सकारात्मक बदलाव के लिए काम में जुटे यह लोग टीवी चैनलों और अखबारों में कम ही दिखाई देते हैं, किंतु यह लोग उन लोगों को सहज ही दिखाई देते हैं जिन्हें इनकी सबसे अधिक जरूरत होती है, अन्य लोगों को तो इन्हें ढूंढना पड़ता है।

समाज में ढेरों ऐसे काम हो रहे हैं जिनसे देश की तस्वीर सुखद ढंग से बदल रही है। कामों की सूची बहुत लंबी थी कह सकते हैं अनंत थी लेकिन ना तो हमारे पृष्ठ अनंत हो सकते थे और ना ही हमारी क्षमता। विशेषांक को 160 पृष्ठों से ऊपर ले जाने के बाद भी हमें मलाल है कि हम कई ऐसे अच्छे कामों को इसमें शामिल नहीं कर पाए जो वास्तव में बहुत महत्वपूर्ण है। विशेषांक पर हम जिन कार्यों की जानकारी दे रहे हैं, उनके अलावा देशभर में ढेरों कार्य हो रहे हैं ... हमारा प्रयास तो नदी में से एक अंजुरी पानी लेने जैसा ही कहा जा सकता है।

यह सच है कि समाज में ढेरों अच्छे कार्य हो रहे हैं लेकिन उन्हें पर्याय तो नहीं ही कहा जा सकता। जरूरत है ऐसे कामों को और गति देने की, उन्हें फैलाने की, लोगों में यह भ्रांति तोड़ने की जरूरत है कि सामाजिक कार्य समर्थ और सक्षम लोग ही कर सकते हैं, या वे लोग कर सकते हैं जिन्हें अपने घर परिवार से कोई मतलब नहीं है। प्रस्तुत विशेषांक मे हमने यह भ्रांति तोड़ने की कोशिश की है, हम यह दिखाना चाहते हैं कि पहल और प्रयोग के लिए प्रतिभा या संसाधन की बहुत जरूरत नहीं होती। यह चीजें पूरक मात्र होती है अकेले इन के दम पर कोई सामाजिक कार्य नहीं किया जा सकता। किसी भी सामाजिक कार्य को करने के लिए मूल आवश्यकता है समाज में सार्थक बदलाव करने की इच्छाशक्ति और उसे जमीनी हकीकत में बदलने का दमखम। जिस किसी व्यक्ति के अंदर यह सब है उसके लिए यह विशेषांक पढ़ना निर्णायक सिद्ध हो, ऐसी हमारी अपेक्षा है। हम कुछ अच्छे लोगों को कुछ अच्छा करने के लिए प्रेरित कर सकें, तो हम इसे अपनी सफलता मानेंगे।

परिशिष्ट - 2
प्रसून लता के द्वारा गांधीगिरी पर लिखे एक लेख के अंश

प्रसून लता के द्वारा यह कहा गया है कि आम लोगों के बीच अभावों और कष्टों से जूझते हुए ऐसे लोगों की कहानी भले मीडिया में प्रचार नहीं पा सकी है, लेकिन उनकी कोशिशों ने अनेक लोगों की बेमतलब हो गई जिंदगी को भी जीने का मकसद दे दिया है। ऐसे साधारण लोगों की गांधीगिरी यह संदेश दे रही है कि ठान लो तो हर मुश्किल आसान हो जाती है। अपने वक्त में बापू एक मिसाल थे और आज के जमाने में उनके विचार मशाल का काम कर रहे हैं। साधारण लोगों की गांधीगिरी यह संदेश दे रही है कि ठान लो तो हर मुश्किल आसान हो जाती है, ऐसे लोग देश के हर कोने में मिल जाएंगे। शुरुआत करते हैं उड़ीसा की उर्मिला बहरा से जिनकी गांधीगिरी पर्यावरण संरक्षण के लिए समर्पित है। शायद इसलिए आज अपने राज्य में गछ मा के नाम से विख्यात हो गई हैं। उन्होंने पिछले 15 सालों में अपने इलाके में 100000 से भी अधिक वृक्ष लगाकर हरियाली के प्रति श्रद्धा और पर्यावरण के प्रति अपनी प्रतिबद्धता की नजीर पेश की है।

उर्मिला पर्यावरणविद तो नहीं है; ग्लोबल वॉर्मिंग जैसे शब्दों से भी एकदम अनजान है; लेकिन एक चीज बहुत अच्छी तरह जानती समझती हैं कि पेड़ मनुष्य और धरती के लिए बहुत ही जरूरी है इसलिए पेड़ लगाना उन्होंने अपने जीवन का लक्ष्य बना रखा है। पेड़ लगाने की यह चाह उर्मिला के मन में दो बेटियों की मां बनने के बाद जगी। बेटे के अभाव में उन्होंने अपने आंगन में एक पेड़ लगाकर उसे ही बेटे की तरह प्यार देना शुरू कर दिया। इससे उनके मन को न सिर्फ संतोष मिला बल्कि निरंतर अनगिनत पेड़ लगाने की प्रेरणा भी मिली। घर के आंगन से शुरू हुआ पेड़ लगाने का उनका यह सिलसिला अब आसपास के 60 गांवों में फैल चुका है। उर्मिला के इस काम का सबसे बड़ा परिणाम यह है कि खुद गरीब होने के बावजूद उन्होंने इसके लिए सरकार या किसी संस्था के एक पैसे भी नहीं लिए हैं, बल्कि इस काम के लिए उन्हें अपनी ही जमीन का एक हिस्सा बेचना पड़ा। उनके पास 1 एकड़ से भी कम जमीन बची हुई है लेकिन उनके काम का महत्व लोग समझने लगे हैं, इसलिए अब वे अकेली नहीं है। उनके साथ 70 लोग खुद जुड़ गए हैं। उन्होंने पेड़ लगाने के काम को अधिक व्यापक और कारगर ढंग से करने के लिए 'वृक्ष मां समिति' का गठन किया है।

इसी तरह महाराष्ट्र के अमरावती जिले की सिंधुताई सपकाल की गांधीगिरी पर भी गौर किया जा सकता है। अपने राज्य में वे 'मदर ऑफ थाउजेंड' यानी हजारों संतानों की मां के

नाम से जानी जाती हैं। सिंधुताई जब 10 साल की थी, उनका विवाह एक अधेड़ के साथ कर दिया गया । इसके बाद उन्होंने 2 बच्चों को जन्म दिया लेकिन जब तीसरे बच्चे की मां बनने वाली थी तो उन पर लांछन लगाकर उन्हें घर से निकाल दिया गया। अपनी तीसरी संतान को जन्म देने तक उन्होंने जानवरों के रहने की जगह पर ही गुजारा किया। इसके बाद वे रेलवे स्टेशन पर रहने चली गई जहां उनकी मुलाकात घर से भागे, भगाए और सताए गए बच्चों से हुई। सिंधुताई ने अपने बच्चों के साथ उन बच्चों को भी अपनी ममता की छांव दी। शुरुआती दौर में इन सभी बच्चों के जीवन यापन और अच्छे भविष्य के लिए साधन जुटाने में

सिंधुताई को अनेक कठिनाइयों का सामना करना पड़ा पर आज 30 साल के अंतराल में सिंधु ताई ने अपनी कामयाबी की इबारत लिख दी है; कि कोई उनके प्रारंभिक जीवन की विडंबना और दुख को सुनकर द्रवित और हतप्रभ हो सकता है।

सिंधुताई ने महाराष्ट्र के 4 जिलों में दर्जनों संस्थान का जाल बुन दिया है, जहां बेसहारा बच्चों और महिलाओं को न सिर्फ आश्रय दिया जाता है, बल्कि वे भविष्य में कुछ बेहतर कर सकें इसके लिए प्रशिक्षण के साथ अन्य व्यवस्थाएं भी की जाती है। अब सिंधुताई को चारों ओर सम्मान ही सम्मान मिलता है; लेकिन जब उन्होंने अपने स्तर से आज के वर्तमान को गढ़ना शुरू किया था तब उनके पास बदहाली के अलावा कुछ नहीं था।

सहारनपुर की 7 वर्षीय शिमला सैनी की कहानी भी कम प्रेरक नहीं। जब विवाह करके वे ससुराल आईं तो परंपरा और रीति-रिवाज के नाम पर की जाने वाली कई चीजें ढोंग लगी। सिंदूर चूड़ियां और रंगीन कपड़े त्याग कर उतर गई गांव की कष्ट भुक्ति महिलाओं के जीवन में खुशियां लाने के काम मे। पहले तो सभी ग्रामीण बहनों को संगठित कर शराब का विरोध किया, फिर देखा कि गांव के स्कूल में लड़कियों को शिक्षा से जानबूझकर अलग रखा जा रहा है। उन्होंने अपने प्रयास से अलग से एक नया स्कूल खोला और वहां लड़कियों की शिक्षा सुनिश्चित की। जब महिलाएं शिक्षित होने लगी तो उन्हें स्वयं सहायता समूह से जोड़कर आर्थिक दृष्टि से आत्मनिर्भर बनाने का सिलसिला शुरू किया। उन्हें अपने हर काम में महिलाओं का साथ मिला और वे कामयाब भी हुए। उनका गांव सब्दलपुर पड़ोस के गांवों के लिए अनुकरणीय गांव बन गया है।

वेश्याओं का जीवन हमारे समाज में हे दृष्टि से देखा जाता है। कोई इस अंधेरे से निकालकर मिसाल बन जाए तो यह किसी अच्छे काम से कम नहीं है। मुजफ्फरपुर चतुर्भुज स्थान की रानी बेगम पहले वेश्याओं के कोठे पर ढकेल दी गई, परमेश्वर की चेतना से कोठे से बाहर निकलने में कामयाब हुई, और अपनी जैसी अनेक लड़कियों का जीवन बदल दिया।

उन्होंने स्कूल खोला फिर लड़कियों को प्रशिक्षण देकर उन्हें वैकल्पिक रोजगार से जोड़ा।

उड़ीसा की कादंबिनी भुइयां पढ़ाई पूरी करने के बाद अपना भविष्य तय करने के लिए प्रसिद्ध समाजसेविका रामादेवी के पास गई। उन्होंने जो रास्ता दिखाया वह उस पर आज भी चल रही है। उन्होंने महिलाओं के उद्धार के अनेक कार्यक्रम किए पर अपना विशेष ध्यान भुवनेश्वर के पास नाहर कांठा में वेश्याओं की बच्चियों का जीवन बदलने में लगा दिया। उनकी कोशिश रंग लाई। यह बच्चियां अपनी माताओं की हमराह बनने से बच गई और सम्मान पूर्वक जीवन जीने लगी है।

सरकारी अनुदान और निजी संस्थाओं की आर्थिक सहायता से स्कूल चलाने की बात आम है, लेकिन क्या भीख में मिलने वाले चावल के सहारे भी कोई स्कूल चल सकता है? इस को साकार कर दिखाया है कोलकाता से 200 किलोमीटर दूर दक्षिण पाड़ा में प्रशांत नाम के एक व्यक्ति ने। कभी नक्सली आंदोलन में शामिल रहे प्रशांत ने ख्वाब के लिए अपने 2 मंजिले पक्के मकान को स्कूल में तब्दील कर दिया है जहां गरीब बच्चों को निशुल्क शिक्षा दी जाती है। 3 साल पहले शुरू हुए इस स्कूल में महज 7 छात्र थे लेकिन अब इनकी संख्या 50 से ऊपर पहुंच गई है। प्रशांत के मुताबिक कुछ दिन तो सब ठीक चला लेकिन छात्रों की तादाद बढ़ने लगी तो घर की फसल और नगदी से स्कूल चलाना मुश्किल हो गया। स्कूल के लिए और धन जुटाने की उधेड़बुन में फंसे प्रशांत को अचानक एक नया विचार सूझा उन्होंने स्कूल की ओर से कटवा कस्बे और आसपास के 4 गांवों में करीब डेढ़ सौ घरों में मिट्टी की हांडी रखवा दी और लोगों से अपील की कि वे रोजाना एक मुट्ठी चावल डालें। उनके द्वारा की गई इस अपील का असर यह हुआ कि हर महीने ऑडियो से 2 क्विंटल चावल जमा होने लगा, इसमें से आधा तो छात्रों को भोजन कराने में खर्च हो जाता है और बाकी चावल को बेचकर उससे मिलने वाली रकम से छात्रों को कॉपी किताब खरीद कर दी जाती है। प्रशांत की लगन को देखकर गांव वाले उत्साह से चावल दान में भी देतें है, पर अब तो कई युवक युवतियां भी उनके काम में हाथ बटाने लगे हैं।

शिक्षा के क्षेत्र में कई और जगहों पर बेमिसाल गांधीगिरी पेश की जा रही है। छत्तीसगढ़ के कोरबा जिले के सिग्मा गांव में पीयू गुरुजी के संबोधन सुनने पर कोई भी चौक जाता है। यहां के सरकारी स्कूल में एकमात्र शिक्षक के तबादले के बाद जब लंबे समय तक कोई नया शिक्षक नहीं आया और बच्चे स्कूल से हर रोज लौटने लगे तो स्कूल के चपरासी ही शिक्षक की भूमिका में आ गए। चपरासी कमल यादव जी पिछले कई सालों से स्कूल के बच्चों को पढ़ाने का काम करते हैं।इसी तरह बच्चों को पढ़ाने का काम करने में पुलिस भी पीछे नहीं है। वे अपनी गांधीगिरी की मिसाल भारत पाकिस्तान की सीमा से सटे राजस्थान के बाड़मेर जिले के

रामसर पुलिस थाने में कायम कर रहे हैं। इस पुलिस थाने की पाठशाला में प्रतिदिन 80 से ज्यादा बच्चे आते हैं। पुलिस यहां गुरुजी की भूमिका में हैं, इस पाठशाला में ज्यादातर बच्चे या तो मुस्लिम लोग नए लोक गायक बांगड़ी यार बिरादरी के हैं या वे बच्चे जो गरीबी के कारण स्कूल की दहलीज नहीं चढ़ सके। थाने की बैरक को स्कूल का रूप देने वाले पुलिस इंस्पेक्टर सुरेंद्र कुमार ने पहले एक एक सिपाही को इस काम के लिए प्रेरित किया। स्थानीय लोगों ने भी मदद की। थार के मरुस्थल में विकास की रफ्तार धीमी है, पिछड़ेपन का घना अंधेरा है, ऐसे में थाने के बैरिक से शुरू हुआ सुरेंद्र कुमार का यह छोटा सा प्रयास परिवर्तन की गति तेज करने में अपनी भूमिका निभा रहा है।

    शारीरिक अक्षमता के बावजूद बिहार के भागलपुर जिले के नाथनगर क्षेत्र में मुस्लिम समुदाय की लड़कियों के बीच अनपढ़ता के अंधकार को दूर करने में बीवी मोहम्मदी की गांधीगिरी कमाल की है। शिक्षा के मामले में अत्यंत पिछड़ा माने जाने वाले नाथनगर जैसे क्षेत्र में बचपन से पोलियो ग्रस्त मोहम्मदी ने जैसे-तैसे अपनी पढ़ाई पूरी की पर इतने भर से उसे सुकून नहीं मिला। वह अपने क्षेत्र की लड़कियों की निरक्षरता को लेकर बहुत बेचैन रहती थी; ऐसे में लड़कियों को बुलाकर पढ़ाना शुरू कर दिया. उनका लोगों ने तब लोहा मान लिया जब उसने रोजाना कोई 3:30 लड़कियों को पढ़ाना शुरू कर दिया। और अपनी क्षमता से अधिक कोशिश की जिस पर पूरे इलाके का ध्यान गया। इसका अंजाम यह हुआ कि अब इस क्षेत्र में खुद अभिभावक अपने बच्चों को पढ़ाने के लिए आगे आने लगे हैं। मोहम्मदी ने अपनी कोशिशों ऐसे क्षेत्र में शुरू की जहां लड़कियां तो दूर लड़कों को भी शिक्षा देनी जरूरी नहीं समझी जाती थी। भागलपुर के ही पोटिया गांव के डॉक्टर धरणीधर चौधरी आज की पीढ़ी के लिए खास मिसाल है विधि साल तक अमेरिका में रहे एक बार जब अपने गांव में वापस आए तो देखा कि वहां का हाल वैसा ही है जैसा मैं छोड़ कर गए थे बस फिर क्या था उन्होंने वापस अमेरिका जाने का फैसला रद्द कर दिया और गांव के विकास में ही टूट गए बच्चों को पढ़ाने और नौजवानों को कुशल बनाने लगे अब उनका गांव विकास के नक्शे पर आने लगा है और ऑटो चौधरी की गांधीगिरी आसपास के गांवों पर भी असर डालने लगी है।

    बंगलुरु केपी राजा की गांधीगिरी तो बहुत से लोगों को प्रभावित कर रही है उन्हें बचपन में उनकी अपराधिक प्रवृत्ति के कारण घर से निकाल दिया गया था वे अपराध की दुनिया में रम गए इलाके में अपने करतूत से पी राजा गुंडा राजा के नाम से कुख्यात होते चले गए लेकिन एक तेजी से कार चलाते हुए वह एक अधिकारी को बुरी तरह घायल कर बैठे बस उनसे हुई यह भूल उनकी जिंदगी को बदलने की वजह बन गई इसके बाद से गरीब बच्चों और सड़क पर बेमतलब जीवन जीते लोगों के जीवन में खुशियां पैदा करने में जुट गए उन्होंने आठ

विशन नमः किस संस्था बनाकर लोगों की मदद शुरू कर दी है पर इसके साथ वे रोजाना ऑटो रिक्शा लेकर निकलते हैं जिसमें प्राथमिक उपचार के सामान के साथ कंगी धुले कपड़े और अन्य चीजें होती हैं सड़कों पर पहले कुछ लोगों को नहलाना भुलाना उनके कपड़े बदलना बालसम आना और फिर अपनी संस्था में लाकर आगे की कार्यवाही करना उनकी रोशनी चर्या हो गई है अब उनकी संस्था को लोग कहते हैं।

इसी तरह की कोशिश कोलकाता के श्याम दास के नाम से चर्चित श्याम बंदोपाध्याय भी करते रहे हैं वैसे तो उन्होंने जब होश संभाला तो खुद को सियालदह रेलवे स्टेशन पर पाया सिर पर कोई साया नहीं था पर स्थानीय विधायक की मदद से उन्हें राज्य परिवहन में नौकरी मिल गई लेकिन वे सड़कों पर कष्ट झेलते हुए जीने वाले अधिकारियों की मदद नहीं ज्यादा जुटे रहते नौकरशाही को उनका यह परोपकार पसंद नहीं आया और उन्हें नौकरी से निकाल दिया गया श्याम दा नौकरी से निकाल निकाले जाने के बाद अपने काम में और रंग अब उनकी दिनचर्या सुबह उठकर लोगों से पैसे अनाज पुराने कपड़े और दबाए इकट्ठा कर बीमार और भूखे भिखारियों की सेवा करना ही बन गई बाद में उन्होंने कोलकाता में इनकी विधिवत सेवा शुरू करने के लिए अरविंद नर्सिंग होम खोला यहां पर कार्यों का इलाज किया जाता है उन्होंने बेकारी गवेषणा केंद्र की स्थापना की इस केंद्र के जरिए पूरे देश में भिखारियों की समस्या का अध्ययन किया और वे सूत्र खोजने के प्रयत्न किए जाते हैं जिससे उनके जीवन में बदलाव आए। बनारस के आराजी लाइन ब्लॉक के चिड़िया गांव के निवासी प्रकाश सिंह रघुवंशी की गांधीगिरी देसी बीज बनाने और बचाने पर केंद्र से प्रकाश देश भर में घूम-घूम कर किसानों को जहां विदेशी कंपनियों के खतरनाक इरादों से सावधान कर रहे हैं वहीं विश्व में तैयार किए गए उन्नत किस्म के बीजों का निशुल्क वितरण भी करते हैं कि सावन विलन की यात्रा करते हुए वह अब तक 100000 से अधिक 100 ग्राम गेहूं के बीजों के पैकेट किसानों के बीच वितरित कर चुके हैं । इसी तरह सूर्यकांत जालान ने वाराणसी मिर्जापुर रोड पर स्थित डगमगपुर के लोगों को साथ लेकर उसे ऐसा समृद्ध किया, और यह एक अच्छा काम किया है कि यहां पैदा की जाने वाली सब्जियां और दूध को आसपास के 100 गांवों सहित, शहरों को भी आपूर्ति की जाती है इसके अलावा उन्होंने शिक्षा और अन्य रोजगार को गांव में ही उपलब्ध कर के यह बता दिया है कि लोग चाहे तो संगठित होकर अपने गांव को ही स्वर्ग बना सकते हैं और आजीविका के लिए महानगरों की ओर भागने की जरूरत नहीं है।

गांधीगिरी की मिसाल खड़ी करने वालों की कतार वैसे देश की आबादी के हिसाब से बहुत छोटी है लेकिन दिल्ली फरीदाबाद नोएडा और गुड़गांव की मज़दूर बस्तियों में मेरी बरुआ ऐसे आजाद रेणु चोपड़ा, हरिनंदन प्रसाद, अनुराधा बख्शी, अंजना राजगोपाल, श्रीरूपा मित्र

चौधरी, रीना बनर्जी आदि ने अपने-अपने प्रयासों से हजारों बेसहारा बच्चों और महिलाओं का जीवन बदल दिया है। इनकी गांधीगिरी कि कहीं कोई चर्चा नहीं होती पर इनसे रोशनी पाने वाले लोगों से पूछे तो उनका यही जवाब है कि अगर आज यह ना होते तो हम कहीं के नहीं होते।

परिशिष्ट-3
समग्र विकल्प की जीवन शिक्षा

यह अभियान कुछ सूत्रों पर आधारित है इसे समझने के लिए सूत्रों का अर्थ सही ढंग से जानना जरूरी है इस मायने में यह दूसरे राजनीतिक अभियानों से भिन्न है इसका जो लोग संयोजन कर रहे हैं ऊंचे लक्षणों से प्रेरित है उन्होंने उन सूत्रों को संगति से समझा है।

जिन लोगों की वैकल्पिक चिंतन में दिलचस्पी है और जो उसकी खोज में है उन्हें जीवनविद्या सूचना होनी चाहिए इसका मतलब यह नहीं है किसके बारे में पहले जाना सुना नहीं गया होगा देश में सैकड़ों ऐसे लोग हैं जिन्होंने जीवन विद्या के बारे में अपने दोस्तों से सुन रखा होगा क्योंकि पिछले कई सालों से विभिन्न क्षेत्रों में यह प्रयास अनेक स्तरों पर चलाया जा रहा है परिस्थितियां जैसे-जैसे शंकरपुर होती जा रही है उसमें विकल्प की खोज के लिए आतुरता बढ़ रही है लाखों लोग होंगे जो अपने अपने स्तर पर इसके लिए सक्रिय हैं वे यह मानने लगे हैं कि जब तक विकल्प नहीं मिल जाता तब तक जिस से जुड़े हैं वहां सक्रिय रहना एक सामाजिक दायित्व है दूसरे हिस्से में छोटे बड़े समूह है इसमें वे लोग भी हैं जो संस्थाओं के बंधन से परे हो गए हैं तीसरे प्रकार के लोग हैं जो निजी तौर पर सक्रिय हैं और विकल्प के प्रयासों में लगे हुए दिखते हैं इन सब में एक समानता है कि हर कोई जिस से जुड़ा है उसकी सीमाएं पहचानने लगा है।

यह मैं तीसरे प्रकार की जमात का जिक्र कर रहा हूं इसमें बहुरंगी छटा है इसका यह अनोखा पर ही कहा जाएगा यह जमात आंधी तूफान के बावजूद उठने नहीं टूटी नहीं और इसमें शामिल लोग छठ के नहीं उनकी यात्रा जारी है उन्हें विकल्प की मंजिल तक आती नहीं चाहे जितने सुदूर लगती हो ऐसी ही एक यात्रा की तैयारी देखने का अवसर पिछले दिनों आया बागपत का यह पलवली गांव है महानगर दिल्ली से अधिक दूर नहीं है रास्ता ग ठीक-ठाक हो तो जल्दी पहुंचा जा सकता है उसी गांव से मैत्री संवाद यात्रा शुरू की गई उसके निमंत्रण का पर्चा आमतौर पर होने वाले सम्मेलनों से बिल्कुल अलग था उसे एक बार पढ़कर नहीं समझा जा सकता है पहली बार उस पर्ची को पढ़ते हुए यह समझ में आता है कि जीवन सरल नहीं है जटिल हो गया है उसकी जटिलता को वह प्रकट करने की कोशिश करता है।

25 से सर्व शुभ अभियान की जैसी ही जानकारी मिली है यह सवाल कौन जीता है कि यह है क्या इस तरह का अभियान पहली नजर में धार्मिक पुट देता है इतना तो साफ-साफ लगता है कि यह राजनीतिक काम है ऐसा अभियान है जो समाज के उत्थान से जुड़ा हुआ है आयोजकों को भी इसका एहसास रहा होगा इसलिए पर्चे में इसके दो मतलब बताए गए पहला

कि यह सब के लिए सुखद कल्याणकारी प्रयास से दूसरा केस में स्वतंत्रता एवं स्वराज्य का लक्ष्य इसी का विस्तार करते हुए यह बताया गया है कि यह अभियान परिवार मुल्क ग्राम स्वराज्य व्यवस्था की चेतना जग आएगा।

यह अभियान कुछ सूत्रों पर आधारित है इसे समझने के लिए और सूत्रों का अर्थ सही ढंग से जानना जरूरी है इस मायने में यह दूसरे राजनीतिक अभियान उसे दिन है इसका जो लोग संयोजन कर रहे हैं वे ऊंचे लक्ष्यों से प्रेरित है उन्होंने उन सूत्रों को संगति से समझा है उसका अभ्यास किया है ऐसे करीब दो दर्जन नामी-गिरामी व्यक्तियों की संयोजन समिति के प्रयासों से मैत्री संवाद यात्रा शुरू हुई है पिछले 25 वर्षों के सतत प्रयासों के क्रम में हमें जो बातें समझ में आई उन्हें आपके साथ बांटने की हम अपनी जिम्मेदारी स्वीकारते हैं विपश्यना साधना किसान व जन आंदोलन सर्वोदय ग्राम विकास वैकल्पिक कृषि तकनीकी आदि में सक्रिय भागीदारी व सफल गति करते हुए हम जीवनविद्या तक पहुंचे यहां पहुंचकर हमें एक समग्र विकल्प व समाधान की संभावना दिखी यह स्वीकारोक्ति उस पत्र में की गई जिसे मैं तेरी संवाद यात्रा के लिए निमंत्रण भेजा गया था।

कंझावाला के आंदोलन के मशहूर हुए समर सिंह उन लोगों में से एक हैं जो मानते हैं कि जीवनविद्या तक पहुंचना एक उपलब्धि इसलिए यह प्रश्न तुरंत उठता है कि जीवन विद्या क्या है जीवनविद्या एक ऐसा हुनर है जिसका आधार मानवीय मूल्य है उसे शिक्षा के जरिए समाज में जन-जन तक पहुंचाया जा सकता है यह एक ऐसा माध्यम है जिससे विविध अंतर दोनों को समझा जा सकता है उनके समाधान खोजे जा सकते हैं राष्ट्रपति ए.पी.जे. अब्दुल कलाम ने आजादी की 60 वीं सालगिरह पर देशवासियों के सामने जीवनविद्या को इन शब्दों में रखा इस सिलसिले को आगे बढ़ाते हुए उन्होंने कहा जीवनविद्या अपने आप को समझने की प्रक्रिया है उसके आधार पर समाज में सीखने का वातावरण बनेगा जिसके अंतर्गत ज्ञान का शोध होगा अपने आप को समझना होगा और यह समझना होगा कि अनंत संभावनाएं हैं इससे एक मनोवैज्ञानिक क्रांति आ सकती है इससे एक ऐसा समाज गठित होगा जिसका आधार माननीय संबंध होगा जीवनविद्या की सही समझ मानवीय विवेक में एक बड़ा बदलाव ले आएगी।

उसे जानने समझने में रुचि का कारण उस व्यक्ति के आसपास का वातावरण भी होता है एक धारणा इसके विपरीत भी है कि आज ऐसा माहौल है उसमें कलाम जैसे लोगों के भाषण को नीरस मानकर उपेक्षित कर दिया जाता है उस पर कोई ध्यान नहीं देता वीडियो में नया रिवाज बनता जा रहा है कि ऐसे भाषणों को किसी कोने अंतरे में डाल दो इससे आज भी मीडिया के स्तर का भी पता चलता है।

समय के साथ साथ जीवनविद्या का अपना संघर्ष भी तेज हुआ है उसे समझने और जांचने के लिए जरूरी है कि जीवन विद्या के 12वें सम्मेलन के हाथों पर नजर दौड़ाई यह

सम्मेलन कानपुर में उस समय हुआ जब राष्ट्रपति के भाषण को कई महीने बीत गए थे अक्टूबर के उस सम्मेलन को समझने के लिए परिवार मानव पत्रिका के संपादकीय से मदद मिलती है उस सम्मेलन से जीवन विद्या के इतिहास की थाली जा सकती है 12 सम्मेलन का एक मतलब यह है कि जीवन विद्या का अभियान डेढ़ दशक पुराना हो गया है इसके विचारक ए नागराज शर्मा है जिन्हें अब बाबा नागराज के नाम से जाना जा रहा है वैसे तो उन्हें देखने से यह नहीं लगता कि वह कोई बाबा है निवेश में ना हाव-भाव में बाबाओं की छवि के विपरीत व्यस्त लगते हैं पिछले 50 सालों से उन्होंने अमरकंटक में धूनी रमाई वहीं उन्हें दर्शन सुजा जो से अस्तित्ववाद के रास्ते में जीवन विद्या की मान्यता प्राप्त कर रहा है उसके अनेक प्रायोगिक केंद्र उभरे हैं।

इन केंद्रों पर जो प्रयोग हो रहे हैं उससे जीवनविद्या उस बहती नदी की तरह हो गया है जिसके प्रवाह की दिशा में तटबंध बनते हैं और 59 बंधुओं से जीवन विद्या रूपी नदी को समझना आसान होना चाहिए लेकिन ऐसा लगता है कि अभी भी वह अबूझ पहेली बनी हुई है इसके कई कारण होंगे एक कारण साफ है कि बाबा नागराज की पुस्तक के गुण है उन्हें पहली बार पढ़कर दूसरी बार पढ़ने के लिए साहस की जरूरत पड़ती है पुस्तक को हाथ में लेते ही पाठक दर्शन के बीहड़ जंगल में पहुंच जाने के भयावह अनुभव से गुजरता है ऐसी स्थिति में उसे लगता है कि पुस्तकों को समझने के लिए गुरु ज्ञान चाहिए वह कहां से आए?

क्या जीवनविद्या पर जो सम्मेलन हुए हैं वह इस आवश्यकता को पूरा कर सकते हैं हर सम्मेलन में शरीक हुए और इस अभियान के सूत्रधार रण सिंह आर्य ने भी माना है कि एक समय में सम्मेलन उन्हें मात्र औपचारिकता लगने लगे थे फिर भी उनमें उनका जाना होता रहा जिससे इतना तो हुआ कि जीवन विद्या से जुड़े लोगों की क्षमता बढ़ी वे बेहतर अध्ययन कर सकें जीवनविद्या को अपने में उतारने का अनुभव कुछ लोगों को हुआ कुछ लोग उसे दूसरों को समझाने लाइक बने इन सम्मेलनों से वह सूत्र निकला जिसमें विद्या का रहस्य समाया हुआ है। पालड़ी गांव से बैटरी संवाद यात्रा शुरू हुई थी वह किसानों का इलाका है जिन लोगों को आठवें दशक के किसान आंदोलन की याद है वे इस इलाके की उस समय की हर चलो से भलीभांति परिचित हैं उस समय किसान यूनियन का झंडा लहराता था महेंद्र सिंह टिकैत एकमात्र नेता बनकर उभरे थे उनकी हर अदा को रिपोर्ट करने के लिए मीडिया की गहमागहमी रहा करती थी उस इलाके में जीवन विद्या से प्रेरित होकर जो यात्रा चलाई जा रही है वह मीडिया से ओझल है आयोजकों ने भी मीडिया को दूर ही रखा है जो लोग इस अभियान में लगे हैं उनकी नजर भविष्य पर है वे यह जानते हैं कि बड़े बदलाव के लिए मुर्गा में प्रयास जरूरी है 26 जनवरी 2007 को यात्रा शुरू करने के पहले एक गोष्ठी का भी आयोजन किया गया था गोष्ठी

कथा आमतौर पर लोग अपनी बात रखने के लिए का उपयोग करते हैं लेकिन वहां पूरा वातावरण समझने और समझाने से भरा हुआ था एक अध्यापक सचमुच उसी तरह लोगों को समझा रहा था जैसे कि वह बच्चों को पढ़ा रहा हो।

उन्हें सुनने पर ऐसा महसूस हुआ कि अभिव्यक्ति की संस्कृति के जमाने में मर्यादा का पाठ पढ़ाया जा रहा है इससे मनुष्य बदलेगा या व्यवस्था बदलेगी इसका सही उत्तर नहीं दिया जा सकता यह बहस पुरानी है और उसकी हकीकत भी उजागर हो चुकी है कि व्यक्ति सुधार से व्यवस्था से बदलाव नहीं होता इसी तरह व्यवस्था के बदले जाने से व्यक्ति में सुधार नहीं आ जाता इस खतरे से जीवनविद्या के सिपाही कितना शतक है उन्हें औरों की तरह यह तो पता है कि विकास की जिस फोड़ने भारत पर गया है वह उसका फैसला नहीं है संभवत जीवनविद्या भारत को उसकी अपनी राह पर चलाने की आकांक्षा से प्रेरित है।

परिशिष्ट-4

गुंजन कुमार द्वारा लिखित - "पहाड़ से भी पक्का था इरादा जिसका के अंश"

दशरथ मांझी को पहाड़ काटने की प्रेरणा एक घटना से दिल्ली हुआ यूं कि मेहनत मजदूरी करने वाले बाजी एक दिन अपने खेतों में काम कर रहे थे उनकी पत्नी फागुनी देवी दिन का भोजन और पानी लेकर बाजी के पास जा रही थी जल्दी पहुंचने के लिए फागुनी देवी उस गुफा से पहाड़ पार करने लगी जिससे पानी से भरा मटका फूट गया और उनका पूरा शरीर लहूलुहान हो गया।

लगभग 1 महीने तक कैंसर से लड़ने के बाद 17 अगस्त, 2007 की शाम को दशरथ मांझी उर्फ 'माउंटेन कटर' का निधन हो गया। बिहार के गया जिले के गलहोर दशरथपुर गांव के समीप पहाड़ को काटकर रास्ता बनाने वाले दशरथ मांझी इस जग से विदा होने के बाद भी कई लोगों के लिए प्रेरणास्रोत बने हुए हैं । मांझी के गुजरने के बाद बिहार के मुख्यमंत्री नीतीश कुमार ने उनकी सराहना करते हुए कहा था कि उनके कार्यों के पीछे पत्नी प्रेम जरूर रहा लेकिन उससे भी ज्यादा समाज सेवा भाव उनके प्रेरणा का स्रोत रहा है। मांझी के नाती के अनुसार, उनका जन्म 1927 में हुआ था उन्होंने 1960 से 1982 तक लगातार काम करते हुए अपने गांव के समीप स्थित गलहौर पर्वत को काटकर, गलहौर गांव से अमेठी तक ३६० फिट लंबी और २५ फिट चौड़ी सड़क का निर्माण किया था । मांझी की मृत्यु के बाद मुख्यमंत्री ने इस सड़क का नाम 'दशरथ मांझी पथ' रखने की घोषणा की थी। १९८२ में सड़क निर्माण का कार्य पूरा करने के बाद मांझी उसी समय से इस सड़क के पक्कीकरण के लिए लड़ रहे थे सरकार से। इसे विडंबना ही कहेंगे कि उन्हें जितनी मेहनत पहाड़ को काटकर सड़क बनाने के लिए नहीं करनी पड़ी उससे कहीं ज्यादा सरकार से उस सड़क के पक्कीकरण के लिए जूझना पड़ा जिस जुनून में उन्होंने पहाड़ पर विजय हासिल की उसे कई बार प्रदेश सरकार पस्त करने का काम कर चुकी थी पहाड़ काटकर बनाई गई सड़क का पक्की करण कराने के लिए बाजी कागजों में उलझ कर रह गए कई बार तो उन्हें मुख्यमंत्री निवास से दुत्कार कर भगा दिया गया लेकिन फिर भी उन्होंने हार नहीं मानी 25 वर्षों तक सड़क पक्की करण की जो लड़ाई माझी ने लड़ी आखिरकार वर्तमान नीतीश सरकार ने उनका सम्मान करते हुए उसे मंजूर कर लिया है।

गलहोर गांव से अमेठी तक माझी के खुद के परिश्रम से बनी इस सड़क के निर्माण के बाद 40 किलोमीटर का फासला घटकर मात्र 8 किलोमीटर रह गया इस सड़क के बन जाने से हजारों ग्रामीण लाभान्वित हो रहे हैं पहले लोगों को गलहोर गांव से अमेठी जाने के लिए पहाड़

पर चढ़कर फिर नीचे उतरना होता था या फिर बहुत ही संकरी गुफा से गुजर ना अथवा उसमें बैठकर सरकते हुए गुफा पार करनी होती थी ऐसे में कई बार लोगों के शरीर में खरोच आदि भी आ जाती थी।

माझी को पहाड़ काटने की प्रेरणा एक घटना से मिली हु आर यू के मेहनत मजदूरी करने वाले माझी एक दिन अपने खेतों में काम कर रहे थे उनकी पत्नी फगुनी देवी दिन का भोजन और पानी लेकर मांझी के पास जा रही थी जल्दी पहुंचने के लिए फगुनी देवी उस गुफा से पहाड़ पार करने लगी जिससे पानी भरा मटका फूट गया और उनका पूरा शरीर लहूलुहान हो गया फागुनी घर से पुनः पानी लेकर देर से माजी के पास पहुंची भूख से क्रोधित माझी ने जब उनकी कहानी सुनी और उनके शरीर को देखा तो उसी समय उन्होंने पहाड़ के बीच से रास्ता बनाने का प्रण किया बाजी उसी दिन पास के बाजार से क्षेणी और हथोड़ा खरीदना है इस काम में उन्होंने अपनी पूरी जवानी देता दी इसी बीच बाजी की पत्नी का स्वर्गवास हो गया फिर भी उन्होंने अपने काम को नहीं रोका आसपास के लोगों के अलावा घर वाले भी उन्हें सनकी और पागल कहने लगे थे लेकिन जब पहाड़ लगभग कर चुका तो सभी उन्हें भगवान का रूप मानने लगे और बाबा कहकर पुकारने लगे इस जुनून के पीछे बेशक पत्नी प्रेम था ठीक उसी तरह का जिस प्रकार ताजमहल बनवाने वाले शाहजहां को अपनी बेगम मुमताज बहन से था दशरथ मांझी को भी पत्नी प्रेमी का दर्जा मिला लेकिन दोनों में जमीन आसमान का अंतर था एक राजा था और दूसरा मजदूर शाहजहां ने अपनी बेपनाह मोहब्बत को मूर्त रूप देने के लिए धन को पानी की तरह बहाया तो दशरथ मांझी ने अपना पसीना बहाया इसके अलावा दोनों में सबसे बड़ा फर्क यह है शाहजहां ने पत्नी प्रेम में उसी के समान भव्य सुंदर महल का निर्माण कराया जिसकी सुंदरता को लोग निहारते भर हैं जबकि माझी ने पत्नी प्रेम में एक ऐसे अकल्पनीय काम को अंजाम दिया जिससे कई गावों के हजारों लोग लाभान्वित हो रहे हैं बाजी के काम में पत्नी प्रेम के साथ-साथ समाजसेवा भी समाहित है।

पहाड़ का सीना चीर कर सुगम रास्ता बनाने के बाद भी दशरथ मांझी सामाजिक कार्यों में आजीवन जुटे रहे पहाड़ी इलाका होने के कारण उस इलाके की महिलाएं गर्मी में 10:0012 किलोमीटर दूर से पानी भरकर लाती है क्योंकि गांव के कुए गर्मियों में सूख जाते हैं इस समस्या को दूर करने के लिए भी माझी ने लंबी लड़ाई लड़ी सरकारी दफ्तरों के वर्षों तक चक्कर काटने के बाद कुछ गांवों में उन्होंने हैंडपंप लगवाए दृढ़ संकल्प और इच्छाशक्ति से उन्होंने एक और इतिहास रच डाला अपने गांव में लोगों के मुंह से दिल्ली दूर है की बात सुनते सुनते दशरथ मांझी ने गांव से हजारों मील दूर दिल्ली की दूरी अपने पैरों से नाप ली 2 महीने में अपने गांव से दिल्ली पैदल आने के बाद वह खाली हाथ नहीं लौटे तत्कालीन केंद्रीय मंत्री जगजीवन राम ने

और उनसे उन्होंने अपने गांव में एक अस्पताल खुलवाने के लिए जमीन भी दान में ले ली भारत सरकार ने उन्हें 5 एकड़ जमीन अस्पताल खोलने के लिए दे दी हालांकि बाहरी गांव की जमीन होने के चलते उन्होंने वह जमीन छोड़ दी और सभी गांव वालों ने मिलकर 25 एकड़ जमीन अस्पताल खोलने के लिए उन्हें सौंप दी बाजी ने अपने इस दूसरे अधूरे काम को पूरा करने के लिए मौत से पूर्व सरकार से मंजूरी ले ली नीतीश सरकार ने भी उनका सम्मान करते हुए उस अस्पताल का नाम माझी के नाम से रखने की घोषणा कर दी है उनसे प्रेम करने वाले लोग उनकी मौत से अधिक दुखी इस पास से है सड़क पक्की कर और अस्पताल निर्माण का काम उनके जीते जी नहीं हो पाया दशरथ मांझी ने यह काम कर दिखाया जिसके लिए आज अत्याधुनिक औजारों की जरूरत महसूस होती है उनका यह काम इतिहास में दर्ज हो चुका है जो मौजूदा पीढ़ी के साथ-साथ आने वाली पीढ़ियों के लिए भी निश्चित तौर पर प्रेरणा स्रोत है उम्मीद की जानी चाहिए कि उनकी प्रेरणा से कई दशरथ मांझी पैदा होंगे।

भारतीय राष्ट्रवाद व समकालीन भारत*

भारत की संस्कृति के प्रति जागरूक लोगों को अक्सर यही कहते सुना जाता है कि आज जिस संगठित अराजकता को महसूस किया जा रहा है, उससे यह बिल्कुल स्पष्ट हो रहा है कि हमारे चारों ओर आध्यात्मिक-वैचारिक दिवलियेपन का माहौल बन चुका है। *न्यायपालिका* तो है, लेकिन उसका ढांचा ही शेष रह गया है। वहाँ न्याय नहीं मिलता। *अधिकारियों* का अंबार है, किन्तु प्रशासन जनता की नहीं सुनता (और दूसरी अति यह कि जनता सारे नियम-कानूनों को तोड़ने मे अपना श्रेय महसूस करती है)। *संसद* है पर वहाँ देश के हित मे कुछ ठोस निर्णयों/बहस न कर के शोर शराबे व हल्की फुल्की गतिविधियां देखने को मिलती हैं। प्रेसहै, पर वहाँ भी किसी और बात मे रुचि कम, सनसनी खेज खबरों को लोगों के बीच फैलाने मे रुचि ज़्यादा ली जाती है। ऐसी स्थिति का कारण क्या हो सकता है? हमारे देश मे 1947 के बाद वह संस्कृति नहीं विकसित हो पायी जिससे इन संस्थानो को गहराई तक पोषण मिल पाता। आज़ादी के बाद से लगभग अब तक हमारे देश मे नेतागण/शासक केवल नकल ही करते रहे हैं, और उन आध्यात्मिक मूल्यों को भूल चुके हैं, जिनकी वजह से भारत विश्व भर मे जाना जाता था।

1947 में हासिल स्वतन्त्रता प्राप्ति के बाद से गंभीर वाद-विवादों व चर्चाओं के बावजूद भी देश के राजनीतिक नेत्रत्व मे महत्वपूर्ण मुद्दों को लेकर (जिनका संबन्ध देश की सुरक्षा, आर्थिक नियोजन, सामाजिक समरसता, राष्ट्रीय अखंडता व भारतीय जनता की खुशहाली से था) उस गूढ, संदेह-विहीन व निष्पक्ष नीतियों का अभाव दिखता है, जो भारतीय राष्ट्र के पुनर्निर्माण मे सर्वाधिक अपेक्षित थीं। जहां आर्थिक नियोजन के क्षेत्र मे तत्कालीन प्रधान मंत्री पंडित जवाहरलाल नेहरू जी के *पश्चिमी विकास मौडल* के प्रति ज़बरदस्त रुझान व अंधानुकरण ने देश के सामाजिक व आर्थिक विकास की एक निश्चित दिशा हमेशा के लिए तय कर दी, वहीं कालांतर मे भारतीय समाज की शैक्षणिक, सांस्कृतिक, सामाजिक, आर्थिक व राजनीतिक प्राथमिकताएं भी उसी विकास मौडल के अनुरूप तय होती चली गईं और देश एक ऐसे यांत्रिक क्रम अथवा तंत्र मे जा फंसा – जिसमे वाद - विवाद, चर्चाए तो यथावत चलती रहीं किन्तु प्राथमिकताओं को बदला जा सके या किसी नई दिशा के अनुरूप उस क्रम/तरीकों को विपरीत

---

*स्वामी विवेकानंद विश्वविद्यालय, सागर द्वारा *भारतीय राष्ट्रवाद* पर आयोजित राष्ट्रीय संगोष्ठी, (28 मार्च 2018) में दिए गए *बीज वक्तव्य* पर आधारित।

दिशा मे ले जाया जा सके, यह पूरी तरह से असंभव हो गया।

पिछले कई दशकों मे उस सुनिश्चित दिशा मे लगातार चलते जाने का परिणाम कुछ घातक परिस्थितियों के सामने आने से स्पष्ट हो चुका है। आज समकालीन भारत/विश्व मे उभरती नई-नई समस्याओं से समाचार पत्रों आदि का बाज़ार तो गरम रहता ही है, चारों ओर होते प्रकृति के क्षरण व मानव सम्बन्धों के अवमूल्यन का चित्र भी दिन ब दिन कुरूप होता जा रहा है। अतः विचारवान/बुद्धिशील लोग अब यह मानने लगे हैं कि हमारी संस्कृति ही हमारा सुरक्षा कवच है। और भारतीय राष्ट्रवाद हमारी उसी संस्कृति की एक अभिव्यक्ति है।

तथ्यों को पढ़ने से यह विदित हो जाता है कि भारत मे *राष्ट्रीयता* की भावना हमेशा से ही विद्यमान रही है (*भले ही आधुनिक काल मे विभिन्न विचारधाराओं के आ जाने से उसका स्वरूप धूमिल हो गया हो*) यद्यपि उस समय उसका स्वरूप सांस्कृतिक था – क्योंकि राजनीति/शासन को धर्म के ही एक विषय के रूप मे देखा जाता था, अतः राष्ट्रीयता भी देश व्यापी व सांस्कृतिक थी। अति प्राचीन समय से ही भूमि का एक विशिष्ट हिस्सा *भरतखंड* के नाम से भी जाना गया। सुदूर अतीत मे इस भूभाग की सीमाएं आज की तरह संकुचित न होकर एक विशाल क्षेत्र मे फैली हुई थीं, व भारत से अभिप्राय सम्पूर्ण जंबू द्वीप के एक विशाल भू खंड से था जिसके अंतर्गत कई दूरस्थ देश (जैसे अफ़ग़ानिस्तान, कंधार) शामिल थे। और इसी विशाल भूखंड का एक हिस्सा आर्याव्रत के नाम से भी जाना जाता था (शायद इसलिए ही आज भी जब कोई संकल्प-मंत्र पढ़ा जाता है तो *जम्बूद्वीपे भरतखण्डे आर्यावर्तेदेशे* का उद्घोष करने की परंपरा प्रचलित है)। आशय यह है जिसे – *रासन्ते चारु शब्दं कुर्वते जनाः यस्मिन् प्रदेश विशेषे तद् राष्ट्रम्* द्वारा अभिव्यक्त किया गया – यानि जिस विशिष्ट भूप्रदेश में रहने वाले मनुष्य अपनी एक विशिष्ट परिशुद्ध भाषा के द्वारा अपना दैनिक आचार व्यवहार सम्पन्न करते हैं, वह स्थल विशेष *राष्ट्र* की संज्ञा प्राप्त कर लेता है, और जो कि अन्न, पशुधन, खनिज व उस तरह की सम्पत्तियों से भी सुशोभित है। इस बात को भी हमेशा ही मान्यता दी गई है कि हिमालय से कन्याकुमारी एवं कामाख्या से द्वारिकापुरी तक के विस्तृत भूखंड –जिसे भारत की संज्ञा मिली- अज्ञात काल से ही अस्तित्व सम्पन्न था, जिसे कालांतर मे विदेशियों ने स्वेच्छापूर्वक *हिंदुस्तान* अथवा *इंडिया* आदि नामों से चिन्हित करना शुरू कर दिया। यहाँ विष्णु पुराण से उद्धृत यह वाक्य महत्वपूर्ण हैं, *उत्तरम यत समुद्रस्य हिमाद्रेश चेव दक्षिणम। वर्षं तद भारतम नाम भारती यत्र सन्तति:।* भारत देश का पर्याय हिंदुस्तान शब्द ही यह सिद्ध करने के लिए पर्याप्त है कि इस भूखंड पर एक *विशिष्ट जनसमुदाय* निवास करता था जिसकी अपनी जाति व संस्कृति रही

होगी। यद्यपि भाषा की दृष्टि से तो सम्पूर्ण भारत मे अनेक भाषाएँ थीं। किन्तु प्राचीन काल से ही संस्कृत सम्पूर्ण भारत की भाषा थी जिसका वर्चस्व राजनीतिक, धार्मिक, सांस्कृतिक क्षेत्र मे देखा गया। इसकी प्रतिष्ठा आज भी अक्षुण बनी हुई है क्योंकि इसी को भारत की अन्य क्षेत्रीय भाषाओं की जननी के रूप मे देखा जाता रहा है। देश, जाति, भाषा की ही तरह इस राष्ट्र की अपनी संस्कृति भी निसंदेह विद्गमान थी – उसी तरह जैसे आज के सर्वाधिक सम्पन्न जाति-प्रबल राष्ट्र रूस मे अनेक भाषाएँ प्रचलित थीं, परंतु वहाँ स्लाव जाति की संस्कृति को प्रकट करने वाली भाषा ही राष्ट्र भाषा के रूप मे अंगीकृति की गई। संस्कृति का पर्याय संस्कार माना गया है, और यह हमारी हिन्दू संस्कृति का ही प्रभाव था कि विदेश मे अपना प्राणोत्सर्ग करते हुए श्री विट्ठलभाई पटेल ने अपनी इच्छा प्रगट की थी कि उनका भौतिक अवशेष उनकी पुण्यभूमि भारत मे लाया जाए (उसी तरह जैसे मौलाना शौकत अली अपने अवशेषों को मक्का भेजना चाहते थे)। यह भी इतिहास की दृष्टि से स्थापित सत्य है कि जिस समाज की अपनी संस्कृति समाप्त हो जाती है, उस राष्ट्र का अस्तित्व भी शेष होने मे समय नहीं लगता। *प्राचीन गांधार* अपनी संस्कृति नष्ट हो जाने के कारण ही *आज अफ़ग़ानिस्तान* के नाम से जाना जाता है, या फिर पाकिस्तान का एक नए देश के रूप मे सृजन।

प्रचलित भारतीय मान्यता के अनुसार *राष्ट्र का अर्थ* एक राज्य न होकर कुछ भिन्न है। यह एक राजनीतिक नहीं वरन सांस्कृतिक भावना का द्योतक है, व इस ऐतिहासिक अनुभव पर आधारित है कि एक जनसमुदाय बिना राज्य हुए भी एक राष्ट्र हो सकता है - जैसे कि प्राचीन भारत मे था; और यह कि एक ही राज्य मे कई राष्ट्रीय जातियाँ एक साथ रह सकती हैं/ उनका समावेश हो सकता है। अर्थात समझने का मुख्य बिन्दु यह है कि भारतीय/हिन्दू दृष्टि के अनुसार आदर्शों की एकता, सांस्कृतिक प्राथमिकताएँ, भावनात्मक एकता ही राष्ट्रीय पहचान की प्रमुख कसौटी है (अपेक्षाकृत भौगोलिक एकता, जातीय एकता, भाषाई एकता, धार्मिक एकता, प्रथाओं की एकता, राजनीतिक एकता के)। धर्म के समान भारत वर्ष की संस्कृति के भी अनेक रूप हैं; देश के विभिन्न भागों मे संस्कृति के विशेष रूप पाये जाते हैं – किन्तु साथ ही संस्कृति के कुछ सामान्य रूप भी हैं जो देश की प्राचीन परंपरा मे सुरक्षित हैं, व जिन्हे देश के अधिकांश निवासी आदरभाव से देखते हैं। भारतीय धर्म संप्रदायों की अनेकता भी इस सांस्कृतिक एकता मे बाधक नहीं है। इसका कारण यही है कि इस देश मे धर्म एक व्यक्तिगत साधना है जो अपनी उदारता के कारण सांस्कृतिक एकता मे बाधक नहीं है। निचोड़ यह है कि यही एक आधार था जिस पर शायद अपने पराए; शत्रु-मित्र; अच्छे-बुरे; योग्य-अयोग्य का निर्णय होता रहा होगा। जीवन की

इन निष्ठाओं/मूल्यों के चारों ओर विकसित होता इतिहास राष्ट्रीयता की भावना को बल प्रदान करता रहा होगा, व इसके कारण हम वाह्य आक्रमणों व आंतरिक विघटन के बावजूद अपने अस्तित्व को कायम रख सके। अर्थात जब तक हमने यह स्मरण रखा कि हमारी राष्ट्रीयता की आत्मा राजनीतिक नहीं सांस्कृतिक है – तब तक इस देश की सांस्कृतिक धारा खंडित नहीं होने पायी। विविधता मे एकता (एकरूपता नहीं) हमेशा ही भारतीयता का उद्देश्य रहा। देश मे व्याप्त अनेकों उपासना पद्धतियाँ, पंथ, दर्शन, जीवन प्रणालियाँ, भाषाएँ, साहित्य, कलाएं समाज की संपन्नता की द्योतक बनी रहीं। यहाँ का मूल निवासी एक राज्य विशेष के अधीन होने के कारण अपने को भारतीय नहीं मानता था, बल्कि राष्ट्र के प्रति अनन्य निष्ठा उसे एक भारतीय होने का दर्जा देती थी। इसमे क्षेत्र, भाषा, प्रदेश, जाति, पंथ, धार्मिक - विविधताओं का महत्व नगण्य था।

इस्लाम के आने के बाद जब हमारे देश मे मुसलमान शासकों ने अपनी राजनीतिक शक्ति का इस्तेमाल करते हुए देशवासीयों की सांस्कृतिक मान्यताओं को धूल-धूसरित करते हुए उन्हे परिवर्तित करने का प्रयास किया, तब भारतीय समाज की सांस्कृतिक भावना ने एक प्रबल राजनीतिक शक्ति का संचय करते हुए अपनी संस्कृति को बचाने की कोशिश शुरू की। और उनकी इसी कोशिश से समय समय पर अनेकानेक वीर शासक व विचारक सामने आए। गुरुनानक से लेकर गुरु तेग बहादुर तक सांस्कृतिक उत्थान का प्रयास होता रहा; तुलसी, कबीर, दादू राजनीति की ओर बिना देखे सांस्कृतिक उत्थान की कोशिश करते रहे। समय के साथ जब मुस्लिम शासकों ने अपनी राजनीतिक शक्ति व बल को इस्लाम के प्रचार मे अधिक झोंकना शुरू किया, तब हिंदुओं ने भी अपनी सांस्कृतिक अस्मिता की रक्षा के लिए राजनीति का आश्रय लेना आवश्यक समझा। परिणाम हुआ – महाराणा प्रताप, शिवाजी, गुरु गोविंद सिंह, बंदा बैरागी; तदुपरान्त मराठा साम्राज्य व सिक्खों का राज्य। ठीक इसी तरह से भारत मे यूरोपीय जातियों के प्रवेश के बाद स्थितियाँ बननी शुरू हुईं, जब भारत मे अंग्रेज़ी हुकूमत की शुरुआत हुई और अपनी राजनीतिक ताकत के बल पर उन्होने न केवल ईसाई मिशनरियों की घुसपैठ को बढ़ावा दिया बल्कि सरकारी सहायता देकर कालांतर मे इन्हे मजबूत बनाने मे भी कोई कसर नहीं छोड़ी। हमारे सामने मैकाले, विलियम बेंटिंक और इनके जैसे न जाने कितने और उदाहरण बिल्कुल ज्वलंत हैं। कैसे भारत की शिक्षा, संस्कृति, व साहित्य को इन्होंने दूषित करने का प्रयास किया जिसकी प्रतिक्रिया स्वरूप पुनः हम देखते हैं – भारतीय राजनीतिक, सामाजिक पटल पर स्वामी दयानन्द सरस्वती, स्वामी विवेकानंद, महात्मा गांधी, श्री अरविंद जैसे विशिष्ट लोगों का

उदय व उनके द्वारा किया गया प्रतिकार।

19वीं शताब्दी मे जिस तरह से भारतीय मानस मे अपने अतीत, अपनी संस्कृति, अपने शास्त्रीय स्रोतों के प्रति जागरूकता आई, उससे यह स्पष्ट हो जाता है कि भारतीय जीवन का सांस्कृतिक पक्ष ही उसका सबसे बड़ा संबल था। यहाँ पर उसका मूल रूप दर्शाने के लिए हम मात्र दो-तीन उदाहरण ही ले रहे हैं। देखें स्वामी विवेकानंद के विचार, जिसमे वे कहते हैं कि *हम लोग हिन्दू हैं। मैं हिन्दू शब्द का प्रयोग किसी बुरे अर्थ मे नहीं कर रहा हूँ और न मैं उन लोगों से सहमत हूँ जो समझते हैं कि इस शब्द के कोई बुरे अर्थ हैं। प्राचीन काल मे इस शब्द का अर्थ केवल इतना था, सिंधु तट के इस ओर बसने वाले लोग। आज भले ही हमसे घृणा रखने वाले अनेक लोग इस शब्द पर कुत्सित अर्थ आरोपित करना चाहते हों, पर केवल नाम मे क्या धरा है? ... यदि आज हिन्दू शब्द का कोई बुरा अर्थ लगाया जाता है, तो उसकी परवाह मत करो। आओ। हम सब अपने आचरण से संसार को यह दिखा दें कि संसार की कोई भी भाषा इससे महान शब्द का आविष्कार नहीं कर पायी है ... मैं सबसे गर्वीले मनुष्यों मे से एक हूँ। किन्तु मैं तुम्हें स्पष्ट रूप मे बता दूँ यह गर्व मुझे अपने कारण नहीं अपितु अपने पूर्वजों के कारण है। अतीत का मैंने जितना ही अध्ययन किया है, जितनी ही मैंने भूतकाल पर दृष्टि डाली है, यह गर्व मुझमे उतना ही बढ़ता गया है। उसने मुझे साहसपूर्ण निष्ठा और शक्ति प्रदान की है। उसने मुझे धरती की धूल से उठाकर ऊपर खड़ा कर दिया और अपने महान पूर्वजों के द्वारा निर्धारित उस महायोजना को पूर्ण करने मे जुटा दिया ... आगे बढ़ो ... बढ़ते ही जाओ।* इसी प्रकार से **महात्मा गांधी** के शब्दों मे, *हिन्दू धर्म मे कुछ ऐसा अवश्य है जिसने इसे अब तक ज़िंदा रखा है। इसने सीरिया, मिस्त्र, फारस और बेबीलोनिया की सभ्यताओं का पतन होते देखा है। ज़रा अपने अन्दर झांक कर पूछिये – आज वो रोम और ग्रीस कहाँ गए। क्या आज आप कहीं गिब्बन की इटली पाते हैं। या उस प्राचीन रोमन सभ्यता को जिंदा पाते हैं? ज़रा ग्रीस जाइए। विश्व प्रसिद्ध आइतिक सभ्यता कहाँ चली गई? अब भारत की ओर देखिए। और इसके प्राचीनतम अवशेषों का निरीक्षण कीजिये। आपको कहना होगा कि हाँ, प्राचीन भारत अब भी ज़िंदा है।* डॉ. राधाकृष्णन् का भी यही विचार था कि *हिन्दू तो एक जीवन पद्धति है। यह हमारे जीवन का एक अंग है, हमारे धर्म का अंग नहीं है। हम सनातनधर्मी हो सकते हैं, बौद्ध हो सकते हैं, जैनी हो सकते हैं, लेकिन सबका मिश्रण, सबका समुच्चय जो है वह हमारा एक जाति का होना है। धर्म हमारा अलग अलग हो सकताहै, लेकिन हिन्दू का अर्थ है, हिंदुस्तान मे रहने वाले जितने लोग*

हैं, हिन्दू शब्द उन सबका वाचक है। **श्री अरविंद** के शब्दों मे, “India alone, with whatever fall or decline of light and vigor, has remained faithful to the heart of the spiritual motive … India alone as a nation, whatever individuals or a small class may have done, has till now refused to give up her worshipped Godhead or bow her knee to the strong reigning idols of rationalism, commercialism and economism, the successful iron gods of the West”; और पांडेचरी आश्रम की **श्री माँ** के शब्द थे कि *भारत को सत्य की रक्षा के लिए अपना युद्ध तब तक अनवरत रूप से जारी रखना चाहिए, जब तक पुनः भारत और पाकिस्तान मिलकर एक अखंड नहीं बन जाते। क्योंकि अखंड भारत ही प्रकृति का विधान है।* स्वामी विवेकानंद ने तो बिलकुल खुले स्वर मे यह कहा था कि *राष्ट्र उन्ही लोगों का हो सकता है, जिनके हृदय के तार एक स्वर से बोलते हों।* *हिन्दू कौन है*– इस विषय पर *आचार्य विनोबा भावे* ने अपने उद्गार प्रगट करते हुए कहा कि जो वर्णो और आश्रमों की व्यवस्था मे निष्ठा रखनेवाला, गो-सेवक, श्रुतियों को माता की भांति पूज्य मानने वाला तथा सब धर्मों का आदर करने वाला है; देव मूर्ति की जो अवज्ञा नहीं करता, पुनर्जन्म को मानता और उससे मुक्त होने की चेष्टा करता है तथा जो सदा सब जीवों के अनुकूल बर्ताव को अपनाता है, वही हिन्दू माना गया है। हिंसा से उसके चित्त दुखी होता है, इसलिए उसे हिन्दू कहा गया है।

भारतीय राष्ट्र की यह छवि न केवल भारतीय वरन विदेशी विद्वानो के विचारों/लेखन - मे भी दिखती है। प्रसिद्ध फ्रांसीसी विचारक **रोम्या रोला** के शब्दों मे *इस सुविस्तृता धरती पर अगर कोई ऐसा देश है, जहां आदमी अपने अमूर्त स्वप्न चिरकाल से मूर्त करता आ रहा है तो मै कहूँगा – वह देश भारत है।* **फ़्रेडरिक मेक्समूलर**, जिसका नाम विशेष श्रेणी के विद्वानो में लिया जाता है, और जिसने अपने नाम को देवनागरी हस्ताक्षर मे मोक्ष मूलर भट्ट कहा - अपनी पुस्तक *इंडिया : वॉट इट कैन टीच अस* (जो उन्होने ब्रिटिश दासता के दौर मे लिखी थी) में लिखते हैं, *यदि हमे इस समस्त जगतितल में किसी ऐसे देश की खोज करनी हो, जहां प्रकृति ने धन, शक्ति और सौंदर्य का दान मुक्त हस्ता होकर किया हो ... जिसे प्रकृति ने बनाया ही इसलिए हो कि उसे देखकर स्वर्ग की कल्पना साकार की जा सके, तो मैं बिना किसी प्रकार के संशय या हिचकिचाहट के भारत का नाम लूँगा ... भारत ब्रह्म ज्ञानिओं का देश है, बौद्ध धर्म की जन्म भूमि है तथा पारसियों का शरण स्थल है। आज भी जहां नवीन विश्वासों का जन्म होता रहता है। भविष्य मे भी यह अवनति-प्राप्त देश संसार का उज्ज्वलतम देश हो सकता है, यदि उन्नीस*

शतीओं की गर्द उसके शरीर पर से झाड़ी जा सके। इस क्रम मे हम और न जाने कितने विदेशी विद्वानो के विचारों को उद्धृत कर सकते हैं - जैसे श्रीमती एनी बिसेंट, सिस्टर निवेदिता (जिनका मूल नाम था मारग्रेट एलीज़ाबेथ नोबिल), बर्ट्रेंड रसेल, एडमंड बर्क इत्यादि)। यहाँ तक कि **विंसेंट स्मिथ** जैसे साम्राज्यवादी इतिहासकार ने भी कह डाला कि सम्पूर्ण भारत एक है; हिन्दू-देश है। *भारत की मूलभूत एकता इस तथ्य पर आधारित है कि भारत के विविध जनो ने एक विशिष्ट प्रकार की संस्कृति और सभ्यता का विकास किया है जो संसार की किसी भी सांस्कृति और सभ्यता से नितांत भिन्न है; उस सभ्यता को एक शब्द मे हिन्दुत्व कहा जा सकता है। मूलभूत रूप मे भारत हिन्दू-देश है – उन ब्राह्मणो का देश है जिन्होने खड्ग के सहारे नहीं, अपितु शांतिपूर्ण साधना व तपस्या के सहारे अपने विचारों को देश के कोने-कोने मे पहुंचाया है। वर्ण-व्यवस्था, जो ब्राह्मण-व्यवस्था की विशेषता है तथा जिसका बर्मा, तिब्बत व सीमावर्ती देशों मे नितांत अभाव है, सम्पूर्ण हिन्दू भारत को अपने सूत्रों से गूँथे हुए है। लगभग सभी हिन्दू ब्राह्मणों का आदर करते हैं,गाय को सम्मान की दृष्टि से देखते हैं तथा वेदों को प्रमाण रूप मे स्वीकार करते हैं। संस्कृत को सभी स्थानो पर एक पवित्र भाषा के रूप मे मान्य किया जाता है। देवाधिदेव शंकर और विष्णु को न्यूनाधिक रूप मे भारत के हर भाग मे पूजा जाता है। पवित्र स्थलों की यात्रा के हेतु निकला पुण्यात्मा यात्री बद्रीनाथ की हिम मंडित चोटियों पर और सेतुबंधु रामेश्वरम की बालुका मे स्वयं को समान रूप से ऐसा अनुभव करता है मानो अपने घर मे ही हो। पावन सप्त पुरियों मे सुदूर दक्षिण के स्थान भी ठीक उसी प्रकार सम्मिलित हैं जिस प्रकार हिंदुस्तान (उत्तर भारत) के। सभी लोग समान रूप से महाभारत और रामायण के प्रति अनुराग रखते हैं।*

शायद ऐसे ही देश में या *उसी राष्ट्रवाद* की सन्ताने हो सकती थीं - मूर्धन्य क्रांतिकारी नेता लाला हरदयाल (व न जाने कितने और क्रांतिकारी,जिन्होने देश के लिए अपने आप को कुर्बान कर दिया) जैसे व्यक्तित्व, जो एक ओर तो सुदूर देश अमेरिका मे, गदर पार्टी के जन्मदाता बने – वहीं दूसरी ओर भारत मे उन्हे हार्डिंग बम कांड के एक अभियुक्त हनुमंत सहाय जैसे लोगों का प्रेरणा स्रोत भी माना जाता है (हनुमंत सहाय – जो कि दिल्ली मे विलायती कपडों के बहुत बड़े व्यापारी थे और जिन्होने कालांतर मे अपनी यह दुकान उठाकर वहाँ एक राष्ट्रीय विद्यालय खोल दिया जहां पढाने वाले अध्यापक अवध बिहारी जी को बाद मे हार्डिंग बम कांड मे फांसी की सज़ा सुनाई गई)। इसी तरह एक और क्रांतिकारी नेता श्यामजी कृष्ण वर्मा, जो स्वयं ही स्वामी दयानन्द सरस्वती के शिष्य थे और जिन्होने स्वतन्त्रवीर सावरकर को

छात्रवृति देकर विलायत बुलवाया था। कहने का तात्पर्य यह है कि उस समय की राष्ट्रीय विचारधारा पूर्णतया हिन्दू राष्ट्रवाद से अनुप्राणित थी, जिसे देश का विघटन किसी भी कीमत पर स्वीकार नहीं था। अपने एक लेख मे, वे कहते हैं कि, कुछ मुसलमान देश भक्तों ने उन्हे पागल की उपाधि दी है क्योंकि उन्होने हिन्दू मुस्लिम समस्या के संबंध मे कुछ विचारों को प्रकट किया है; किवे स्वदेश से दूर बैठकर केवल कुछ व्यक्तिगत विचारों का प्रचार करना चाहते थे, और केवल ज्ञान की दृष्टि से इस विषय पर कुछ प्रकाश डालने का यत्न किया। हो सकता है कि इन विचारों मे भारत की स्वतन्त्रता का रहस्य छिपा हो। उनका कहना था कि मर्ज एक है,हकीम बहुत से, अतः देखना यह है कि किसका नुस्खा कारगर होता है। इसमे यूं ही निरर्थक बातों या व्यक्तिगत हमलों की ज़रूरत नहीं है; एक तर्क के उत्तर मे दूसरा तर्क प्रस्तुत करना चाहिए ताकि इस विषय पर विचार किया जा सके अन्यथा लात तो गधा भी मार सकता है। इसी तरह,कर्नल वाईली की हत्या करने के जुर्म मे जब मदनलाल ढींगरा को मृत्यु दंड दिया गया - तो अपनी सफाई मे उन्होने कुल इतना ही कहा कि मौजूदा परिस्थितियों मे उनके पास ब्रिटिश साम्राज्य से लड़ने का और कोई तरीका नहीं था। अतः वे बार बार भारत भूमि पर जन्म लेकर यही दोहराएंगे उस समय तक, जब तक कि उनका देश पुनः स्वतंत्र न हो जाए (ब्रिटिश रूढ़िवादी नेता चर्चिल ने अल्प आयु मदनलाल ढींगरा की इस भावना को क्रांतिकारी दर्शन की सबसे सटीक उत्कृष्ट अभिव्यक्ति माना है)।

ब्रिटिश शासकों की पैनी नज़र ने यह तो भांप ही लिया कि इन्हे (राष्ट्रवादियों को) तो उनकी इन भावनाओं से विमुख नहीं किया जा सकता है, किन्तु अगर बाकी देशवासियों को इससे अलग कर दिया जाए, तो शायद भारत मे अंग्रेजों का शासन कर पाना काफी सुलभ हो जाएगा। अतः देश के आधुनिक इतिहास मे यही वह संक्रमण काल था, जब भारतीय राष्ट्रवाद को ढालने की बात ज़ोर पकड़ने लगी। इंडियन नेशनल काँग्रेस के जन्म से पहले ही कई बातें जासूसी सूत्रों से ब्रिटिश अधिकारियों तक पहुँचने लगी थीं। विलियम वेडरबर्न (जो कि ए.ओ. ह्यूम के जीवनीकार थे) यह बताते हैं कि ह्यूम नौकरी से निर्वृत्त होने के पहले ही कुछ ऐसे प्रमाण पा गए थे जिनसे उन्हे ब्रिटिश सरकार के भविष्य के लिए खतरे दिखने लगे थे। वे प्रमाण सात बड़ी जिल्दों मे करीब तीस संवाददाताओं द्वारा दर्ज किए गए थे। इनसे यह अनुमान लगाया जा सकता था कि भारतीय लोगों मे निराशा घर करती जा रही है और अंदर ही अंदर वे सुलग रहे हैं अंग्रेज़ों के खिलाफ कुछ करने के लिए। ऐसी स्थिति मे ह्यूम का मानना था कि अगर सरकार की ओर से कोई सेफ़्टी वाल्व की व्यवस्था नहीं की गई, तो ब्रिटिश शासन पुनः

खतरे मे आ जाएगा। ए. ओ. हयूम (कॉंग्रेस के प्रवर्तक) भी एक उदार ईसाई थे और उनकी भावनाएँ मैकाले से बहुत भिन्न नहीं थीं (1886 से 1907 तक कॉंग्रेस सर्वथा अंग्रेज़ी पढे-लिखे लोगों की और आभारतीय मानस वालों की एक संस्था रही, यानि अंग्रेज़ी -राज्य भक्तों का एक दल)। 1885 मे इंडियन नेशनल कॉंग्रेस का जन्म उनके इसी उद्येश्य का प्रतिफल था; यानि उनकी यह मंशा कि इसकी स्थापना के साथ ही देश का नेत्रत्व ऐसे लोगों के हाथ मे चला जाए जो ब्रिटिश राज्य को हिंदुस्तान के लिए ईश्वरीय वरदान के रूप मे स्वीकार कर लें और इसी बात को भारतीय जनता तक पहुँचाने के लिए अंग्रेजों की मदद करें। इस तरह से कॉंग्रेस के जन्म के साथ शुरू होता है भारत मे सांस्कृतिक राष्ट्रवाद का धूमिल पड़ना, व एक ऐसी प्रक्रिया की शुरुआत जो आगे आने वाले समय मे क्या-क्या परिवर्तन लाएगी – इसके बारे मे कुछ कह पाना मुश्किल सा लग रहा था। किन्तु कुछ ही समय बीतने पर यह तो विदित होने लगा कि अब धर्म, क्षेत्र, प्रदेश, जाति, भाषा आदि के आधार पर भारतीय जन की पृथकता की अशुद्ध कल्पना को न सिर्फ एक पहचान मिलनी शुरू हो गई – बल्कि उसे पूरा प्रोत्साहन भी दिया जाने लगा। बावजूद इस सत्य के कि भारतीय समाज एक राज्य मे रहने के कारण एक नहीं - बल्कि हिन्दू/भारतीय होने के कारण एक राष्ट्र था; कि उसकी उपासना पद्धति, मत, या इश्वर संबंधी विश्वास की स्वतन्त्रता *हिन्दू/भारतीय संस्कृति की परंपरा रही है* (यहाँ तक कि इसलिए ही भारतीय संविधान में भी इसे स्वीकृति दी गई। इस परोक्ष स्वीकारोक्ति के साथ कि इस देश मे मुसलमान व ईसाई भी तो बाहर से नहीं आए हैं क्योंकि इनके पूर्वज तो हिन्दू ही थे – अतः केवल इनका मजहब बदल जाने से न तो इनकी राष्ट्रीयता बदलेगी और न ही इनकी संस्कृति)- कालांतर मे हम देखते हैं इन दोनों ही पंथों को अल्पमत (माइनॉरिटी) का दर्जा दिया जाना और इस प्रकार से मजहब को राजनीतिक, आर्थिक, सामाजिक सभी क्षेत्रों मे विभाजन रेखा के रूप मे स्वीकार कर लेने की नीति ने द्वि - राष्ट्रवाद या बहुराष्ट्रवाद को मान्यता दे देने का रास्ता हमेशा के लिये खोल दिया।

अगर भारतीय राष्ट्रवाद के शुद्ध स्वरूप को धूमिल करने का क्रम देखें तो फिर से लौटना पड़ेगा पिछली दो शताब्दियों मे घटी घटनाओं की ओर। ब्रिटिश शासन के दौरान भारतीय राष्ट्रवाद पर चर्चा, व आख्यान इस मूल बिन्दु से खड़े होते हैं कि *भारत है क्या?* इसकी संस्कृति, इसका दर्शन, इसकी संस्थाएं, परम्पराएँ व स्वरूप – अन्य देशों से, उनकी संस्कृतियों से इतना भिन्न क्यो लगता है? क्योंकि जिन चीजों को दूसरे समाज/लोग मानव स्वभाव/समाज का एक बहुत ही सामान्य व अविभाज्य हिस्सा मानते हैं, वो यहाँ पर उस रूप मे दिखता ही नहीं

और अगर उस तरह की समानताओं को वे भारतीय परिदृश्य मे नहीं पाते (जिन्हे वे अन्य देशों/समाजों मे पा जाते हैं) तो उनको भारतीय समाज व संस्कृति को लेकर कई तरह की शंकाएँ पैदा होने लगती हैं। भारत को लेकर यह स्थिति हम पाते हैं उस समय से जब अंग्रेजों का शासन यहाँ शुरू नहीं हुआ था; और उन्नीसवीं शताब्दी आते आते तो विदेशी हमलावरों ने भारत को लेकर इस तरह की बातें उठानी शुरू कर दीं, जैसे *Is India Civilized* ? और इस तरह की बातें कहने वालों मे वे ज़्यादा आगे रहे जिनकी जानकारी भारत को लेकर लगभग शून्य ही थी। उदाहरण के लिए *विल्लियम अरचर* ने अपनी पुस्तक *इंडिया एंड दी फ्यूचर* मे पूरे भारत के जीवन, संस्कृति, दर्शन, धर्म, काव्य, चित्रकला, स्थापत्य कला व उपनिषद, महाभारत, रामायण को दरकिनार कर दिया- यह कहते हुए कि वो और कुछ नहीं बल्कि "*are pulsivemassofun speakable barbarism"* ही है। किन्तु इसका जवाब *सर जॉन वूड्रफ* (जो कि तांत्रिक दर्शन के एक बड़े विद्वान थे) ने अपनी पुस्तक *इज़ इंडिया सिविलाइज़्ड* ? मे दिया, व इस जवाब को देने का कारण मूलतः था उस पक्ष की ओर ध्यान खींचना (जिसने उनकी पुस्तक के महत्व को कई गुना बढ़ा भी दिया) कि अगर भारतीय संस्कृति, सभ्यता पर इस तरह के भद्दे लांछन लगाए जाते रहे तो फिर उसके उत्तरजीवन का प्रश्न खड़ा हो जाता है। वुड्रफ के अनुसार – प्रश्न यह नहीं था कि भारत सुसंस्कृत है अथवा नहीं – क्योंकि हर वो व्यक्ति जो थोड़ा भी उसके बारे मे जानता है वह यही कहेगा कि यहाँ एक महान संस्कृति व अभूतपूर्व सभ्यता का वास था। और अच्छे समाज के भी उदाहरण देखने को मिलते थे। अतः उनका मुख्य उद्येश्य यह दिखाना था कि वस्तुतः यूरोपियन व एशिया की संस्कृति मे मुख्य संघर्ष क्या है? एवं अगर भारतीय सभ्यता खत्म हो गई तो विश्व के लिए कितनी बड़ी दुखद विपत्ति होगी। उनका यह मानना था कि *यूरोपियन मर्केण्टलिज़्म व मौडर्निस्म* का भौतिक क्षेत्र मे जो भीषण आवेग है एशिया के देशों मे, इससे आ रहे परिवर्तन मानव समाजों पर दिखने लगें हैं। और अगर इन देशों के अपने ही लोग इन परिवर्तनों को नहीं देख पाएंगे, तो फिर इसे विनाश से कोई नहीं बचा सकता। वुड्रफ महोदय का जो भाव भारतीय संस्कृति के लिए आज से इतने दशक पहले दिखा, उससे कहीं ज़्यादा भयंकर स्थिति आज की है। और जो प्रश्न उस समय विवाद के मूल मे था, वही आज भी है। क्या? कि यह यूरोप व एशिया के बीच एक सांस्कृतिक लड़ाई है, जिसे राजनीतिक घालमेल ने बहुत ही जटिल बना दिया है। उनकी यही सोच थी कि "*It is her (India's) founding of life upon this exalted conception and her urge towards the spiritual and the eternal that constitute the distinct value of her civilization. And it is her fidelity, with whatever human shortcomings, to this highest ideal that has made her people a nation apart in the human world*'.

अब इनके लिए दूसरा महत्वपूर्ण प्रश्न था कि भारत को एक राष्ट्र माना भी जाए या नहीं? यहाँ पर भी समझने की बात यही थी कि अगर भारत को एक राष्ट्र न माना जाए, तो इंग्लैंड पर एक देश के लोकतान्त्रिक अधिकारों का हनन, व स्वशासन के अधिकार से वंचित रखने का लांछन लगाना पूरी तरह से अतार्किक होगा। उन्नीसवीं शताब्दी के शुरू मे तो इस विवाद को नहीं उठाया गया, क्योंकि इंग्लैंड समान्यतय: *इंडियन नेशन* या *सेवेरल इंडियन नेशन्स* जैसे शब्दों का प्रयोग करता था, और न ही भारत के एक राष्ट्र होने का वे सबूत चाह रहे थे। यह मान लिया गया कि मैकाले ने जो भारत मे व्यवस्था बैठाई है उसके बाद तो " The rising generation will become the whole nation in the course of few years". (उसी शिक्षा की उपज थी कॉंग्रेस; इसमे शुरू मे तो यह नियम ही बना दिया गया कि कॉंग्रेस मे वे ही लोग शामिल होंगे जो अंग्रेज़ी पढे लिखे हों)। लॉर्ड मेकाले एक कट्टर ईसाई थे, जिन्होंने अपने एक लेख मे कहा था कि भारतीय जनता की शिक्षा ईसाइयों के सामान्य सिद्धांतों के अनुसार होनी चाहिए, ताकि वह उन उद्देश्यों की पूर्ति मे सहायक हो जिनके लिए सरकार बनी है। निश्चय ही इस देश मे ईसाईयत का प्रचार आवश्यक है। 12 अक्तूबर, 1836 को कलकत्ता से पिता को अपने एक पत्र मे उन्होने लिखा कि, हमारे स्कूल बहुत उत्तमता से उन्नति कर रहे हैं; कि हिंदुओं पर इस शिक्षा का प्रभाव अद्भुत हुआ है; कि अङ्ग्रेज़ी शिक्षा प्राप्त कोई भी हिन्दू ऐसा नहीं जो सत्य हृदय से अपने मजहब पर आरूढ़ रहा हो; कि वे पूरा विश्वास करते हैं कि यदि यही शैक्षणिक नीति चलती रही तो यहाँ सम्मानित जातियों मे आगामी तीस वर्षों मे एक भी ऐसा बंगाली नहीं रह जाएगा, जो मूर्तिपूजक हो। यह उन्हे बिना ईसाई बनाए ही हो जाएगा ..।

इंग्लैंड के उदारवादियों ने उस समय बड़े ही सहज विश्वास से यह मान लिया कि भारत तो एक राष्ट्र ही है, और इस मान्यता का खंडन उस समय के रूढ़िवादी राजनीतिज्ञों ने भी नहीं किया। 1857 के विद्रोह को ब्रिटिश संसद मे डिज़राइली ने, और नियंत्रण मण्डल के सदस्य एलेनबरो ने तो एक राष्ट्रीय विद्रोह मान ही लिया था (भारत मे सुधार करने वाले अंग्रेजों के खिलाफ)। किन्तु कुछ ही दशकों के बीतते ही *भारतीय राष्ट्रवाद* का शब्द बिलकुल गायब सा हो गया। भारत अब उनके लिए एक उपमहाद्वीप हो गया, और एक साम्राज्य। (एक नवीन

अवधारणा - जैसे *ए नेशन इन दी मेकिंग* - के बारे मे उस समय की प्रकाशित कई पुस्तकों मे चर्चा मिलती है – उदाहरण स्वरूप सुरेन्द्र नाथ बेनर्जी द्वारा लिखित पुस्तक *A Nation in the Making*, जिसकी प्रेरणा इंडियन नेशनल काँग्रेस की स्थापना से भारतीय नेताओं को मिली हो शायद, और जिससे आशय यह हो कि अब अंग्रेजों की छत्रछाया मे यह उपमहाद्वीप –यानि भारत- शायद एक राष्ट्र का दर्जा पा सकेगा। 1902 के अहमदाबाद काँग्रेस अधिवेशन मे एस एन बेनर्जी ने अपने अध्यक्षीय भाषण मे कहा कि *हम लोग भारत मे ब्रिटिश शासन के स्थायी शासन की कामना करते हैं* - जिसका अर्थ था कि काँग्रेस के प्रीतिष्ठित नेतागण भारत मे उनके शासन को एक दैवीय घटना से कम नहीं मानते थे; फिरोज़शाह मेहता ने इसे भगवान की कृपा ही समझा कि ब्रिटेन और भारत साथ साथ चलने को तैयार हैं। उनकी इसी सोच समझ का परिणाम था कि यह बातें फैलाई जाने लगीं कि 1901-11 तक भारत मे राष्ट्रियता का जो दौर चला – उसका कारण कर्ज़न था। यह मेकौले की ही शिक्षानीति का फल था कि समाज की सोच-समझ देश के इतिहास की बिलकुल विपरीत दिशा मे जाने लगी।)

  19वीं शताब्दी के उत्तरार्ध तक न केवल स्थिति बदल चुकी थी बल्कि ब्रिटिश सोच समझ भी। भारत के लिए *राष्ट्र* शब्द अप्रासंगिक माना जाने लगा था। ब्रिटेन मे उनके टिप्पणीकार यह कहने लगे थे कि भारत तो एक *भौगोलिक अभिव्यक्ति* (geographical expression) ही है। सीली महोदय ने कहा कि भारत के बारे मे सबसे आधारभूत तथ्य जानने का यह है कि उसे किसी के विदेशी होने पर कोई ऐतराज है ही नहीं, क्योंकि उसे राष्ट्रीय एकता के भाव से कोई मतलब नहीं है। उनके शब्द थे, "The fundamental fact then is that India had no jealousy of the foreigner because India had no sense whatever of national unity, because there was no India and therefore, properly speaking, no foreigner". एक अन्य ब्रिटिश नौकरशाह सर जॉन स्ट्रेचेय ने कह डाला केंब्रिज के स्नातकों के समक्ष - "What is India? What does the name India really signify? … The answer that I have given sounds paradoxical, but it is true. There is no such country, and this is the first and most essential fact about India that can be learned. … India is the name which we give to a region including a multitude of different countries … there is not, and never was an India, or even a country of India, possessing, according to European ideas, any sort of unity, physical, political, social, or religious; no Indian nation, no "people of India", of which hear so much." 19वीं शताब्दी के आखिरी दशक तक आते आते तो ब्रिटिश शासकों ने इन नवशिक्षित लोगों के द्वारा दोहराए जा रहे वचनो को हीन दृष्टि से ही देखना शुरू कर दिया था। राजा नीलकृष्ण ने 1884 मे रोष जताते हुए कहा कि इन अंग्रेजों ने हमे स्वतन्त्रता, न्याय व स्वशासन के पाठ पढ़ाए ही क्यों, अगर उन्हे हमे इनमे से कुछ भी नही देना था। उस समय के शायद ही किसी देस्तावेज मे भारतीय राष्ट्रवाद/राष्ट्र की चर्चा मिलती है (उस पर विचार करने की बात तो छोड़ ही दी जाए)। एक अमेरिकी विद्वान का यह मत है कि भारत के संदर्भ मे "Nationalism was simply ignored, *wished out of existence*, or dismissed with the presumption that nationalists did not represent the "real" India. Nationalism of the urban, professional middle classes reflected only the peevishness of a rootless minority which represented only the anomaly of their own position". ब्रिटिश सरकार ने यह मानने से इंकार कर दिया कि भारतीय एक सच्चा राष्ट्रवादी हो सकता है, उसी तरह से जैसे भारत एक राष्ट्र नहीं है। इनके अनुसार पाश्चात्य लिबाजकी नकल, या पश्चिमी भाषा बोल लेने मात्र से ही भारतियों का मूल बदल नहीं जाएगा। इनका तथाकथित *राष्ट्रिय आंदोलन* सिर्फ इनके इस चरित्र की एक अभिव्यक्ति मात्र है, और कुछ भी नहीं। जे एफ स्टीफिन (जो एक प्रशासनिक अधिकारी थे)ने अपने संस्मरणों मे लिख दिया कि "Some few Anglicized Bengalee baboos have caught up and travestied the English commonplaces which have, in my opinion, most injudiciously been made a part of their education … but the great mass of the population and in particular the best part of it, the warlike and vigorous races of Northern India, have never shown the smallest sympathy with such views".

बात अगर सिर्फ यहीं खत्म हो जाती तो भी इतना नुकसान न होता। किन्तु ऐसा हुआ नहीं। हमे याद रखना पड़ेगा कि भारत एक अति प्राचीन राष्ट्र है और 1947 की आज़ादी से इसके चिरकालीन इतिहास मे एक नए अध्याय का प्रारम्भ हुआ, *न कि किसी नवीन राष्ट्र का जन्म।* मैकाले व उसकी भारतीय संतानों ने एक लंबे समय से जो हमेशा की तरह एक नए राष्ट्र की चर्चा चलाई, उसकी परिणति हुई *भारतीय जीवन मूल्यों की अवहेलना और आत्म विस्मृति मे* जिसके कारण हमारे राष्ट्रीय मानस मे न केवल एक द्वैत भाव की सृष्टि हुई, वरन राजनीतिक

और सांस्कृतिक जीवन के भी अलग-अलग आदर्श बन गए। अभी तक जिस सांस्कृतिक एकता की अनुभूति ने राजनीतिक एकता के अभाव मे भी इतने बड़े बड़े झंझावात झेल लिए थे और पूरे ही मध्यकालीन इतिहास मे हमे उसके उदाहरण भरपूर दिखते भी हैं, और यहाँ तक कि ब्रिटिश राज से भी मोर्चा लेने मे भारतीय राष्ट्रिय आंदोलन कई ऐसे चरणों से गुज़रा - जिन्हे अंग्रेजों के लिए झेलना आसान नहीं था। परंतु 1857 के उत्तरार्ध व *बीसवीं शताब्दी के शुरुआत से ऐसा क्या हुआ,*जिसने भारत की इस पुरानी/अति प्राचीन सोच-समझ पर कुठराघात किया और राष्ट्रिय आंदोलन की न केवल धारा बदल डालने की भरपूर कोशिश की, बल्कि राष्ट्रियता की भाषा को भी बुरी तरह से दूषित कर दिया। उससे भी ज़्यादा महत्वपूर्ण – 1947 की आज़ादी व उसके बाद भारतीय नयी शिक्षा मे दीक्षित मानस की दशा ओर दिशा। पंडित जवाहरलाल नेहरू (जिन्हे स्वतंत्र भारत का पहला प्रधानमंत्री होने का सौभाग्य प्राप्त हुआ) एक देश भक्त तो रहे होंगे, उन्होने आज़ादी की लड़ाई मे भाग भी लिया था – किन्तु अपने देश की परम्पराओं, इतिहास व दर्शन से उनका कितना लगाव था (उन्हे कितनी जानकारी थी इसके बारे मे), यह कह पाना अवश्य ही मुश्किल है। अगर उनके द्वारा गीता पर कही गई बातों को हम श्री अरविंद, महात्मा गांधी या विनोबाजी के गीता पर दिये गए विचारों/व्याखानों से सुमेलित करना चाहें, दोनों के बीच का फर्क बिलकुल स्पष्ट हो जाएगा।

अपने बचपन, केंब्रिज के अनुभवों एवं अपनी स्वयं की सोच समझ पर जवाहरलाल जीने अपनी आत्मकथा मे काफी कुछ कहा है, जो उनके व्यक्तित्व की बनावट पर प्रकाश डालने के लिए काफी है। यह वो समय था जब इंग्लैंड मे वीर सावरकर, मदनलाल ढींगरा, श्यामजी कृष्ण वर्मा आदि भी क्रियाशील थे जब नेहरू केंब्रिज मे अध्ययनरत थे। इनके विचारों को पढ़ने से स्पष्ट होता है कि वे भारतीय क्रांतिकारियों को कितना नापसंद करते थे व उनकी भावना के लिए *मजहबी राष्ट्रवाद* शब्द का खुलकर प्रयोग करते थे (किन्तु इस बात को वे अपने बारे मे लिखना भूल गए कि वे स्वयं भी किसी वाद के अनुयाई हो चुके थे)।बाद के वर्षों मे सुभाष चंद्र बोस के प्रति किया गया उनका व्यवहार – उनकी उस सोच समझ का खुला उदाहरण था। यद्यपि यह आश्चर्य की बात है की उन्हे *क्रांतिकारी* पसंद नहीं थे, किन्तु लेनिन-स्टेलिन के तानाशाही के न केवल वे समर्थक रहे, बल्कि प्रशंसक भी;*या फिर तानाशाही के?*वे *राष्ट्रवादी* भी नहीं थे; अपने आचार-विचार, भावनाओं से विदेशी ही थे। नेहरू मे हमे सिर्फ भारतीय परंपरा के प्रति अज्ञानता ही नहीं दिखती है, बल्कि कहीं उनके अंदर यह भाव बहुत गहरा पैठ गया कि

हमारी परंपरा मे यदि कुछ अच्छा रहा भी होगा, तो वो अब कबका खत्म हो चुका। इसलिए अब इसका बदला जाना ही नए वैज्ञानिक रुझान व दृष्टिकोण के अनुकूल रहेगा। उनका यह भी कहना था कि सिर्फ इतना ही नहीं कि अबसे भाकड़ा नंगल डैम जैसे स्थान हमारे नए मंदिरों के प्रतीक होंगे, बल्कि यह भी कि पुराने मंदिर अब बदले हुए समय मे केवल अंधविश्वास बढ़ाने, सामाजिक विषमताएँ को फैलाने और शोषण का ज़रिया मात्र ही हैं। इनकी उपयोगिता - नेहरू के हिसाब से अब कुछ भी नहीं थी।

इनकी छत्रछाया मे पलता हुआ आज़ाद भारत का नया बुद्धिजीवी वर्ग भी इन ही के नक्शेकदम पर आगे बढ़ा। उस समय भी, और शायद आज भी, यह *तथाकथित* प्रगतिशील बुद्धिजीवीवर्ग – भारत के साधारण आदमी के जीवन दर्शन से उतने ही दूर रह गए, जितने यह पहले थे/रहे होंगे। देश के इस साधारण दिखने वाले जन मे सामान्य (common) क्या था, इसे देखने से वे सदा कतराते रहे। और इनमे - कुछ ऐसे (जो निसंदेह बहुत ही नेक, ईमानदार और निस्वार्थ भाव से देश की सेवा मे लगे थे) भी उन *थोपी हुई राजनीतिक विचारधाराओं* के शिकार हो चले* -- जिस वजह से स्वतंत्रोत्तर काल मे भारत मे राष्ट्रिय भावना का भयंकर रूप से ह्र्यास हुआ।*(जैसे जय प्रकाश नारायण एक प्रबुद्ध देशभक्त थे और 1947 के बाद भारत के राजनीतिक जीवन मे महत्वपूर्ण शकसियत भी । एक बार उन्हे राष्ट्रीय स्वयंसेवक संघ के एक आयोजन मे निमंत्रित किया गया – किन्तु जिसमे वे सिर्फ इसलिए नहीं जाना चाहते थे कि वह संकीर्ण हिन्दुत्व का प्रतिनिधित्व करता है (जैसे कि उन्होने सुना हुआ था)। जब उनसे काफी आग्रह किया गया तो वे जा पहुंचे। किन्तु उस पूरे आयोजन को देखने के बाद उनके शब्द यह थे कि मुझे तो पता ही नहीं था कि इस संगठन मे इतने पढे-लिखे व अनुशासित नौजवान सदस्य हैं। हमारे समाजवादी गुट मे तो लोग matriculate भी नहीं थे। किन्तु उनकी जैसी ईमानदारी और कितनों मे देखने को मिली?)

ऊपर कही गई बात को बड़ी सहजता से समझा जा सकता है अगर हम ध्यान दें 1947 के बाद - व्यवहार मे अधिकाधिक लायी जा रही राजनीतिक शब्दावली/भाषा पर- जिसके अनुसार *आर एस एस* एक दक्षिण पंथी (rightist), प्रतिक्रियावादी (reactionary) एवं उग्र किस्म का हिन्दू सांप्रदायिक संगठन के रूप मे प्रचारित होता चला गया, और इसी के साथ हिन्दू समाज को एक संकीर्ण जाति व्यवस्था से ग्रस्त, गौ पूजन मे विश्वास रखने वाले अंध विश्वासियों की एक भीड़ के रूप मे प्रस्तुत किया गया; इनकी संस्कृति को आपत्तिजनक रूढ़िवाद का नाम दिया गया और न जाने कितने भारत की नई पीढ़ी के पढे-लिखे लोगों ने इस जहर को

आत्मसात किया। अपवादस्वरूप जयप्रकाश नारायण जैसे जागरूक लोगों ने तो फिर भी इसकी सत्यता की छानबीन कर इसे जानने की कोशिश की; और समझ आ जाने पर उस जहर को थूकभी दिया। किन्तु ऐसे कितने और थे? (यहाँ उन लोगों की तो बात ही करना व्यर्थ है जिन्होने स्वेच्छा से इस्लाम, ईसाइयत, या वामपंथ की भाषा को अंगीकार कर लिया था। बात उनकी करना अपेक्षाकृत बेहतर होगा जो खुले दिमाग का होते हुए भी इस जोड़तोड़ के लगातार शिकार होते जा रहे हैं)। इस तथ्य को उसकी गहराई से समझने व जाँचने के लिए हमे देखना होगा बीसवीं शताब्दी मे राष्ट्रिय आंदोलन के दौरान विकसित हो रही एक नयी भाषा, उसका स्वरूप और उसका मनोवैज्ञानिक प्रभाव -जिसने देश की उभरती हुई पीढ़ियों को बड़ी चालाकी से उनके अतीत, इतिहास, संस्कृति, परम्पराओं व आदर्शों से बहुत दूर कर दिया कुछ *आयातित विचारधाराओं के आकर्षण से*(जिनकी सच्चाई जानने की न तो उन्हे इच्छा थी और न ही ज़रूरत – क्योंकि एक सुनहरा भविष्य उन्हे इसी भाषा के उपयोग मे दिख रहा था)। 19वीं शताब्दी मे यह भाषा मैकाले की थी और 20वीं मे - यह भाषा थी वामपंथ की, जिसे भारत की कम्यूनिस्ट पार्टी भारतीय राष्ट्रीय आंदोलन मे शनैः शनैः प्रयोग करके उसको उसके मूल उद्येश्य से भटका कर एक दूसरी ही दिशा मे प्रवृत्त करा रही थी।

भारतीय स्वतन्त्रता संघर्ष पर लिखित साहित्य को पढ़ने से प्रतीत होता है कि बीसवीं शताब्दी मे 1917 की रूसी क्रांति ने अपनी एक ऐसी अमिट छाप छोड़ दी जिससे प्रभावित होकर यहाँ उसका अनुसरण करने/करवाने के लिए लोग स्वतः ही तैयार हो गए, और तीसरा दशक आते आते राजनीतिक क्षितिज पर जवाहरलाल जैसे युवा क्रांतिकारी नेताओं ने देश के राष्ट्रिय आंदोलन की बागडोर सम्हालने मे बढ़ चढ़ कर हिस्सा लिया व ब्रिटिश साम्राज्यवाद को पूर्ण स्वराज की मांग करते हुए खुली चुनौती दे डाली*, जिसका परोक्ष संदेश यह भी था कि उनके रास्ते का मुख्य अवरोध काँग्रेस के पुराने, प्रतिक्रियावादी सदस्य ही थे; अन्यथा देश अपने निर्धारित लक्ष्य तक बहुत पहले ही पहुँच जाता।

अनेक वामपंथी प्रचारक/विद्वान यह दावा करते हैं कि उनकी भाषा अंग्रेजों के विरुद्ध चलाए गए राष्ट्रीय आंदोलन के दौरान स्वतः विकसित होती गई और वह अनुभव व परिस्थितिजन्य थी। *किन्तु यह एक बहुत बड़ा झूठ है*, यदि तथ्यों को समग्र दृष्टि से विवेचित किया जाए तो। प्रथम तो यह कि राष्ट्रीय आंदोलन के विस्तृत विवरणो को पढ़ने से कहीं भी यह एहसास नहीं होता कि 20वीं शताब्दी के तीसरे दशक तक कहीं भी इस भाषावली का प्रचलन रहा हो। इस दौरान तो इनके प्रमुख शब्दों का भी प्रयोग पूरी तरह से शून्य दिखता है राष्ट्रिय

आंदोलन की शब्दावली से, और कुछ अन्य शब्द जिनका प्रयोग उस बातचीत मे पाते भी हैं यहाँ वहाँ – उनका अर्थ कदापि वह नहीं था जो कालांतर मे उन शब्दों पर थोप दिया गया। दूसरी महत्व की बात यह है कि अगर कुछ शब्दों को आज के मायने मे इस्तेमाल किया भी गया तो वह प्रचलन एक बहुत ही सीमित वामपंथी समूह मे ही सिमट के रह गया। यह जन सामान्य की भाषा बिलकुल नहीं बन पायी थी। यह तो स्वतन्त्रता प्राप्ति के बाद संभव हो सका (खासतौर से जवाहरलाल नेहरू के राजनीतिक नेत्रत्व मे) जब यह वामपंथी शब्दावली/अभिव्यक्तियां प्लेग की तरह देशभर के पढे लिखे तबके मे फैलने लगीं। अतः हमे आज की घटनाओं को उनके वास्तविक स्वरूप मे देखने के लिए, भारतीय स्वतंत्रता संग्राम के विभिन्न चरणों मे प्रयुक्त शब्दावली पर ध्यान देना होगा, जिससे हमे यह स्पष्ट हो सकेगा कि किस चरण मे पहुँच कर हमारे स्वतन्त्रता आंदोलन की प्राथमिकताएँ उस खास शब्दावली द्वारा निगल ली गईं– जिसकी ऊपर बात की गई है; अथवा कब इस शब्दावली को भारत की राजनीतिक बोलचाल मे सन्निविष्ट कर लिया गया? समकालीन भारत की स्थिति को समझने मे हमे शायद यह जानने से मदद मिले कि इस भाषा का स्रोत क्या था?

भारत का आधुनिक स्वतन्त्रता संग्राम 1885 मे इंडियन नेशनल काँग्रेस के जन्म के बाद से माना जाता है किन्तु वास्तव मे यह कई दशकों पहले ही शुरू हो चुका था और 1857 मे एक व्यापक आंदोलन के रूप मे यह फूट पड़ा उत्तरी भारत मे। ब्रिटिश सरकार द्वारा इसको बड़ी निर्ममता के साथ कुचला गया पर फिर भी यह तो सत्य है कि अभी तक अङ्ग्रेज़ी सरकार *व्हाइट मैन बर्डेन* का ही राग आलाप रही थी, जिसका सीधा सा मतलब था एक पिछ्ड़े समाज (primitive) को सभ्य (civilize) बनाने के लिए उसका भार गोरे लोगों पर ही तो है, आदि आदि। 1857 के बाद कुछ दशकों तक तो राष्ट्रीय प्रयत्न विभिन्न धार्मिक सामाजिक सुधार आंदोलनो व सांस्कृतिक पुनर्जागरण पर केन्द्रित रहे, और यद्यपि 1885 मे एक काँग्रेस नाम का राजनीतिक संगठन, अस्तित्व मे आ भी गया था, तो भी राष्ट्रिय आंदोलन की धुरी कुछ राजनीतिक कोशिशों पर प्रमुख तौर पर इनही सामाजिक, धार्मिक आंदोलनो पर टिकी हुई थी। कहने का तात्पर्य यह है कि अपने प्रथम चरण मे देश मे राजनीति की भाषा ज़्यादा से ज़्यादा 19वीं शताब्दी की ब्रिटिश शब्दावली से ही प्रभावित रही, जिसमे ब्रिटिश उदारवाद (liberalism), (utilitarianism) आदि का ज़्यादा प्रचलन था। कुछ पढे लिखे भारतीय लोगों/प्रेस के इस ब्रिटिश उदारवाद के प्रति रुझान को – काफी लंबे समय तक अंग्रेज़ एक दिखावा/छलावा ही समझते रहे

और काँग्रेस मे जुटे हुए समूह को बंगाली बाबू लोगों का एक हिन्दू संगठन कह कर पुकारते रहे। 19वीं शताब्दी के उत्तरार्ध मे सय्यद अहमद खान के नेत्रत्व में कुछ मुसलमान भी अब ब्रिटिश सरकार को रिझाने मे व एक मजबूत मुस्लिम संगठन खड़ा करने के लिए राजनीतिक तौर पर सक्रिय हो गए; और काँग्रेस अपनी छवि को एक हिन्दू संगठन नहीं, बल्कि राष्ट्रिय संगठन के रूप मे दिखने के लिए, प्रयासरत हो गई; इसी के साथ उसने कुछ मुसलमान नेताओं को काँग्रेस के वार्षिक सम्मेलनों मे अध्यक्षता करने का निमंत्रण व अन्य सुविधाएं देकर उन्हे रिझाने मे लग गई। यहाँ पर यह अवश्य याद रखना चाहिए कि इस समय तक के राजनीतिक माहौल मे अब हिन्दू शब्द को राष्ट्रिय शब्द के सन्निहित कर दिया गया (यानि जहां अभी तक *हिन्दू और राष्ट्रिय एक ही सिक्के के दो पहलू थे* और दोनों को एक ही अर्थ मे प्रयोग किया जाता था), वहाँ अब से इन्हे दो अलग अलग धाराओं के रूप मे बोलचाल की भाषा मे प्रस्तुत किया जाने लगा। बीसवीं शताब्दी शुरु होते-होते, देश मे प्रयुक्त राजनीतिक शब्दावली मे इन दो शब्दों को एक दूसरे के विरोधी अर्थों मे प्रचारित किया जाने लगा। यही वह शुरुआत थी – जिसने हमारे अपने ही देश मे एक राष्ट्र व्यापी समाज को बहुसंख्यक (majority) के स्तर पर धकेलते हुए उसी समाज के दूसरे हिस्से को अल्पसंख्यक (minority) का दर्जा प्रदान कर दिया।अर्थात अब से हिन्दूसमाज को बहुसन्ख्यक संप्रदाय व मुसलमानो को अल्पसंख्यक संप्रदाय की संज्ञा दी गई और राष्ट्रिय जीवन व उसकी अखंडता पर करारी चोट की गई। आने वाले समय मे ब्रिटिश संरक्षण मे और ज़्यादा - इस तरह की शब्दावली का प्रयोग राजनैतिक जीवन को कलुषित करने के लिए सांप्रदायिक तत्वों द्वारा किया जाने लगा। बस इतना अभी भी बचा हुआ था कि सीधे-सीधे *communal*शब्द का प्रयोग हिंदुओं के लिए शुरू नहीं किया गया था। इस समय तक सांप्रदायिक शब्द बड़े ही सामान्य व साधारण से अर्थों मे प्रयुक्त होता था, और वो भी तब जब किसी संवैधानिक मुद्दे पर बहस होने के दौरान कुछ संवैधानिक तरीकों को ढूंढ निकालना आवश्यक हो जाता था दोनों समुदायों के संदर्भ मे। तो यह था हमारे राष्ट्रिय आंदोलन के प्रथम चरण का चित्र, जिसमे राजनीतिक भाषा व शब्दों के उपयोग मे खास विकृति देखने को नहीं मिलती थी। इस तरह से इसे उस भाषावली का उदारवादी चरण कहा जा सकता है।

राष्ट्रीय स्व-अभिकथन का दूसरा चरण हमने 1905 के बंगाल – विभाजन के बाद प्राप्त किया था। और इस दौरान मे सक्रिय रूप से तथाकथित 'उग्रवादी' नेता सामने आए जो धीरे-धीरे भारत के राजनीतिक पटल पर अवतरित हो रहे थे। इंडियन नेशनल काँग्रेस के पुराने नेतागण (oldguards) ने यह मानना शुरू कर दिया था कि ज़मीन उनके पावों के नीचे से अब

सरक रही थी, और राजनीति मे आए इस उभार से वे बिलकुल भी खुश नहीं थे। अंततः 1907 मे सूरत विच्छेद की घटना घट ही गई – जिसके साथ कुछ नए शब्द भारत की राजनीतिक भाषा का हिस्सा बनने लगे, जैसे *ओल्ड गार्ड्स* अपने आप को *moderates* व दूसरों को *extremists* कह कर सम्बोधन करने लगे और जिसमे उन्होने उन क्रांतिकारियों का भी समावेश कर लिया,जिनके वे लगातार संपर्क मे थे (और जिन्हे इन moderates व ब्रिटिश सरकार ने टेररिस्ट (terrorist) के सम्बोधन से सम्मानित कर रखा था)। कुछ समय के बाद यह उदारवादी तो इंडियन नेशनल काँग्रेस से निकल गए और अपना एक अलग संगठन बनाया *लिब्रल फेडिरेशन* के नाम से, किन्तु इस बीच उग्रवादी गुट की लोकप्रियता काफी बढ़ गई थी और जनमानस पर उनकी अटूट छाप पड़ रही थी – जिसे देखकर कुछ महत्वाकांक्षी मुस्लिम पढे-लिखे उनकी तरफ आकर्षित होने लगे व बदलते हुए नए राजनीतिक माहौल मे अपने संकीर्ण राजनीतिक इरादों को पूरा करने के लिए इनके साथ हाथ से हाथ मिला कर चलने की सोचने लगे ताकि ब्रिटिश सरकार को डरा-धमका कर अपने पक्ष मे कर सकें।यह इनकी एक रणनीतिक चाल थी किन्तु इस पूरे संदर्भ मे यह अवश्य ही विस्मय पैदा करता है कि कैसे बालगंगाधर तिलक जैसे प्रौढ़ नेताओं ने मुस्लिम राजनितिज्ञों की अभिप्रेरणाओं की जांच करना मुनासिब नहीं समझा और 1916 के काँग्रेस-लीग समझौते को स्वीकृति दे डाली व उस जाल मे जा फंसे।इसके बावजूद भी, यह तो सत्य है अभी तक तो यह लोग राष्ट्रवादी के शब्द से ही जाने जाते थे (उनके प्रतिद्वंदी उदारवादी तो अलग ही हो चुके थे) कम से कम महात्मा गांधी के राष्ट्रिय मानचित्र पर अवतरित होने के बाद तक। अतः अभी तक तो इन राष्ट्रवादियों को किसी ने भी किसी अन्य शब्दावली से संबोधित करने की बात नहीं सोची थी। उस समय के भाषण, लेखों मे अभी भी किसी के द्वारा इन राष्ट्रवादी नेताओं के लिए कोई अन्य शब्द देखने को नहीं मिलता।

समय ने अब करवट बदली। राष्ट्रीयता की यह भाषा जो भारत के इतिहास मे एक लंबे समय तक हमारे देश मे चलती रही थी, उसको बहुत जल्दी ही उलट-पलट डाला गया - एक अन्य वाह्य, राष्ट्र-विरोधी भाषा/शब्द आडम्बर की घुसपैठ द्वारा – जिसको गढ़ने वालों मे लेनिन, ट्रोत्स्की जैसे लोगों का नाम आता है विदेशी संदर्भ मे (और देशी संदर्भ मे एम एन रॉय का) 1917 मे हुई रूस की बोल्शेविक क्रांति के पश्चात। बाद के वर्षों मे रूस के द्वारा की जा रही धन-आपूर्ति के माध्यम से हमारे देश मे भी उस भाषा को बढ़ावा मिलने लगा, जिसकी शुरुआत हुई (रूस की) *कम्युनिस्ट इन्टरनेशनल* की एक शाखा के रूप में अक्तूबर 1920 मे (रूस के एक

शहर) ताशकंत मे क*म्युनिस्ट पार्टी ऑफ इंडिया* नामक संस्था की शुरुआत से। यह संभव था कि हमारे राष्ट्रीय आंदोलन में इसका प्रभाव नगण्य रहता, अगर उस समय ब्रिटिश सरकार द्वारा कुछ अभियुक्तों पर षड्यंत्र के मामले लगाकर लंबे समय तक खींचा न गया होता। हुआ यह कि 1924-29 के बीच वामपंथी विचारधारा से प्रभावित कुछ अभियुक्तों पर बड़े ज़ोर शोर से ब्रिटिश सरकार ने षड्यंत्र करने के लिए मामले दर्ज करने शुरू किए (1929-33 के बीच मेरठ षड्यंत्र मामले मे 33 श्रमिक नेताओं पर राजद्रोह का मुकदमा चलाया गया) और इसकी वजह से इन लोगों ने अपने विरुद्ध चल रहे मामलों मे अपनी पैरवी करनी शुरू की तो उनकी भाषा से पुराने क्रांतिकारी भी प्रभावित हुए बिना नहीं रह सके। इस आकर्षण का परिणाम हुआ कि जो देश के लिए त्याग/बलिदान करने वाले महान योद्धा थे देश के अंदर और जो अबतक गर्व के साथ *वंदे मातरम* की जय-जय कार करते थे, वे अब इन्कलाब *जिंदा बाद* का नारा देने लगे। बाद मे ब्रिटिश सरकार ने इस वामपंथी विचारधारा को और फैलाने में एक और बड़ा योगदान किया। उसने कम्यूनिस्ट पार्टी ऑफ इंडिया पर प्रतिबंध लगा कर उसके साहित्य आदि को भी प्रतिबंधित कर दिया और इस प्रकार से जनसाधारण की नज़रों मे इस संगठन को एक शहादत का दर्जा प्रदान किया। किन्तु और विस्मय की बात यह रही कि इसी प्रतिबंधित साहित्य को सरकार ने जेल मे पड़े स्वतन्त्रता सेनानियों व राजनीतिक कैदियों को खुल कर पढ़ने के लिए उपलब्ध करवाया, ताकि उनका ध्यान आतंकवादी (तथाकथित) गतिविधिओं से हट कर इस नए आसानी से उपलब्ध साहित्य की ओर चला जाए और अंग्रेजों की मुसीबत टल जाए। परिणाम यह हुआ कि हमारे बहुत से शुद्ध देशभक्त क्रांतिकारी – इस नए साहित्य/विचारधारा से अवगत होते ही अब मजे हुए वामपंथी बनने शुरू हो गए इन जेलों मे रहते हुए। और जब वे जेल के बाहर आए तब उन्होने कम्यूनिस्ट पार्टी ऑफ इंडिया की संख्या मे अकूत वृद्धि की; एवं इसी प्रवाह मे बहते हुए वामपंथी साम्राज्यवाद मे भी वृद्धि की। यह एक संयोग ही था कि सामान्य जनता (जो इन क्रांतिकारियों को अभी तक प्रबल राष्ट्रभक्त समझती थी) इस नई विचारधारा के साम्राज्यवादी आवेग से अछूती थी, और इसलिए उन्हे उतना ही आदर सम्मान देती रही, जो अब तक दिया था।

देश के राजनीतिक जीवन मे आए इस नए प्रवाह, को जहां एक ओर ब्रिटिश सरकार के कारनामों से विशेष पहचान मिल गयी वहीं दूसरी ओर इंडियन नेशनल काँग्रेस मे इसे विशेष पहचान दिलाने वालों मे जवाहरलाल नेहरू जैसे नेता थे जिन्होने काँग्रेस के समक्ष दिये अपने एक 1929 के अध्यक्षीय भाषण मे इस पर विशेष बल दिया था। अपनी पाश्चात्य शिक्षा, खास तरीके के लालन-पालन, व पिता मोतीलाल नेहरू के संरक्षण के कारण नेहरू शुरू से ही भारत

की भाषा, संस्कृति, इतिहास, परम्पराओं/ या यूं कहें हमारी राष्ट्रीयता व राष्ट्रीय आंदोलन की भाषा से तो पहले से ही काफी असहज रहते थे – क्योंकि उसका स्रोत कहीं न कहीं भारत के अपने इतिहास व संस्कृति मे ही था। किन्तु अब वे धीरे धीरे अंग्रेजों के 19वीं शताब्दी उदारवाद की भाषा से भी कुछ असंतुष्ट होते देखे गए और वामपंथी भाषा के आ जाने से कहीं बहुत ही संतोष महसूस करने लगे। जवाहरलाल ने इसे न केवल अपनाया बल्कि आत्मसात भी करना चाहा। अपनी इस ललक मे यह अपने को अकेला शायद पाते – अगर एक अन्य महत्वपूर्ण परिवर्तन घटनाचक्र मे देखने को नहीं मिलता। बात अब यह हुई कि 20वीं शताब्दी जैसे जैसे आगे बढ़ रही थी – वामपंथ की यह भाषा पश्चिम के कुछ अग्रिणय शिक्षा संस्थानो मे लोकप्रियता पाने लगी। अतः (बावजूद इस तथ्य के कि वामपंथ विचारधारा अपने मूल रूप मे पूंजीवाद से बिलकुल भिन्न नहीं थी और शायद पाश्चात्य जगत कहीं न कहीं इससे भिज्ञ भी था) यह वहाँ की सोच समझ मे पैठ बनाती चली गई। भारत मे उभरती युवा पीढ़ी मे से कई विदेश जाकर वहाँ की शिक्षा दीक्षा मे प्रवीण होकर जब स्वदेश लौटने लगे, तो उनमे एक नयी व्यवस्था(!) के सपने को साकार करने का जोश उमड़ पड़ा। उनमे से कई तो वहाँ के विश्व विद्यालयों की डिग्री लेकर लौटे और भारत मे आकर प्रोफेसर, पत्रकार, राजनीतिक कार्यकर्ता आदि बने – जिसके फलस्वरूप उन्होने वहाँ से अर्जित ज्ञान व शब्दावली को अपने विद्यार्थियों मे प्रचारित किया, यहाँ के राजनीतिक जीवन को वामपंथी शब्दावली के द्वारा मथना शुरू करते हुए सर्वत्र उसी विचार श्रेणियों का लोकप्रियकरण शुरू किया और भारतीय मेधा मे फैलाना शुरू किया। इन सभी बातों के गुणक प्रभाव को यदि देखें तो समझ मे आता है कि 20वीं शताब्दी (तीसरे दशक का मध्य आते आते) नेहरू आदि को काँग्रेस के अंदर व बाहर अनुगामियों की एक बढ़ती हुई संख्या का आश्वासन हो गया – खासतौर पर वे जो अंग्रेजी भाषा मे पारंगत लोग थे। इसी का परिणाम हुआ था कि जब दोबारा 1936 मे नेहरू काँग्रेस के अध्यक्ष बने तो सारा राजनीतिक माहौल वामपंथ की हवा से गुलजार था, जिसमे यत्र-तत्र-सर्वत्र साम्यवादी भाषा/वाक्याडंबरों की महक फैली थी। ऐसे शब्द जिन्हे पहले सुना नहीं गया था –अब बोलचाल मे प्रयुक्त होने लगे, जैसे –*बुरजुआ, प्रोलिटेरियट, क्लास स्ट्रगल, क्लास-कोलेबोरेशन, रेवोलुशन-काउंटर रेवोलुशन, बुर्जुया नेशनलिस्म, प्रोलिटेरियट इंटर-नेशनलिस्म, बुर्जुया डेमोक्रेसी, प्रोलिटेरियट डिक्टेटरशिप, प्रोग्रेस्सिव रोल, रेयक्शनरी रेजिसटेन्स, फासिस्ट फोरसिस, डेमोक्रेटिक फ्रंट*, आदि । यही वो दौर था जब कुछ पत्रिकाओं, पर्चे आदि अङ्ग्रेज़ी, व कई भारतीय भाषाओं मे लिख/छाप कर साम्यवादी विचारधारा व उसके

वाक्यडंबर/शब्दआडम्बर) को बड़े वेग से फैलाया जाने लगा।

ऊपर दिये शब्दों की अगर जांच की जाए तो लगता है कि यह साधारण बोलचाल की भाषा नहीं थी बल्कि कुछ खास तकनीकी व दीक्षासम्बन्धी शब्दावली थी, जिसे समझना उनके लिए ज़्यादा आसान था जो लेनिन आदि के विचारों से अवगत थे, क्योंकि उनमे साम्यवादी संदेश व अर्थ निहित थे। यदि शब्दकोश की मदद से इन्हे समझने का प्रयास किया जाए, तो कुछ भी समझ मे आना मुश्किल होगा। सामान्य राष्ट्रवादियों को इसे समझने मे शायद कुछ मुश्किल भी हो रही हो;गांधी व उनके कुछ अनुयायिओ को भी यह स्पष्ट होने लगा था कि उपरोक्त भाषा व वाक्य आडंबर का उद्येश्य - उतना सीधा नहीं, जो दिखाया जा रहा था किन्तु उसका अर्थ, स्वरूप व उद्येश्य समझने मे निश्चय ही कठिनाई हो रही थी। पर जल्दी ही स्थिति कुछ स्पष्ट होने लगी। 1942-45 तक आते-आते तो देशभक्त व राष्ट्रवादियों के लिए इन वामपंथियों की पहचान रूस के एजेंट के रूप मे कर पाना मुश्किल न रहा, व उनके उद्येश्य भी स्पष्ट होने लगे – यद्यपि *उनकी भाषा की जांच* बाद के वर्षों मे भी नहीं की गई। परिणाम यह हुआ कि स्वतन्त्रता मिलने के बाद जब देश का नेतृत्व जवाहरलाल नेहरू के हाथ मे आया तब 17 साल तक वे इसी भाषा व विचार का दायरा बढाते चले गए। समय के साथ, इसी को जनसाधारण से वोट लेनेका, राजनीति मे आगे बढ़ने व सत्ता तक पहुँचने का एक जरिया बना लिया गया –और *राष्ट्र हित मे इस्तेमाल किया जाएगा* – की उद्घोषणा के साथ ही वरण किया गया (!) यह तो अब तक दिखने लगा है, कि वामपंथियो द्वारा यह दावा कि उन्होने अपनी इस भाषा को राष्ट्रिय आंदोलन के दौरान अर्जित अनुभवों के परिणामस्वरूप विकसित किया, पूरी तरह आधारहीन था। ठीक इसके विपरीत यह स्पष्ट हो रहा है कि सोवियत रूस की क्रांति के बाद, सोवियत धन की मदद से उसके अनुयाइओं द्वारा भारतीय राष्ट्रिय आंदोलन के दौरान इसे आयातित किया गया और 20वीं शताब्दी के पाँचवाँ दशक तक आते-आते उसी भाषा को हमारे आंदोलन की प्रभावशाली भाषा बना दिया गया।

इस पूरे निबंध का एक अन्य महत्वपूर्ण पक्ष हमे भली प्रकार से समझना होगा। अगर इस *आयातित* जुमलों/भाषा/मुहावरों की नजदीकी से जांच की जाए तो हमे यह ब्रिटिश साम्राज्यवाद से बहुत परे नहीं दिखती;और कहीं न कहीं इस्लामिक, ईसाई मजहबी रुझान के भी बहुत समीप नज़र आएगी। यद्यपि इनके बारे मे सर्वत्र यह विचार फैला दिया गया कि वामपंथी विचारधारा कट्टर रूप से साम्राज्यविरोधी है; कि यह सर्वहारा वर्ग की हितैषी और

पूंजीपति वर्ग की शत्रु है। लेकिन सच्चाई बिलकुल इसके विपरीत थी (जो अब हमारे सामने खुल कर आ रही है)। पश्चिम के कुछ प्रमुख विचारकों के तो यह मत है कि ईसाई साम्राज्यवाद, से इसकी तुलना करने पर फर्क केवल दोनों की भाषा मे है – उद्येश्य, शैली, तरीके सभी एक से हैं।बर्ट्रेन्ड रसिल लिखित *हिसटरि ऑफ वेस्टर्न फ़िलॉसफ़ि* को पढ़ते हुए एक रुचिकर तुलना दिखी ईसाईयत व मार्क्सवाद मे (जिस पर एक लेबनीज़ विद्वान जादे साब ने भी टिप्पणी की):

Yahweh - Dialectical Materialism

The Messiah - Marx

The Elect – Proletariat

The Church – The Communist Party

The IInd coming – The Revolution

Hell – Punishment of the Capitalists

The Millenium – The Communist Commonwealth

इनकी एक अन्य महत्वपूर्ण पुस्तक है *दी प्रैक्टिस एंड थियोरी ऑफ बोलशेविस्म* – जिसमे उन्होने बड़े ही खुलकर अपने विचारों को व्यक्त किया उस रूस के बारे में, जिसकी उन्होने क्रांति के कुछ ही समय के बाद यात्रा की, यह देखने के लिए, कि वहाँ क्या परिवर्तन आया 1917 की क्रांति के बाद। उन्होने पाया कि बोल्शेविक अपने देश मे सर्वहारा वर्ग के अधिनायक वाद का दावा कर रहे हैं, और पश्चिमी जगत मे बहुत से समाजवादी इस बात का प्रचार करते हैं कि रूस मे सरकार की *डिक्टेटरशिप* नहीं है – बल्कि उसका संचालन सर्वहारा वर्ग ही करता है। किन्तु बर्ट्रेनड रसिल ने पाया कि वहाँ पूरी डिक्टेटरशिप ही थी, जिसमे बोल्शेविक पार्टी *सर्वहारा* उसे मानती थी –जो हमेशा असली अधिनायक व्लादिमीर लेनिन (जो अपने जीवन मे कभी भी एक फैक्टरी के मजदूर नहीं रहे) की बात से सहमत रहे। अतः उनका यह विश्वास और दृढ़ हो गया कि 1917 के बाद रूस मे आया समाजवाद, शायद पश्चिमी यूरोप मे व्याप्त पूंजीवाद से कहीं बत्तर है। एक विद्वान ने रसिल महोदय के विचारों पर टिप्पणी करते हुए लिखा कि रूस मे उन्होने जिस समाजवाद (!) को पाया उसमे, “He saw a *new kind of dictatorship*, one that combined aspects of the French Revolution with the Islamic religion during the life of Muhammad”.

विश्व इतिहास मे जिन अन्य साम्राज्यवादी ताकतों की चर्चा होती आई है, यह विचारधारा उनकी सहयोगी व सहायक थी (न कि प्रतिद्वंदी – जैसा कि प्रचारित किया गया)। इस पूरे विषय की गूढ विवेचना करने पर इसका सत्य स्वरूप उभर कर सामने आ जाएगा, व भारतीय राष्ट्रवादी ताकतों के लिए यह घातक कैसे रही, यह भी स्पष्ट हो जाएगा। भारत मे वामपंथी भाषा की पहुँच पहली बार साम्यवादी साम्राज्यवाद के जरिये हुई, जिसके प्रमुख प्रवक्ता थे *एम एन रॉय*, जिन्होने अपनी पुस्तक *इंडिया इन ट्रांज़िशन* (1922) मे लगभग सभी उन धारणाओं को लिख डाला जो आगे चलकर कम्यूनिस्ट पार्टी ऑफ इंडिया के (या अन्य वामपंथी गुटों के भी) आधारस्तंभ बने रहे। एम एन रॉय द्वारा कुछ बीज शब्दों का प्रयोग किया गया है, जिनकी चर्चा करना आवश्यक है क्योंकि तभी उनका आशय स्पष्ट हो पाएगा। भारतीय राष्ट्रिय आंदोलन मे जो दो पक्ष हमने देखे – उनमे से एक वह था जो भारत मे ब्रिटिश राज्य को एक दैवीय सत्ता के रूप मे देखता था और नव-भारत निर्माण का उनका स्वप्न -19वीं शताब्दी ब्रिटेन की ही छवि मे ढलता गया। इंडियन नेशनल काँग्रेस मे इन लोगों का दबदबा 20वीं शताब्दी के शुरुआत तक रहा, उस समय तक जब तक एक दूसरे पक्ष ने इन्हे खुली चुनौती देते हुए बाहर का रास्ता नहीं दिखा दिया। इन लोगों को एम एन रॉय ने *बुर्जुआ लिबरल, मॉडर्न इंटलेक्चुयल, रेडिकल लीडर्स, रेडिकल इंटेलिजेंशिया या फिर denationalized intellectuals* की उपाधि भी दी। दूसरा ग्रुप उन लोगों का था जो ब्रिटिश शासन को *ईविल* के रूप मे देखते रहे (जिसे अंग्रेजों ने ज़बरदस्ती भारत पर थोपा था)। अतः वे अपने देश के भविष्य का निर्माण अपने ही देश की दृष्टि, प्राथमिकताओं (जो भारतीय संस्कृति/इतिहास मे परिलक्षित होती थीं) के आधार पर करना चाहते थे। यह लोग 1905 के बाद के काल मे प्रभावशाली और आगे चलकर महात्मा गांधी के नेत्रत्व मे एकजुट हुए। ऐसे लोगों को एम एन रॉय ने *ओर्थोडौक्स नेशनलिस्ट, रैडीकल, एक्सट्रीमिस्ट, व हिन्दू नेशनलिस्ट* कह कर संबोधित किया है। अर्थात इसका मतलब यह भी निकलता है कि एम एन रॉय *इंडियन नेशनलिस्म व हिन्दू नेशनलिस्म* मे भेद पैदा करने की कोशिश शुरू कर चुके थे। (1920 मे जबसे एम एन रॉय महोदय लेनिन के बहुत ही खास बन गए, यह कई वर्ष तक *कम्यूनिस्ट इंटरनेशनल* के अग्रणीय नेता के रूप मे कार्य करते रहे। भारत मे एक सैन्य क्रांति लाने का उनका पहले का जोश ठंडा नहीं हुआ था और उन्होने रूसी शस्त्रों का एक जखीरा भारत की पश्चिमोत्तर सीमा पर पहुंचवाने की भी पुरजोर

कोशिश की थी -जिसमे उनको मदद देने वाले वहाँ के कई मुहाजिर भी शामिल थे – जो भारत मे पुनः *दारुल इस्लाम* के स्वप्न को साकार करने के लिए आतुर थे और विदेशी शस्त्रों की तलाश मे इधर उधर घूम रहे थे। एम एन रौय का यह स्वप्न अधूरा ही रह गया क्योंकि ब्रिटिश क्रियाशीलता की वजह से साम्यवादी-इस्लामिक गठजोड़ का रास्ता अवरुद्ध हो गया। अतः इसके बाद से एम एन रॉय के पास अगर कोई औज़ार बचा था तो वो थी उनकी कलम – जिसे उन्होने बाद के वर्षों मे बड़ी ताकत से चलाया)। स्थानाभाव के कारण यहाँ पर शायद उनके द्वारा भारत के इतिहास के बारे मे खींचे गए चित्र को विस्तार से प्रस्तुत कर पाना संभव न हो,फिर भी कुछ मुख्य बिन्दुओं को अवश्य ही दिखा देना ठीक होगा: (1) अंग्रेजों के आने के पहले भारत कभी भी एक राष्ट्र नहीं रहा है, बल्कि विभिन्न राष्ट्रीयताओं का एक समूह मात्र था। (2) 1857 के विप्लव को एक पतनोन्मुख, सामंतीय व्यवस्था का प्रतिक्रियावादी विद्रोह मानना ही ठीक होगा, जो सामाजिक दृष्टि से अङ्ग्रेज़ी कौम को यहा से हटा कर मुग़ल/मराठों का शासन लाना चाहता था। (3) अपने से भारतवासी राजनीतिक चेतना, देश-भक्ति/राष्ट्रवाद को जगा पाने मे अयोग्य थे, क्योंकि एक बड़ी संख्या मे उनकी जनता गावों मे रहती थी, सामाजिक ठहराव व अज्ञानता का शिकार थी; राष्ट्र की गुलामी व उसकी स्वतन्त्रता उनके समझ के परे की बातें थीं। (4) केवल पश्चिम-मुखी पढे-लिखे देश के नवयुवक ही *प्रोग्रैस* का अर्थ/महत्व समझ सकते थे और भारत को नया जीवन देने के काबिल थे। (5) यह denationalized intellectuals ही भारत के एक लंबे इतिहास मे पहली बार थोड़ा बहुत राजनीतिक जागृति या राष्ट्रिय भाव जागा पाने मे सहयोगी बन पाये। (6) इन्ही denationalized intellectuals की वजह से भारत मे पहली बार एक विकासवादी राष्ट्रवाद, और उसी के कारण, क्रांतिकारी राष्ट्रवाद (revolutionary nationalism) का रास्ता खुल सका – क्योंकि इन्होने पुरानी सड़ी गली सामाजिक व्यवस्था एवं धार्मिक अंधविश्वासों को अपनी राजनीतिक गतिविधिओं से चुनौती दी। (7) अंग्रेजों की व्यवस्था भारतीय इतिहास मे अबतक की सबसे बेहतरीन व्यवस्था थी, क्योंकि उसमे लोकतान्त्रिक अधिकारों की बात उठाई गई जिसके लिए देश की नई पीढ़ी प्रयासरत थी। (8) कॉंग्रेस के दूसरे गुट (orthodox nationalist) तो पहले से ही प्रतिक्रिवादी लोग थे जिनकी रुचि देश को 1857 के पहले की स्थिति मे पहुंचा देने मे थी। (9) स्वामी विवेकानंद जैसे लोग जिस तरह की बातें करते हैं वे केवल उनके *आध्यात्मिक साम्राज्यवाद की ही द्योतक* हैं - यद्यपि इसके राजनीतिक दर्शन को श्री अरविनदों घोष, बिपिन चन्द्र पाल जैसों

ने विकसित किया, किन्तु बुनियादी दर्शन तो विवेकानंद का ही था (जो स्वयं *petit bourgeoisie class* का प्रतिनिधित्व करते थे)। यह व्यक्ति भी तिलक की तरह हिन्दू राष्ट्रवाद की बात क़रता था, जो भारत के भविष्य का निर्माण हिंदुओं की सांस्कृतिक श्रेष्ठता पर करना चाहता था, और जिसे हमेशा हिन्दुत्व (न कि भारतीय राष्ट्रवाद) की ही सुध रही। अतः एम एन रॉय के अनुसार विवेकानंद तो आध्यात्मिक साम्राज्यवाद की जीती जागती मिसाल थे। (10) ऐसे लोगों के नेत्रत्व मे जो क्रांतिकारी पले-बढ़े, वे सभी *प्रतिक्रियावादी* थे और ब्रिटिश शासन को उखाड़ फेंकने की बात सोचने लगे; देश को एक नए युग की तरफ ले जाने के स्थान पर उसे पुराने स्वर्ण-युग की तरफ ले जाने की बात सोचने लगे (*जो कि पता नहीं था भी या नहीं?*) (11)इसी तरह से गांधी द्वारा 1921 मे चलाया गया असहयोग आंदोलन – इनके अनुसार भारत के साधारण लोगों की अज्ञानता का फायदा उठाते हुए उनके शोषण का एक नया तरीका था, जो उन्हे सिर्फ अंधकार की तरफ धकेल रहा था; यह आंदोलनकर्ता अपने को क्रांतिकारी जताते हुए सामान्य लोगों की आर्थिक, सामाजिक जरूरतों की पूर्ति न करते हुए – कुछ संदिग्ध तरीकों से उन्हे अपनी ओर खींचते हुए – राष्ट्रवाद को धर्म का दर्जा देते हुए, गांधी को राजनीतिक क्षितिज पर महात्मा बनाते हुए – बाकी सभी सामाजिक/राजनीतिक ताकतों को पीछे धकेलने का प्रयास करते हैं। सो वामपंथी विचारों के अनुसार भारतीय राष्ट्रवाद का सबसे प्रतिक्रियावादी स्वरूप हमे गांधीवाद मे देखने को मिलता है। इनके विचार मे गांधी अपनी सब गतिविधिओं के बावजूद वही भाषा बोल रहे थे जो एक समय मे तिलक, श्री अरविंद, या बिपिन चंद्र पाल ने बोली थी। एम एन रॉय के अनुसार गांधी युग, या गांधी पंथ कोई बहुत बड़ा नवप्रवर्तन नहीं था, और अगर उसे हम उसके छिछली क्रांतिकारी दिखावे से अलग हटा दें या फिर गांधी की पैनी राजनीतिक समझ से दूर कर के देखें, तो जो तिलक कहते थे और जो गांधी कह रहे थे, उसमे कहीं कोई अंतर नहीं था।

इस तरह की छवि जो एम एन रॉय के कलम के द्वारा भारतीय राष्ट्रीय आंदोलन की खींची गई, उसकी परंपरा को 1929 (जब एम एन रॉय को कम्यूनिस्ट इंटरनेशनल से निकाल दिया गया) के बाद-आर पी दत्त (जो ब्रिटिश कम्यूनिस्ट पार्टी से जुड़े हुए थे) ने सम्हाल लिया व उसी धार को और तेज़ करते हुए गांधीजी के खिलाफ अपना पहला तीर छोड़ा अपनी पुस्तक *मॉडर्न इंडिया* (लंदन, 1926) के माध्यम से। इसमे लेखक ने गांधी की आध्यात्मिक दृष्टि को

उनका *वर्ग-हित* (class interest) की अभिव्यक्ति बताया और जिस भाषा का प्रयोग किया उसका एक नमूना यह है, “The ‘spirituality’ of Gandhi is only the expression of this class interest. All parasitic and propertied classes have to weave around themselves a fog of confused language, superstition, tradition, religion, revivalism, etc. in order to hide from the masses the fact of their exploitation”. जल्द ही छटी *कम्यूनिस्ट इंटरनेशनल* के माध्यम से गांधीजी पर तीखा युद्ध छेड़ दिया “Tendencies like Gandhism in India, thoroughly imbued with religious conception, idolize the most backward and economically reactionary forms of social life … Gandhism is more and more becoming an ideology directed against mass revolution. It must be strongly combated by Communism”. और इस कम्यूनिस्ट उन्माद को विस्तार दिया अपने लेख मे जो वर्ष 1931(मई) मे छापा था।

यद्यपि वामपंथी बाहरी तौर पर तो इंडियन नेशनल काँग्रेस पर भी वाणी से प्रहार करते रहे यदा कदा, किन्तु उनके प्रहार का मुख्य केन्द्रबिन्दु गांधी ही रहे, इस आधार पर कि भारत की मेहनत कश जनता की ताकत का वे ब्रिटिश शासन के खिलाफ इस्तेमाल क्यों नहीं कर रहे।और सबसे रुचिकर बात यह हुई कि जब 1930 मे गांधीजी ने एक बड़ा जन आंदोलन शुरू करने की ठान ली, तो इन वामपंथियों ने अपने को इससे बिलकुल अलग कर लिया। कालांतर मे इंडियन नेशनल काँग्रेस को पूँजीपतियों का एक वर्ग संगठन बताते हुए अपना एक *ड्राफ्ट प्लान ऑफ एक्शन* तैयार किया – जिसमे इन्होंने राष्ट्रिय आंदोलन पर कुठराघात करने की कोशिश कीउससे ट्रेड यूनियन आंदोलन को अलग करते हुए (जिस पर कि अब तक वे रूसके धन बल से कब्जा जमा चुके थे)।

भारतीय राष्ट्रियता की धारा को मोड़ने व राष्ट्रिय आंदोलन की बिगड़ती भाषा की अगली कड़ी वो थी जिसमे काँग्रेस सोशलिस्ट पार्टी (जिसका गठन 1934 मे हुआ) के माध्यम से कम्यूनिस्ट पार्टी ऑफ इंडिया ने इंडियन नेशनल काँग्रेस मे अपनी घुसपैठ बनाई और रूस के खुले प्रोत्साहन पर व जोड़तोड़ के जरिये से सीधा हस्तक्षेप शुरू किया। भारतीय कम्यूनिस्ट पार्टी (जो कि कम्यूनिस्ट इंटरनेशनल से जुड़ी थी) की तरह इन समाजवादियों के पास धन प्राप्ति व किसी संगठनात्मक ढांचे से मदद मिलने का कोई साधन नहीं था। जैसे-जैसे रूस की आवश्यकताएँ स्पष्ट होती गईं अंतर्राष्ट्रीय सम्बन्धों के संदर्भ मे, वैसे वैसे वामपंथी भाषा मे भी बदलाव दिखने लगे। अभी तक वे काँग्रेस सोशलिस्ट पार्टी को एक *petit bourgeoisie left reformists* कह कर हीन बताने की कोशिश कर रहे थे, अब उसे इंडियन नेशनल काँग्रेस का क्रांतिकारी वाम भाग बताने लगे और यहाँ तक कि बदली हुई परिस्थितियों मे कम्यूनिस्ट पार्टी ऑफ इंडिया इंडियन नेशनल काँग्रेस को भी पूँजीपतियों के वर्ग संगठन के स्थान पर *broad national front of all patriotic people* पुकारने लगी। सच तो यह था कि अपनी अंतर-राष्ट्रीय परिस्थितियों को देखते हुए रूस को जर्मनी के बढ़ते सैन्यवाद से असुरक्षा का भाव होने लगा था, जिसके मुक़ाबले के लिए उसे इंग्लैंड, फ्रांस जैसे देशों के मित्रता आवश्यक दिख रही थी। किन्तु वो इतना आसान नहीं था। ऐसे परिस्थितियों मे रूस ने कम्यूनिस्ट दलों पर अपनी नज़र गढ़ाई और इन दोनों ही देशों से मदद मांगने की पृष्ठभूमि तय की। इस जतन मे उसे सबसे बड़ी मददगार कम्यूनिस्ट पार्टी ऑफ इंडिया दिखी, जो एक ओर तो इंडियन नेशनल काँग्रेस को अपने अनुकूल बनाकर ब्रिटेन को प्रभावित कर सके, एक नए जन आंदोलन के शुरू किए जाने के खतरे से। कम्यूनिस्ट पार्टी ने यह फैलाना शुरू किया कि लंदन की *पोप्युलर फ्रंट गवर्नमेंट* भारत मे स्वतन्त्रता व लोकतंत्र की सबसे बड़ी गारंटी है। समाजवादी पार्टी भी अब तक रूस को *मजदूरों के हितों का एक स्वर्ग* की संज्ञा दे चुकी थी, इस तरह से एक नई भाषा के मायाजाल मे जा फसी (जिसे वह राष्ट्रियता की भाषा मान बैठी)। यद्यपि आगे समूची स्थिति को देखकर इन दोनों ही संगठनो के आपसी रिश्तों मे कुछ खटास अवश्य आई; किन्तु जहां तक भारतीय राष्ट्रवाद और उससे जुड़े इतिहास, समाज, संस्कृति की बात थी – काँग्रेस सोशालिस्ट पार्टी के आंकलन का आधार वही रहा जो वामपंथियों ने कहा, अर्थात हिन्दू समाज उनकी दृष्टि मे सांप्रदायिक (communalist), उग्र राष्ट्रवादी (chauvinist), फासिस्ट, पुनरुत्थानवादी (revivalist), प्रतिक्रियावादी (reactionary) था।

यह वो समय था जिसके दौरान भारत मे वामपंथी लोगों ने राष्ट्रीय आंदोलन पर अपना कब्जा जमाने की आखिरी कोशिश की। (19वीं शताब्दी से ही मजदूरों की बिगड़ती हालत पर भारतीय नेताओं का ध्यान खींच चुका था और कई मजदूर संघ भी अस्तित्व मे आ चुके थे इतने वर्षों मे। हमे ज्ञात ही है कि बाल गंगाधर तिलक, लाला लाजपत राय जैसे राष्ट्रवादी नेताओं का प्रभाव काँग्रेस मे बढ़ते ही इन मजदूरों के हितों पर सक्रियता से विचार विमर्श शुरू हो चुका था। 1903-1908 के बीच एक ऐसा दौर रहा स्वतन्त्रता आंदोलन मे, जब इतिहासकार बिपिन चन्द्र के अनुसार, पेशेवर आंदोलनकारियों का आविर्भाव हुआ स्वदेशी आन्दोलन के दौरान; जिसमे अश्वनी कुमार दत्त, प्रभात कुमार राय चौधरी, प्रेमतोष बोस व अपूर्व कुमार घोष आदि बड़े

नेताओं ने अपने को श्रमिक आंदोलन/संगठनो का पूर्णरूपेण सेवक घोषित कर दिया। अतः देश के इतिहास मे श्रमिक चेतना बहुत महत्व रखती है। किन्तु 20वीं शताब्दी आते ही ऐसा क्या हुआ? उत्तर है 1917 की बोल्शेविक क्रांति, व तदुपरान्त रूस मे हुई राजनीतिक उथल-पुथल, जिसने वहाँ जिन संगठनो को जन्म दिया – जैसे Comintern– इसने अपने साम्यवादी विचारों को जब विश्व इतिहास पर थोपना शुरू किया, तब उपनिवेशों की स्थानीय परिस्थितियाँ बदलने लगीं)। भारत मे अब लेनिन के विचारों का विस्तार करने हेतु, कम्यूनिस्ट पार्टी ऑफ इंडिया का गठन किया गया, और भविष्य मे राष्ट्रीय आंदोलन मे साम्यवादी भाषा की घुसपैठ की योजना का क्रियान्वन - भारत के श्रमिक आंदोलन को हथिया लेने से ही शुरू हो गया। 21 अक्तूबर 1920 मे अखिल भारतीय ट्रेड यूनियन काँग्रेस (AITUC) की स्थापना, 1927 तक इसके साथ 57 और श्रमिक संगठनो का संबंध स्थापित हो जाना – इस आंदोलन के एक लंबे अस्तित्व का प्रमाण है – जिस पर गांधीजी व अन्य नरमपंथी राष्ट्रिय नेताओं का संरक्षण रहा। पर 1927 आते-आते वामपंथियों के उदय के साथ, AITUC का दो भागों मे बंट जाने की महत्वपूर्ण घटना घटी–जिसके एक हिस्से पर मॉस्को गुट का दुष्प्रभाव पड़ना शुरू हो गया, और अबसे *लाल अंतर-राष्ट्रिय श्रमिक संघ*(एवं 1929 मे *एआईटीयूसी* का विभाजन व लाल ट्रेड यूनियन काँग्रेस का गठन) आदि का संचालन, मॉस्को से होने लगा। वास्तविकता यह थी कि 1930-31 के सविनय अवज्ञा आंदोलन मे श्रमिकों ने कंधा से कंधा मिलाकर भाग लिया था और बड़ी संख्या मे गिरफ्तारियाँ दीं। 1934 मे हम कॉंग्रेस सोशलिस्ट पार्टी के गठन की घटना देखते हैं, जिसके नेता जय प्रकाश नारायण बनाए गए। 1938 तक मजदूर संघों की संख्या 296 पहुँच गई। किन्तु अब 1942 के भारत छोड़ो आंदोलन के समय *एआईटीयूसी* के राष्ट्रवादी गुट को साम्यवादियों के कारण बहुत कष्ट झेलने पड़े खास तौर पर तब जब उसने खास तौर पर तब जब उसने क्रमशः –महात्मा गांधी व इंडियन नेशनल आर्मी के प्रेरणा स्रोत बने सुभास चंद्र बोस जैसे महान राष्ट्र भक्तों को साम्राज्यवादी कुत्ता, टोजो का कुत्ता जैसे शब्दों से नवाजते हुए अपनी घटिया मानसिकता का परिचय दिया, और १९४२ के आंदोलन को असफल बनाने मे कुछ भी उठा नहीं रखा। यद्यपि युद्ध की घटनाओं के फलस्वरूप वामपंथी मजदूर नेता पूर्णरूप से अविश्वसनीय हो गए, पर दुर्भाग्यवश *एआईटीयूसी* मे इनही का वर्चस्व बना रहा – न कि सरदार वल्लभ भाई पटेल आदि का (जिन्हे एक अलग *एआईटीयूसी* की स्थापना करनी पड़ी)।

इसी बीच जब काँग्रेस द्वारा 1935 के भारत सरकार अधिनियम के तहत चुनाव लड़ने

का निर्णय लिया गया तब पुनः वामपंथी इंडियन नेशनल काँग्रेस के लिए विरोधी स्वर उठाने मे लग गए इस भाषा का इस्तेमाल करते हुए कि वह अपने पूंजीपतिसामंतवादी हितों की सुरक्षा हेतु ब्रिटिश साम्राज्यवादी ताकतों से संधि के पक्ष मे रहती है; कि वह दक्षिणपंथी (rightist) संगठन है, और इसलिए ही उसका वामपंथी भाग इस राष्ट्रिय संगठन का लोकतांत्रिकरण करने का प्रयास कर रहा है उसमे मजदूर, किसान आदि को दाखिल करके – ताकि राष्ट्रिय स्तर पर यह संगठन इन क्रांतिकारी तत्वों की मदद से देश मे क्रांति का माहौल बना सके, और अंतर्राष्ट्रीय स्तर पर *फासिस्ट* ताकतों के खिलाफ लड़ाई करने मे सहयोग दे सके। काँग्रेस के अंदर इन वामपंथी स्वरों के प्रश्रयदाता जवाहरलाल नेहरू ने शुरू मे तो इस कम्यूनिस्ट-सोशलिस्ट गठजोड़ से कुछ दूर दिखते रहे किसी सोच समझ के तहत, किन्तु बाद मे इन्होने उसका भरपूर उपयोग भी किया अपने सबसे प्रबल प्रतिद्वंदी सरदार पटेल पर लांछन लगाने मे – उन्हे एक घोर प्रतिक्रियावादी राजनेता के रूप मे प्रस्तुत करने, जिनकी संधि हमेशा टाटा-बिरला जैसे पूँजीपतियों से ही होगी, जो एक घोर फासिस्ट हैं और इसलिए समस्त लोकतान्त्रिक, प्रगतिशील, समाजवादी ताकतों के दुश्मन भी, इत्यादि। अन्य विरुद्ध मत रखने वाले राष्ट्रिय नेताओं पर भी उसी तरह के लांछन लगते रहे जैसे कि सरदार पटेल के संदर्भ मे हमे देखने को मिलते हैं । इस तरह से वामपंथ के प्रचार, प्रसार ने हमारे राष्ट्रिय आंदोलन के बहुत से ऐसे नेतागण जो देश की लड़ाई मे अपना सर्वस्व छोड़ कर आ गए थे और सादगी भरा जीवन जीते थे, राष्ट्र के प्रति गौरव का भाव रखते थे और चरित्र मे श्रेष्ठ थे – उन सबकी छवि को धूमिल करने मे कोई कसर नहीं छोड़ी। यही वो समय था जब राजनीतिक व्यवहार व उसका चरित्र बदलता हुआ खुले रूप से दिखने लगा, क्योंकि कुछ वरिष्ठ नेता अपने आचार व्यवहार मे उस स्तर पर गिरकर वामपंथियों का प्रतिकार कर पाने मे असफल रहे – जिस स्तर पर वामपंथी गुट उतर आया था।

अपने लंबे इतिहास मे इंडियन नेशनल काँग्रेस ने शायद कई उतार चढ़ाव देखे होंगे, और इस दौरान विभिन्न गुटों मे आपसी मत-मतांतर भी रहे होंगे, पर शायद उनको पहले के वर्षों मे बहस आदि से सुलझाने का प्रयास किया जाता रहा होगा। 20वीं शताब्दी के इस चरण मे पहली बार यह देखने को मिला कि अब इंडियन नेशनल काँग्रेस मे जो मतभेद उभर कर आ रहा था, उसका कारण थी – एक आयातित विचारधारा/शब्दावली/नारे – जिसे एक बाहर के देश से आयात करके उसी के हित मे इस्तेमाल करने पर बल दिया जा रहा था – ताकि अन्य यूरोपीय

देशों/प्रतिद्वंदीयों से रूस अपनी विदेश नीति मे अपने हितों के प्रश्न पर भारी पड़ सके। और जिन मुद्दों पर वामपंथी इंडियन नेशनल काँग्रेस की तत्कालीन लीडरशिप पर टूट पड़े थे, उनकी प्रासंगिकता भारत के हितों से कहीं भी मेल नहीं खाती थी। इसका एक दूसरा प्रमाण यह भी था कि सुभास चन्द्र बोस जैसे निर्मल चरित्र वाले राष्ट्रवादी (जिनपर वामपंथियों ने अपनी नज़र गढ़ाई हुई थीं महात्मा गांधी की छवि धूमिल करने के लिए)– आगे चलकर उनका ही साथ इन्होने छोड़ दिया, जैसे ही मॉस्को के द्वारा इशारा मिला। परिणाम यह हुआ कि एक ओर तो कॉग्रेस को एक महान देशभक्त की बली दे देनी पड़ी, वहीं दूसरी ओर काँग्रेस को भी द्वितीय विश्व युद्ध शुरू हो जाने से ज़बरदस्त दबाव के कारण अपने मंत्रिमंडलों को खत्म कर देना पड़ा अपना इस्तीफ़ा देते हुए। और इसका परिणाम जो हुआ वह तो देश के सामने अगले दशक के पूरा होने के पहले ही आ गया।

मुस्लिम लीग का रास्ता अब पूरी तरह से साफ हो गया, उसका मुहतोड़ जवाब देने वाला अब भारत के राष्ट्रीय पटल पर दिख नहीं रहा था। काँग्रेस के संगठन मे अभी तक कई ऐसे लोग थे जो धनी सुसंकृत परिवारों के थे और निस्वार्थ भाव से राष्ट्रिय आंदोलन मे थे - किन्तु मात्रभूमि के लिए दिये जा रहे इस बलिदान को वामपंथी भाषा मे प्रतिक्रियावादी, फासिस्ट तत्वों के जमावड़े का नाम दिया जाने लगा – जो पूंजीपति हितों के दलाल थे – सिर्फ इसलिए कि उन्होने रूस के हितों के लिए भारत के राष्ट्रिय आंदोलन की प्राथमिकताओं को तिलांजलि देने से इंकार कर दिया। जबकि ठीक इसके विपरीत कॉग्रेस के वामपंथी तबकों मे ऐसे लोगों की कोई कमी नहीं थी जो चल-अचल संपत्ति के मालिक तो थे ही, बड़ी-बड़ी कंपनियों मे उनकी हिस्सेदारी (shares) आदि भी थे, और अच्छीख़ासी ऐश्वर्यपूर्ण जिंदगी वे जी रहे थे – किन्तु फिर भी लोक जीवन मे यही लोग अपने आप को प्रगतिशील, लोकतान्त्रिक, डेमोक्रेट्स, क्रांतिकारी व सोशलिस्ट कह कर प्रस्तुत करते, व अपने *तथाकथित* विरोधियो को - *पूंजीपतियों के दलाल*। अतः भारत के लोक जीवन मे अब वे लोग हावी होने लगे, जो अपनी मान- मर्यादा बढ़ाने के लिए सदैव लालायित रहते थे, और दोनों ही दुनियाओं से फाइदा उठाने मे उन्हे एक मिनट भी नहीं लगता; वे इसी मे विश्वास रखते थे।

हमारे राष्ट्रिय जीवन, राजनीतिक व लोक जीवन मे इस तरह से वामपंथ की भाषा ने एक भयंकर गिरावट का रास्ता खोल दिया, जिसमे हर तरह के संदिग्ध चरित्र वाले महानुभावों के लिए महत्वपूर्ण पद व प्रतिष्ठा लेने के रास्ते खुल गए। स्वतन्त्रता आंदोलन के दौरान वामपंथी

घुसपपैट ने इसकी पृष्टभूमि अच्छे से तैयार कर ही दी थी; स्वतंत्रोत्तर काल मे इसका फाइदा उन लोगों ने उठाया जिनके लिए राजनीति राष्ट्र के लिए नहीं, वरन निजी लाभ के लिए करने वाली एक गतिविधि थी। इस प्रकार से इसमे हर तरह के लोगों के आने का रास्ता खुल गया जिन्हे public servant का ओहदा प्राप्त हुआ और राजनीतिक भाषावाली मे इसी को लोक-सेवक कहने का प्रचलन बढ़ने लगा।

1947 के पहले तो आपसी मतभेद को सुलझाने के लिये कहीं न कहीं तर्क, तथ्य आदि का आश्रय लेने का भी चलन था जिसे लोग ठीक समझते थे। किन्तु अब एक नई प्रथा विकसित की गई, जिसमे लोगों को आपस मे मतांतर का अधिकार भी नहीं रहा। किसी भी मत-विभेद को ज़ाहिर करने पर वामपंथी उसे *बुर्जुआ छलावा या सामंतवादी मनोवृति/ढकोसला* करने की संज्ञा से नवाजते – जिसे अपने *पूंजीवादी स्वार्थों को छुपाने के लिए खड़ा किया जा रहा है।* अर्थात निचोड़ यह था कि सिर्फ वामपंथी विचारधारा वालों को छोड़कर बाकी सभी किसी न किसी के एजेंट, या दलाल ही होते हैं – ऐसा प्रचारित होने लगा। *विवेक शक्ति के इस परित्याग का परिणाम*निकला – लोक जीवन मे गंदी भाषा का प्रचलन, जो हर अपने से भिन्न मत रखने वाले को कलंकित मानव के रूप मे प्रस्तुत करने मे कोई संकोच नहीं करती थी। शायद इसी का परिणाम यह भी हुआ कि जिसने भी आगे चलकर राष्ट्रीय भाव को दर्शाया उसे हिन्दू सांप्रदायिक (communalist) कहकर शोर मचाना व नीचा दिखाना शुरू कर दिया गया। अभी तक तो ब्रिटिश साम्राज्यवाद, इस्लामिक गिरोह व उनका साम्राज्यवादी दृष्टिकोण ही - कॉंग्रेस को एक हिन्दू वादी संगठन के रूप मे प्रस्तुत करता आया था, जिसका खंडन करने हेतु इंडियन नेशनल काँग्रेस ने अपने आप को विरोधिओं के तुष्टीकरण के रास्ते पर धकेल दिया था व उसका अंध अवलंबन किया – जिसका परिणाम निकला उनके मनोबल को बढ़ाने मे। काँग्रेस के अंदर भी बहुत से ऐसे स्वतन्त्रता सेनानी थे, जो इस मुस्लिम तुष्टीकरण की नीति के विरोधी थे; जो भारत को हिन्दूओं का स्वाभाविक देश मानते थे और यह भी कि इसलिए ही, हिन्दूओं ने अपने देश के लिए अंत हीन बलिदान भी किए थे। किन्तु वामपंथ की भाषा ने इन लोगों को हिन्दू सांप्रदायिक की संज्ञा देना शुरू कर दिया – जो कि मुसलमानो को बेवजह उकसाने का काम करते हैं; जिसके कारण मुस्लिम अपने को असुरक्षित महसूस करते हैं।

अगर हम स्वतंत्रोत्तर काल मे वामपंथी भाषा की भूमिका की जांच करें, हम यह जान पाएंगे कि भारतीय राष्ट्रवाद के खिलाफ जो अभियान इसने शुरू से ही छेड़ रखा है – उसका

परिणाम इतने दशकों के बाद हमारे सामने इस रूप मे आया है कि (1) हमारा राष्ट्रीय समाज आज पूरी तरह से अपने को त्रुटिपूर्ण मानते हुए एक आत्म-रक्षात्मक भंगिमा (defensive mode) मे आ चुका है, (2) इतनी शताब्दियों के बाद जो इस्लामिक साम्राज्यवाद के बचे खुचे अवशेष दिख रहे हैं, इनको इस भाषा के लगातार इस्तेमाल ने एक *गरीब व उत्पीड़ित अल्पसंख्यक संप्रदाय* के रूप मे प्रचारित करके हमारे राष्ट्रिय जीवन मे एक बड़े झूठ को स्थापित कर दिया है, (3) और इसी के साथ भारत के बहुसंख्यक (यानि हिन्दू) समाज को उस आक्रामक व्यवहार व सांप्रदायिकता का दोषी करार दिया है – जिसकी शुरुआत देश के अल्पसंख्यक संप्रदाय की ओर से सदैव की भांति की जाती रही है, (4) इसी भाषा के अमर्यादित प्रयोग व उसके लगातार हावी होते जाने के कारण देश मे *समाजवाद का* एक ऐसे हौआ खड़ा कर दिया गया, जिसके परिणामस्वरूप हमारे देश मे आज एक भारीभरकम ऐसी व्यवस्था है, जिसमे प्राणहीनता, आदर्शहीनता, चरित्रहीनता तो दिखती ही है, इसके बोझ तले देश के किसान, गरीब, मजदूर व साधारण जनता भी अपने को पूरी तरह से असहाय व असुरक्षित महसूस कर रही है। (5) और इस व्यवस्था का संरक्षण जिन्हे मिल रहा है, वह या तो रूस के *fifth column* के नाम से जाने वाले गुट हैं (जिसने देश के सार्वजनिक जीवन को अपनी उद्दंड अभिव्यक्तियों, गंदी भाषा, भ्रष्ट हथकंडे, व गुंडागर्दी से पशुवत सदृश बना दिया है); अथवा वे जो अल्पसंख्यक के रूप मे अपनी पहचान बनाए हुए लोगहैं । (6) स्वतन्त्रता के बाद भी इन हथकंडों के कारण, भारत की विदेश नीति भी इसके दुष्प्रभाव से बच न सकी और कहीं न कहीं उन साम्राज्यवादी ताकतों की मुखिका या मुखपत्र बन कर रह गई – जिनसे खुले प्रतिकार करने की सबसे ज़्यादा आवश्यकता थी। (7) इसी राजनीतिक संस्कृति ने हर तरह के दलाल, देश द्रोहीयों, व परजीवियों को बड़े राष्ट्रभक्त का मुखौटा लगा कर घूमने की छूट भी दे दी है, और अंत मे (8)वे जो अभी भी अपने देश से, उसकी अति प्राचीन संस्कृति से प्रेम करें, उनको यह राजनीतिक भाषावली एक घोर पाप के रूप मे प्रस्तुत करने से कहीं कोई गुरेज नहीं करती। समकालीन भारत मे हमारे राज्य की भाषा एवं उससे भी अधिक *पब्लिक डिसकोर्स* यानि लोक संवाद- बिल्कुल दूसरी ही तरह की बातों से भर गया है, जिसे करने वाले मैकाले की ही सन्ताने हैं। परिणाम हमारे सामने है: अपनी परंपरा की बात करना आठ सौ साल पहले तो धर्म निन्दात्मक (blasphemy) थी; 150 साल से हम मूर्ख कहे जाते रहे; और अब पिछले पचास

सालों मे उसकी बात करने को अंध देश भक्ति, बदले की भावना से ग्रस्त, और या फिर (आज की भाषा मे) घोर सांप्रदायिक (communal) होने की श्रेणी मे फेंक दिया जाता है।

भारतीय राष्ट्रवाद की सही भाषा, हमे कहीं से खोज कर नहीं लानी है अथवा नए अक्षरों को जोड़ कर नए सिरे से तैयार नहीं करनी है, बल्कि इसके विपरीत इस देश ने तो अपनी भाषा अति प्राचीन समय से विकसित की हुई थी – जिसे इस देश के साधु, विचारक, विद्वानो, संत-महात्माओं ने अतीत मे ही श्रेष्ठ व परिपूर्ण कर दिया था;*और उसी ने* सीमा, पार के बर्बरतम विदेशी हमलोके कारण, भयंकर से भयंकर समय मे भी, देश की राजनीतिक, सांस्कृतिक, सामाजिकव्यवस्था व आध्यात्मिक जीवन को टूटने नहीं दिया पिछली शताब्दियों मे। यही वह भाषा थी जिसके कारण मध्य काल के हमारे वीर राजाओं ने मुसलमान आक्रांताओं को धूल चटाने का काम किया था। कालांतर मे, बंकिम चन्द्र चैटर्जी ने जिस *बंदे मातरम* का वाचन किया, वह उन्होने अपने देश की संस्कृति से ही पाया था और उसी को आगे आने वाली पीढ़िओं को विरासत मे सौंप दिया, जिसकी मदद से स्वामी दयानन्द सरस्वती, श्री अरबिन्द, स्वामी विवेकानंद, तिलक और आखिरी मे महात्मा गांधी जैसे लोगों ने अपनी संस्कृति/देश की पताका को ऊंचा फैराय रखा। किन्तु इस राष्ट्रिय पौरुष व भाव मे जो गिरावट पिछली शताब्दी मे देखने को मिलती है, उसके कारण यह भाषा भी अपना जीवंत स्वरूप/ व्यवहार को खोती सी दिख रही है (यद्यपि अपने मूल भाव को कहीं न कहीं अभी भी इसने जीवित रखा हुआ है)। यहाँ पर इस विषय या विचार बिन्दु के विस्तार मे हमे देश के अति प्राचीन इतिहास, साहित्य, विचारधाराओं के विवरण देने पड़ेंगे– जो शायद स्थानाभाव व समयाभाव के कारण संभव न हो। पर उपरोक्त विमर्श से इतना तो अवश्य ही स्पष्ट है कि भारतवर्ष एक अखंड इकाई थी – जिसका अफ़ग़ानिस्तान, पाकिस्तान, बंगलादेश मे बंटवारा कर देना इस्लामिक साम्राज्यवाद की एक क्रूर चाल थी यहाँ की जनता व राष्ट्र के विरुद्ध।

भारत की सनातन संस्कृति मे इस्लाम, ईसाइयत जैसी बंद विचारधाराओं के लिए कोई गुंजाइश नहीं है और छद्म धर्म-निरपेक्षता (secularism) की आढ़ मे इन मजहबी विचार समूहों को छूट देकर भारत की संस्कृति को खतरे मे कदापि नहीं डाला जाना चाहिए। इसी के साथ – आर्थिक व्यवस्थाएँ जैसे पूंजीवाद, समाजवाद (जो कि मूलतः साम्राज्यवाद का ही दूसरा नाम है) उनके नाम पर भारतीय आर्थिक व्यवस्था को एक पेचीदा, जटिल बाजारू व्यवस्था का शिकार

होने से बचा लेने का भी समय आ चुका है – अर्थात स्वदेशी का भाव जगाकर उसके अनुरूप व्यवस्था करना ही समय की पुकार है, जिसमे स्थानीय संसाधन, उद्यम, व मेधा काम आयें और पर्यावरण भी सुरक्षित रखा जा सके। और एक ऐसा मजबूत केन्द्रीय ढांचा खड़ा किया जाए जो हमारी राष्ट्रिय धरोहर की सुरक्षा कर पाने मे सफल हो। तो निचोड़ यह है, कि हमे भारतीय राष्ट्रवाद की एक ऐसी भाषा विकसित करनी होगी जो न केवल हमारे राष्ट्रिय चरित्र, स्वरूप, इतिहास, संस्कृति को दर्शाए, बल्कि किसी भी वाह्य प्रभावों व उनके आक्रामक स्वरूपों से भी उसकी रक्षा कर सके। और यह तभी संभव है जब हम अपनी बात को अपनी शब्दावली, मुहावरों मे अभिव्यक्ति दें (न कि आयातित, विदेशी, आक्रामक विचारधाराओं के छद्म दावों की भाषा – जिसमे प्रयुक्त शब्द जैसे उदारवाद, समाजवाद, लोकतन्त्र, सामाजिक क्रांति, विकास, प्रगति, धर्म निरपेक्षता इत्यादिमे) । सांस्कृतिक प्राथमिकताओं मे जहां संघर्ष हो, (जैसे सनातन धर्म के अनुसार मानव जीवन एक देवसुर संग्राम है – जहां *युद्ध* को विभिन्न समूहों के हितों के आपसी टकराव, अथवा किसी विशेष exclusive विचारधारा के प्रति समर्पण करने या न करने से परिभाषित नहीं किया जाता है – बल्कि धर्म, अधर्म, पाप-पुण्य, सत्य-असत्य, सनातन-तात्कालिक से परिभाषित होता है और जहां वरीयता दी जाती है उन सिद्धांतों को जो उत्कृष्ट मानव चेतना व चरित्र को संरक्षण दें न कि उसके निम्नतम स्तरों को पोषित करें)– तो वहाँ सीधे-सीधे जिस संस्कृति को धर्म व मूल्यों ने खड़ा किया था/है – वही हमारे देश की राष्ट्रीय संस्कृति के रूप मे मान्य होनी चाहिए। जो समाज इस संस्कृति का वाहक है, वही यहाँ का राष्ट्रीय समाज है।

इसके अलावा हमारे राजनीतिक जीवन मे जितने भी समुदाय दिखते हैं, चाहें वे इस्लामिक-ईसाई हों, या ब्रिटिश साम्राज्यवाद/ वामपंथ के प्रभाव स्वरूप स्थापित हुई हों, उन्हे हम बीते जमाने के अवशेषो के रूप मे ही पुकार सकते हैं, जो अभी तक हमारे राष्ट्रिय जीवन को दूषित कर रहे हैं। समकालीन भारत मे जो लड़ाई राजनीति के क्षेत्र मे हमे दिख रही है, वह दो गुटों के बीच की है: एक राष्ट्र से प्रेम करने वाले, दूसरे राष्ट्र विरोधी। भारत के वामपंथी, यद्यपि आज उस वामपंथी क्रांति का हिस्सा तो नहीं हैं, किन्तु फिर भी एक ऐसे स्व-विरोधी/आत्म – विमुख चित्त अथवा पागलपन को ढोए जा रहे हैं – जो उन्हे राष्ट्र प्रेम नहीं वरन राष्ट्र विरोध की ही प्रेरणा देता है। जो देश के समाज को majority व minority मे बाँट कर देखते हैं, उनसे

निश्चय ही सावधान रहने की ज़रूरत है। समकालीन भारत मे हमे राष्ट्रियता की उस भाषा को विकसित करना है जिसमे राष्ट्रिय-अंतर राष्ट्रिय मे कोई विरोध न हो और मजहबी दुश्मनी या कम्यूनिस्ट साम्राज्यवाद के लिए कोई स्थान न हो।

संदर्भ ग्रंथ सूची:

1. J. R. Seeley, The Expansion of England, Boston, 1883, p. 75
2. C.E. Trevelyan, On the Education of the people of India, London, 1838, p. 134
3. John Strachey, India: Its Administration and Progress, London, 1911, 4th (ed.) pp. 1-5
4. Sir John Woodroffe, Is India Civilized?, Madras, 1918
5. William Archer, India and the Future, Gr. Britain, 1917
6. G. Adhikari (ed.), Documents of the History of the Communist Party of India, New Delhi, 1971
7. H.H. Dodwell, The Indian Empire, Delhi, 1964
8. J. L. Nehru, *Hindustan kee Kahani* (in hindi), New Delhi, 2001
9. Bipan Chandra, *Bhartiya Swatantrata Sangharsh*, (in hindi),Delhi, 1990
10. A.L. Basham, The Wonder That Was India, London, 1967
11. R.C. Majumdar (ed.) History and Culture of the Indian People, 11 vols, Bombay& London, 1952-65
12. R.P. Dutt, Labour Monthly, London, May 1931, p. 264
13. J. L. Nehru, Speeches, Volume 3 (March 1953-August 1957), Publication Division, GOI, August 1958
14. Frederick Max Muller, India: What it can teach us, London, 1882

15. Vincent Arthur Smith, Early History of India, (1904). 3rd edition, Delhi, 1999(revised and enlarged).
16. T.B. Macaulay, Historical Essays, New York, 1901
17. J. L. Nehru, An Autobiography, London, 1947
18. J.L. Nehru, Discovery of India, Bombay, 1967
19. S. N. Banerjea, A Nation in Making, OUP, 1925
20. Har Dayal, Our Educational Problems, 1922. Reprinted 2012 by Hindustan Books
21. Sir William Wedderburn, Allan Octavian Hume: Father of the Indian National Congress, 1829-1912, Oxford India Paperbacks, 2002. (ed.) Edward C Moulton
22. Bertrand Russell, History of Western Philosophy, 1945, US & UK
23. Bertrand Russell, The Practice and Theory of Bolshevism, London, (1920).
24. T.B. Macaulay, (ed.) Critical and Historical Essays, 1843
25. D.P. Singhal, India and the world civilization, 2 volumes, Michigan State University, 1969
26. S. Gopal, The Mind of Jawaharlal Nehru, Madras, 1980
27. John Engelman, reviewer of the book *The practice and theory of Bolshevism, op.cit.* US, October 5, 2018
28. R.P. Dutt, Modern India, Bombay, 1926

लेखक – परिचय

डॉ. अरुणा सिन्हा वर्तमान में इतिहास विभाग, समाजिक विज्ञान संकाय, काशी हिंदू विश्वविद्यालय में एमेरिटस प्रोफेसर के पद पर आसीन हैं। इन्होंने आधुनिक भारतीय इतिहास के क्षेत्र में अपने मौलिक चिंतन और लेखन से जो ख्याति प्राप्त की, उसने उन्हें राष्ट्रीय व अंतर्राष्ट्रीय जगत में न केवल स्थापित किया, बल्कि बौद्धिक जगत में हलचल भी पैदा की। विकल्प के लब्ध -प्राप्त केंद्र शूमाकर कॉलेज (लंदन) में उन्हें विश्वविख्यात वैज्ञानिक व "ताओ ऑफ फिजिक्स" के लेखक डॉक्टर फ्रिट योफ़ कापरा के साथ एक महीने की कार्यशाला (१९९३) में निमंत्रित किया गया। अपने विभाग में अध्यक्ष के रूप में तीन कार्यकाल पूरा करने व विश्वविद्यालय के अन्य प्रशासनिक पदों जैसे एक्टिंग डीन, फैकल्टी ऑफ सोशल साइंस; चीफ ऑफ यूनिवर्सिटी एंप्लॉयमेंट, इनफॉरमेशन एंड गाइडेंस ब्यूरो (बनारस हिंदू यूनिवर्सिटी) के सम्मान के अलावा, उन्हें इंडिया इंटरनेशनल सोसायटी, न्यू दिल्ली, के द्वारा "भारत गौरव सम्मान", "भारत ज्योति अवार्ड", "महात्मा गांधी एकता सम्मान", एवं 2019 में दुबई (यू. ए. ई.) में "ज्वेल ऑफ इंडिया" अवॉर्ड से भी नवाजा गया। उनकी कई प्रकाशित पुस्तकों में से चार विशेष उल्लेखनीय है, "रूट्स ऑफ अंडर डेवलपमेंट"; "जेनेटिक एजमशंस ऑफ डेवलपमेंट थ्योरीस"; "दृष्टि दोष : तो विकल्प कैसे"? एवं "डेट ट्रैप और डेथ ट्रैप" आदि जिन्हें ८०-९० के दशक में विशेष राष्ट्रीय, अंतर्राष्ट्रीय ख्याति प्राप्त हुई। आर्थिक विकास के मौजूदा मॉडल एवं समाज विज्ञान की प्रचलित मान्यताओं की अतार्किकता पर इनके लेखन में सप्रमाण प्रहार करते हुए देश व समाज के विकास की एक वैकल्पिक दृष्टि खोजने की आवश्यकता पर बल दिया गया है, जिसमें समग्र दृष्टिकोण को अपनाते हुए समस्याओं के कारण व निवारण को ढूंढे जाने की बात कही गई है। इसके अतिरिक्त इनके अनेकों प्रकाशित लेख भी हैं। स्वदेशी इतिहास दृष्टि को समझाने व भारतीय इतिहास की समझ में उसे प्राथमिकता देने में प्रोफेसर सिन्हा का योगदान महत्वपूर्ण है।

www.ingramcontent.com/pod-product-compliance
Lightning Source LLC
Chambersburg PA
CBHW080224100526
44583CB00020BA/2580
9781989416006